GUERRACRUZ

VIOLETA SANTIAGO

GUERRACRUZ

Rinconcito donde hacen su nido las hordas del mal

Prólogo de Carmen Aristegui

Guerracruz
Rinconcito donde hacen su nido las hordas del mal

Primera edición: julio, 2019

ISBN: 978-607-318-132-7

Impreso en México – *Printed in Mexico*

El papel utilizado para la impresión de este libro ha sido fabricado a partir de madera procedente de bosques y plantaciones gestionadas con los más altos estándares ambientales, garantizando una explotación de los recursos sostenible con el medio ambiente y beneficiosa para las personas.

Penguin
Random House
Grupo Editorial

Para todos los que se fueron…
Pero también, para todos los que sobrevivimos.

"En las guerras hay más muertes por torpeza, ignorancia
y cobardía del Alto Mando que por combate.
Desconfiar de los que están en el poder,
crear una sociedad crítica de sus gobernantes,
era el primer paso hacia la civilización."

La piel del cielo, *Elena Poniatowska.*

ÍNDICE

Prólogo

Carmen Aristegui

Violeta Santiago es una joven y valiente periodista que se metió en las entrañas de un estado sumido en la violencia, la corrupción y los abusos de poder, para contarle a los demás lo que ha pasado ahí en los últimos años. Presenta aquí el resultado de sus investigaciones. Para dar título a su trabajo combinó palabras para referirse a la cruenta historia del lugar donde se encuentra un heroico puerto: Guerracruz es la palabra que resultó.

La periodista se adentra en esa guerra en la que han perdido la vida muchas personas, demasiados jóvenes y una lista muy larga de periodistas. Una guerra que convirtió a Veracruz en un estado ensangrentado y mancillado por la violencia extrema, las desapariciones y las estrujantes fosas clandestinas.

La autora muestra también las luces de quienes han sacado fuerzas del dolor para organizarse y buscar a los que han sido desaparecidos. Cuenta cómo surgieron los colectivos, relata quiénes han sido los principales impulsores y describe todo aquello a lo que se han enfrentado en esa ardua tarea. Y, en medio de todo, la trama política y sus personajes principales: Fidel Herrera, Javier

Duarte y el quiebre político encarnado por Cuitláhuac García, que enfrenta el desafío formidable de un nuevo gobierno.

En estas páginas están reseñados los principales casos del sexenio de Duarte, los casos de feminicidios, las historias de jóvenes y niños que perdieron la vida. Las víctimas que nunca debieron ser víctimas.

Guerracruz es el retrato de todo aquello que se rompió a punta de abusos, corrupción y delincuencia organizada. La fractura de un estado que perdió la frontera entre delincuentes y autoridades.

Introducción

Pensar en Veracruz trae a la mente palmeras, deliciosos mariscos, danzón, playas de arena canela, son jarocho con arpas y jaranas, culturas prehispánicas y el primer Ayuntamiento fundado por los españoles. Aún prevalece toda la belleza y riqueza cultural de esta noble tierra, pero hace muchos años que ha quedado bañada de sangre, herida por fosas y balas, dolor y horrores, llena de impunidad y coraje.

Guerracruz surgió como un grito de auxilio en las redes sociales para que los ciudadanos, a través de una etiqueta en Twitter, pudieran informarse libremente de los hechos violentos que comenzaron a empañar la vida del estado, que penetraron por el norte, se enraizaron en las Altas Montañas y llegaron hasta la última playa del sur.

Lo que sucedió en los últimos diez años a nivel social y económico sirve de ejemplo para el resto del país. Veracruz no es poca cosa: estado petrolero que cuenta con una de las seis refinerías de México y es sede del complejo petroquímico más grande de América Latina. A nivel demográfico, con más de 8.1 millones de habitantes, es el tercer estado con mayor población de la nación y una de las tres joyas de la corona en el tema electoral por la cantidad de votantes. Con más de 700 kilómetros de costa, su tierra está salpicada de vestigios prehispánicos como El Tajín, la belleza de los Pueblos Mágicos y sus cascos antiguos repletos de historia colonial, sin olvidar el peso histórico de la cuatro veces Heroica ciudad de Veracruz, asediada por españoles, franceses, norteamericanos y hasta piratas. Produce café, piña, naranjas, azúcar y vainilla, y posee tres de ocho puertos de altura ubicados en el Golfo de México.

La historia del estado de Veracruz está destinada a ser grande. Por desgracia, comenzó a destacar a nivel nacional por las muestras de violencia en niveles nunca antes imaginados de maldad humana en México. De pronto, el hermoso Veracruz se convirtió en el estado del gobernador más corrupto y que más dinero robó, el de la fosa clandestina más grande de América Latina, el de los más de 10 mil desaparecidos, el lugar donde los cuerpos se "cocinaban" (reducían) en combustible hasta desaparecer el ADN, el de la policía que cazaba jóvenes para entregarlos a los cárteles a cambio de dinero, el del segundo lugar en feminicidios, el de la larga lista de periodistas asesinados.

Por tal razón surgió la necesidad de escribir este libro, un testigo que indigne, mueva y haga reaccionar a quienes se sientan identificados con nuestros años tranquilos salpicados de advertencias de lo que se veía venir o con los meses que más nos horrorizaron. Aquí hay historias de personas cuyas vidas se apagaron en el camino; de periodistas amordazados gubernamentalmente y los que sobrevivieron a la amenaza del narcotráfico o a la precariedad de la industria de los medios de comunicación; de valientes madres que encontraron a sus hijos con las manos y que los sacaron con las uñas hasta de los pozos; y el testimonio de la descomposición de un lugar tan entrañable a manos de gobernantes cegados por la venganza personal, el enriquecimiento, la vanidad y avaricia.

Cuando leo que en otro estado de la República repuntaron los asesinatos de periodistas o las acciones del crimen... recuerdo cómo empezó todo aquí, porque no siempre fue así. Si escucho que aumentaron los asesinatos de periodistas en Guerrero o Quintana Roo... así pasó en Veracruz. Balaceras o mantas en la Ciudad de México... ya lo vivimos. Antes le temíamos a los estados del norte como si fueran los únicos en merecer tal desgracia, como si la posición geográfica fuera una especie de barrera protectora del mal, hasta que Veracruz demostró que ningún estado es ajeno a convertirse en una zona de disputa en vivo con toda su población de por medio. Ahora, hasta el cuello en el terreno cenagoso de la muerte, nuestra experiencia podría fungir como un espejo o una especie de placa de Petri para avizorar la forma en que la violencia y el enriquecimiento ilícito destrozan a una sociedad hasta desaparecer el último milímetro de hueso de sus integrantes.

Ojalá vuelvan pronto las noches de luna plateada sin los acordes de las balas de fondo. Que nunca más una madre desentierre a sus hijos de la arena. Que no haya otro periodista asesinado y ninguneado por ejercer dos oficios. Que Veracruz recupere la gloria que fue inspiración para músicos, poetas, escritores, escultores y artistas. Y que ningún otro lugar del país llegue a una crisis de Derechos Humanos que hagan recitar con tristeza "qué mal, este lugar ya se parece a Veracruz".

1

Una guerra ajena

El lugar más peligroso para el periodismo

Poco antes de cumplir diecisiete años, mi hermano mayor, también periodista, me llevó a ver mi primer muerto. En aquel entonces, durante los primeros años del gobierno de Felipe Calderón Hinojosa, las escenas más graves de nota roja en mi pequeña ciudad, al sur de Veracruz, eran accidentes automovilísticos, asaltos o crímenes conocidos como "delincuencia común". El primer cuerpo sin vida que observé fue el de un infortunado alcohólico que cayó a un canal de aguas negras. No había morgue en la ciudad y los de Servicios Periciales venían desde Coatzacoalcos, así que tardaron más de dos horas en llegar. La plancha estaba forrada con tela de gallinero que rasgó los guantes de látex del trabajador encargado de levantar, literalmente, los cuerpos. Mientras algunas compañeras reían como papagayos cuando ocurría el levantamiento, mi hermano me dio una lección: sé prudente, sé respetuosa. Ha pasado una década desde entonces y, con amargura e ironía, debo de confesar que hubo cosas que cambiaron y otras que permanecen inamovibles: Servicios Periciales sigue llegando tarde, la Fiscalía General del Estado (FGE) no les da guantes y, prácticamente, su trabajo se limita a levantar cuerpos sin resolver el caso; en cambio pasamos de ver escenas de accidentes vehiculares, apuñalados por asaltos violentos y alcohólicos que cayeron en desagües… a niños, jóvenes, hombres y mujeres desmembrados, quemados, baleados, clavados con un mensaje, decapitados, reducidos, desaparecidos, enterrados u olvidados.

Y, de repente, también aumentaron los asesinatos de periodistas.

La organización Artículo 19 documentó que entre el 2000 y el 2010, en Veracruz, se registraron cinco asesinatos de periodistas cuya muerte estaba relacionada con su labor: José Miranda Virgen (2002); Raúl Gibb Guerrero (2005); Roberto Marcos García y Adolfo Sánchez Guzmán (2006); y Luis Méndez Hernández (2009).

En esa década, los asesinatos de periodistas no fueron la excepción en Veracruz, pero su incidencia fue menor que la de otros estados como Guerrero, Tamaulipas o Chihuahua, por lo que el tema aún no alcanzaba una notoriedad en el estado. De los cinco crímenes, el primero fue un "accidente" (fuga de gas y explosión) y los últimos cuatro se perpetraron con arma de fuego. Desde entonces, las autoridades procuradoras de justicia ya se esforzaban por desligar la muerte de los reporteros con su trabajo, omitiendo las amenazas previas y directas por parte de grupos de poder. Resultaría, sin que nosotros lo supiéramos, que éste era el tímido prefacio de la historia de horror que estaba por escribirse.

Fidel Herrera Beltrán le entregó el estado de Veracruz a Javier Duarte de Ochoa, electo en los comicios del 4 de julio de 2010. Con la llegada de Javier Duarte a la gubernatura, la violencia contra la sociedad civil y los crímenes de alto impacto alcanzaron niveles nunca antes vistos, además se desataron los asesinatos contra periodistas. Bastaron dos años con Duarte para que se sumaran más muertes que las de la década anterior. A partir del 2011, la cifra de comunicadores asesinados se disparó hasta alcanzar la histórica cantidad de 22 casos (2018) que posicionó a la entidad como la más peligrosa para ejercer la Libertad de Expresión en México y América Latina.

Veracruz, nuestro "rinconcito donde hacen su nido las olas del mar", una entidad relativamente tranquila, se transformó en una zona donde se disputaba una guerra por la "plaza", encabezada por una de las organizaciones criminales más crueles y sádicas: Los Zetas. Con el paso de los años, también fue campo de batalla de otros grupos delictivos como el Cártel Jalisco Nueva Generación (CJNG) y el Cártel del Golfo (CdG). En 2011 la transformación se hizo visible: las calles del puerto pasaron de ser vialidades tranquilas a vías saturadas por convoyes de la Policía Estatal, el Ejército Mexicano o la Marina Armada y su Policía Naval. Los efectivos, encapuchados, apuntaban desde sus torretas de ametralladoras soldadas a los toldos a lo que parecía un enemigo invisible a nuestros ojos, pero cuya presencia advertíamos oculta entre el horizonte del cielo y el mar de Veracruz.

El periodismo de nota roja pasó de cubrir la delincuencia común a tocar temas de narcotráfico, secuestro o desapariciones forzadas. Los periodistas de información general tampoco se vieron exentos de este cambio, pues al final la violencia nos alcanzó a todos y transformó nuestra vida laboral y cotidiana: se modificaron las horas de cierre o apertura de los comercios, bajó la matrícula de las escuelas, la cantidad de casas rentadas, la vida nocturna y la tranquilidad en el camino al trabajo o en casa.

Como reporteros, aprendimos el abanico de posibilidades que implica la tortura y la muerte, bajo las formas menos imaginadas en las que descubrimos los cuerpos: encajuelados, embolsados, enterrados (en fosas clandestinas), colgados, apilados, cercenados, calcinados, etc. Completos o incompletos, la escena de la muerte se volvió el medio y el mensaje del crimen. Llegó un punto en el que los asesinos dejaban elementos simbólicos como escobas, para referirse a una "limpia", o cortaban la lengua o las manos, para acusar a la víctima de ser "chapulín" (cuando alguien pasa de un grupo delictivo a "independiente" o a otra organización) o "sapo" (soplón), en un código no escrito para interpretar el grado de deshumanización frente a nuestros ojos.

Con el aumento de la violencia en Veracruz y el establecimiento de grupos delincuenciales, también se profundizó la corrupción en el Gobierno. Para los periodistas veracruzanos, las disputas del narcotráfico rivalizaban con la corrupción gubernamental: tan mortífero era el sicario como el funcionario.

Apenas bastaron unos meses para darnos cuenta en qué se había metido Veracruz con Javier Duarte en la "plenitud del pinche poder" (aunque creo sinceramente que ninguno de nosotros imaginábamos que sería *tan* malo). El viernes 20 de mayo del 2011, durante su primer año de Gobierno, se desató una de las balaceras más recordadas del puerto. El Festival de la Salsa se celebró en Boca del Río y a media noche la gente apenas regresaba a sus casas, cuando de pronto se encontraron en medio de un fuego cruzado en la avenida Ruiz Cortines, cerca de la Facultad de Ingeniería de la UV y casi frente al hotel Lois. El auge de las redes sociales no era como el de hoy en día, pero en Twitter se había formado una importante comunidad y de los hechos violentos nació la etiqueta #Verfollow y luego la de #Guerracruz. Las personas que se quedaron atrapadas en el intercambio de plomo nos contaron por Twitter lo que veían, escuchaban y sentían. Por otra parte, el gobernador se apropió de esa red social para informar su versión de los hechos: "En el enfrentamiento de esta noche entre las fuerzas del orden y el crimen organizado, el saldo es de 5 delincuentes abatidos."

Como habitantes del puerto, comenzamos a usar seguido esas etiquetas para saber qué pasaba en la ciudad, dónde arrojaron alguna granada o evitar zonas en donde se desarrollaba alguna balacera. Twitter se volvió una ventana de la Libertad de Expresión ciudadana y un recurso de seguridad ante la ola de violencia que nos alcanzaba, pero pronto la sombra de Duarte cayó sobre los tuiteros.

El 25 de agosto del 2011 ocurrió un episodio de histeria colectiva salpicada de realidad: desde la mañana los helicópteros sobrevolaron el puerto porque en redes sociales surgieron rumores de una amenaza de bomba en escuelas (incluso de que grupos armados iban a secuestrar niños). La gente, espantada, fue por sus hijos y se armó un caos en las calles; en la Universidad Veracruzana dijeron que fuéramos a casa y nos resguardáramos, mientras que las líneas telefónicas colapsaron. Antes de irme, pasé al Centro de Idiomas del campus Mocambo y estaba con dos profesoras y algunas compañeras, cuando escuchamos varias detonaciones. Nos escondimos en uno de los salones, hechas ovillos bajo los mesabancos. Luego, en la calle vi cómo una chica de una secundaria contigua subió llorando a un taxi, abrazando a un joven en una evidente crisis nerviosa.

Los medios de comunicación, cuya línea oficial era bien conocida, insistieron en que no pasaba nada. Justamente de allí salió una de las frases con las que se identificaría el Gobierno de Duarte: "En Veracruz no pasa nada." Pero aquel hecho marcó un antes y un después. Por un lado, surgió la postura del mal uso de redes sociales, mientras que por el otro nació la desconfianza de la gente hacia su Gobierno cuando ocurrían disturbios.

A las 02:52 de la tarde, por Twitter, @Javier_Duarte advirtió: "Ya tenemos ubicado el origen de toda la desinformación de hoy, quiero informar q esto tendrá consecuencias legales Art. 311 (terrorismo)." Y casi de inmediato, con la ayuda de la Policía Cibernética, detuvieron a dos personas que resultaron ser María de Jesús "Maruchi" Bravo Pagola y Gilberto Martínez Vera, usuarios de redes sociales acusados de terrorismo. Maruchi había sido colaboradora de artículos de opinión en periódicos, estuvo en radio y fue funcionaria estatal en los tiempos de Fidel Herrera Beltrán, pero con la llegada de las redes sociales, se convirtió en una de las principales difusoras de los hechos violentos que ocurrían en el puerto. A punto de ser condenada a 30 años de cárcel por tuitear,

Maruchi fue liberada en septiembre. Javier Duarte dijo que no era censura y que respetaba la Libertad de Expresión, para entonces ya habían asesinado a cuatro periodistas.

Dos semanas después de la liberación de Maruchi, en Veracruz se realizó una compra masiva del semanario *Proceso*. Se estima que se agotaron más de cinco mil ejemplares en pocas horas y que sólo quedaron en unas manos, las del Gobierno, pues la portada exponía la violencia del crimen organizado en el estado. Años después, la portada de esa misma revista aderezaría el exilio y el posterior asesinato de un colega más.

En diciembre del 2012, Javier Duarte de Ochoa, tras cumplir los dos primeros años de su administración, lanzó al Congreso del Estado una iniciativa para conformar la Comisión Estatal de Atención y Protección para los Periodistas (CEAPP), un órgano subsidiado con recursos públicos que pretendía hacer frente al ya preocupante número de periodistas asesinados.

Pero ni la CEAPP, con sus 15 millones de pesos anuales de presupuesto inicial, logró detener los crímenes, en cambio se convirtió en una caja chica para formar una gruesa plantilla laboral con onerosos salarios. El periodista Jorge Morales Vázquez (entonces comisionado de la institución) declaró a *Proceso* (2013) la siguiente información: de los 15 millones, sólo 747,745 pesos se utilizaron para atender a periodistas, mientras que los 14.2 millones restantes se emplearon para pagar los salarios de los nueve comisionados que conformaban la Comisión (además de otros 37 funcionarios contratados para diversos puestos y que poco tenían que ver con la ayuda a los comunicadores o que, de plano, desconocían la situación por la que atravesaba el gremio). En ese período, la presidenta de la CEAPP fue Rocío Ojeda Callado y la secretaria ejecutiva, Namiko Matzumoto Benítez. La primera fue directora de la Facultad de Ciencias y Técnicas de la Comunicación de la Universidad Veracruzana; tras su paso por la CEAPP aspiró a convertirse en rectora de la máxima casa de estudios del estado sin que lo consiguiera. La segunda fue propuesta por Javier Duarte y designada presidenta de la Comisión Estatal de Derechos Humanos (CEDH) en 2016, por un período de cinco años, con el apoyo de legisladores locales del PRI, Verde Ecologista, Nueva Alianza y el Partido Alternativa Veracruzana, a pesar de las críticas de su mal desempeño al frente de la CEAPP, pero sobre todo, de ser postulada por el mismo hombre señalado de contribuir a la muerte de periodistas cuando ella lideró el órgano que tenía que defendernos.

En 2015, durante una reunión con reporteros y dueños de medios en el norte de Veracruz, Duarte, casi al término de su administración, sentenció con una de las frases que marcó al sexenio y que caló hondo entre las fibras de los comunicadores, de esas veces en que las palabras duelen más por su soberbia y cinismo que por su mensaje. El gobernador, iracundo, señalado de mandar callar voces críticas, solapador de funcionarios que siguieron su ejemplo, advirtió a los periodistas que venían "momentos difíciles" y les pidió que se portaran bien. "Si algo les pasa a ustedes, a mí me crucifican todos. Pórtense bien, todos sabemos quiénes andan en malos pasos, dicen que en Veracruz sólo no se sabe lo que todavía no se nos ocurre" y de la forma más cínica posible agregó que, si alguien se sentía en riesgo, acudiera con su Gobierno para que lo ayudara.

En 2016, con la llegada al poder de Miguel Ángel Yunes Linares (PAN), la CEAPP renovó a sus integrantes: como presidenta se designó a Ana Laura Pérez Mendoza y como secretario ejecutivo a Jorge Morales Vázquez, el mismo comisionado que años atrás luchó contra la corrupción dentro de la Comisión. Aunque fue evidente el cambio dentro del programa de trabajo de la CEAPP, sobre todo al multiplicar el número de capacitaciones y talleres en el estado, eso no impidió que cinco periodistas fueran asesinados en el bienio del panista. De hecho, los protocolos de seguridad fueron los mismos: vincular a los periodistas con personal de la

Policía Estatal, la instalación de cámaras, la detección de vulnerabilidades y visitas a las empresas periodísticas.

El cambio de colores en el Gobierno del estado ni de lejos mejoró el clima de Libertad de Expresión. Según Miguel Ángel Yunes Linares no había que "exagerar" sobre el tema del asesinato de comunicadores ni indignarse cuando su Gobierno prefería calificar de "taquero" a un periodista (porque eso estaba haciendo cuando llegaron a matarlo) que poner atención al hecho de que sus notas contribuyeron a su muerte prematura. Yunes Linares, como Duarte, criminalizó a los periodistas acaecidos durante su mandato, filtró datos de investigaciones para viciar los procesos y gastó energía en decir que no eran reporteros. También insistió en que los medios de comunicación tenían la culpa de la alta percepción de inseguridad porque contabilizaban todos los hechos delictivos de Veracruz, como si para nosotros fuera grato llevar el ejecutómetro diario. Y es que Yunes, como su antecesor, estuvo más ocupado en la imagen de a-quí-no-pa-sa-na-da porque su hijo, Miguel Ángel Yunes Márquez, se postuló como gobernador de la entidad en 2018.

La falta de garantías del Estado para la libertad del ejercicio del periodismo, aunado al alto número de compañeros asesinados, provocaron una disminución en la cobertura de ciertos temas. Los periodistas establecieron protocolos alternos de seguridad o, en algunos casos, migraron de profesión hacia otra más segura y mejor remunerada, aunque hay muchos otros que todavía se aferran a creer que el trabajo que realizan es necesario para este Veracruz roto y sangrante. Durante los últimos ocho años, ser periodista en mi estado se convirtió en una profesión de riesgo, en donde por cualquier nota te pueden asesinar y lo hacen porque es fácil, porque no hay consecuencias, porque la impunidad es el sello de la casa, la cortesía del poderoso y el yugo de nuestros colegas. Un día, un compañero me aconsejó: "No te voy a decir qué hacer, pero sí te puedo recomendar que evites los temas de muertos, desaparecidos, migrantes y crímenes sin resolver (todo en lo que me especializaba); hay gente mala y la verdad no vale la pena arriesgarte y arriesgar a los tuyos. Yo tuve muchos temas así que no desarrollé y más que por mí, por mi familia: no los hubiera puesto en riesgo por nada del mundo." Él se fue del país luego de que su ciudad "se calentara", pues llegó el momento en que los jefes de plaza obtuvieron su número telefónico y lo contactaban para "sugerirle" qué podía sacar y qué no.

Y tuvo razón. De un momento a otro, descubrí que hasta el tema más sencillo tiene el toque del crimen por detrás. Por ejemplo, las tortillas: en una ciudad veracruzana el kilo es más caro que en otras zonas (20 pesos). La curiosidad periodística me llevó al tortillero, a preguntar por qué era tan cara, quizá por la gasolina, la renta o el precio de insumos como el gas o la harina. "Es por la cuota", respondió. Cárteles van y vienen, pero aunque cambien de siglas, el jefe de plaza en turno acudía a cobrar su tributo (como un Tlatoani) a todos los tortilleros; por eso la gente tiene que desembolsar 20 pesos por un kilo de tortillas de maíz, porque incluye el subsidio para el narco.

Pero no todo el riesgo está relacionado con el crimen organizado. Aunque buena parte de las agresiones vinieron de la cobertura de temas relacionados de forma directa o indirecta con la delincuencia, la otra mitad de los ataques contra periodistas se relacionaron con las Policías (marinos, soldados, municipales, estatales o navales) o servidores públicos. Por eso, una de las estrategias a seguir durante ese sexenio fallido y el bienio que le siguió fue aumentar el costo político como periodistas. Se trataba de crear la idea de que matarte le costaría al político su carrera y estabilidad, pero en 2012, el asesinato de Regina Martínez, la corresponsal de *Proceso* en Veracruz, nos dio una lección fuerte: nadie está a salvo.

La violencia física o el fin de la vida tampoco fueron las únicas formas de agresión. Con el avance de las redes sociales surgieron campañas de acoso, difamación o amenazas virtuales que poco se investigaron y, casi siempre, quedaron impunes debido al anonimato de la red. Se trató de una violencia casi sistemática, replicada desde el presidente municipal del pueblo más pequeño hasta la máxima figura en el estado, un panorama en el que los textos de colegas que hicieron trabajos de investigación por iniciativa propia y con el único fin de develar la corrupción fueron minimizados por los actores políticos que señalaron dos tipos de argumentos: aplicaron el "es que no le dimos convenio" o acusaron al reportero de ser enviado por su rival político, como si no existiera el periodismo libre y crítico. También se hizo uso de memes, correos, difamaciones en cadenas por WhatsApp, fotos íntimas o comentarios con el uso de *bots* en agresiones directas o indirectas. Un ejemplo de las agresiones en redes me ocurrió en octubre de 2016, luego de publicar un trabajo sobre corrupción en Obras Públicas en el municipio sureño de Agua Dulce. En la publicación que el periódico subió a su página de Facebook surgieron mensajes agresivos y difamatorios, pero lo más grave fueron las imágenes editadas (mi rostro siendo apuntado por una pistola o mi cuerpo partido en dos) en donde "sugerían" que el presidente municipal quería verme muerta. Otra muestra de las agresiones directas y naturalizadas fue la del 7 de junio de 2018, Día de la Libertad de Expresión, cuando la alcaldesa de Tamiahua, Citlali Medellín Careaga (Partido Verde), envió a su director de Comunicación Social con una bolsa de "regalo" llena de croquetas de perro, vitacilina, pañales, toallitas húmedas y hasta transmitió en vivo cuando lo entregó en las oficinas del periódico *La Opinión*, en Tuxpan. Este tipo de situaciones comunes buscaron inhibir la actividad periodística sin castigo a cambio.

En 2012, Norma Trujillo Báez, periodista de *La Jornada Veracruz*, formó el colectivo Voz Alterna que vincula a periodistas con organizaciones nacionales e internacionales para implementar talleres sobre vulnerabilidad digital, esquemas de protección, derechos laborales y enlaces con el mecanismo de protección federal. Este grupo solicitó la alerta de "Protección a Periodistas" y la revisión de los casos de los compañeros asesinados y las agresiones denunciadas. A pesar de la alternancia política, Norma advirtió que la situación cambió poco y que pasamos de tener un Gobierno asesino a uno que buscó censurar a través de la invención de delitos; la vida o la libertad, pues. Vivió la muerte de dos amigos periodistas, Regina Martínez y Rubén Espinoza, pero también sufrió la censura en carne propia. En 2014, el Gobierno de Javier Duarte recibió un reconocimiento de la UNICEF sobre el compromiso con la infancia. Un día después, ella publicó sobre un niño en situación de calle que padecía VIH, en el reportaje exponía la falta de la aplicación de los derechos de la infancia por el Consejo Tutelar para Menores. No sólo la quisieron acusar de haber robado documentación oficial, sino que el Gobierno incluso negó la existencia del menor.

Cada vez que asesinan a un periodista matan un poco de nosotros. Matan las ganas de salir a reportear, matan la esperanza de que nuestro trabajo contribuya a formar una mejor sociedad, matan los planes del futuro porque no sabemos si vamos a llegar. En el nuevo Veracruz, aprender seguridad es fundamental. Saber qué hacer en caso de una balacera debería considerarse obligatorio dentro del nuevo plan de estudios de periodismo en las escuelas del estado.

En el sexto aniversario luctuoso de Regina, el 28 de abril del 2018, Voz Alterna montó por segunda ocasión un "contramonumento" ideado por el artista veracruzano Christian Céliz. Eran bloques de hielo con una fotografía en blanco y negro forrada en plástico adhesivo transparente para que la imagen quedara dentro cuando se terminara de solidificar el agua. Una fábrica de hielo prestó los moldes y congeló los bloques que eran más grandes que los usados en el mercado común. Una a una, se formaron las piezas patrocinadas por los diferentes integrantes del colectivo y aquel sábado 28 se llevaron por fin a la plaza Lerdo, Plaza Regina, como bautizaron los periodistas al lugar frente al Palacio de

Gobierno. Me infundió miedo y mucha tristeza observar los ojos de esos periodistas en fotografías tomadas en cualquier momento de su vida cotidiana, sin imaginar que un día terminarían dentro de un prisma de agua congelada como una forma de protesta. Fue escalofriante pararme a un costado y por eso casi no sonreí en las fotos que hicieron del grupo, pues me imaginaba sus caras frías, gélidas, como cadáveres, hasta estremecerme. La veintena de trozos de hielo, correspondientes a cada uno de los periodistas asesinados con Javier Duarte y Miguel Ángel Yunes, se derritió a lo lago de la tarde por el ligero *chipi-chipi*. Algunos aguantaron más allá de la madrugada. No faltó el vendedor de pescado que se llevó algún bloque para congelar su producto y no tener que hacer el gasto del día en hielo. Al final, la *Plaza Regina* volvió a ser la misma Plaza Lerdo de siempre para albergar a todas las personas que llegan a protestar a la capital. Y entonces me pregunto: ¿Qué dirán de nosotros cuando nos toque? ¿Que éramos taqueros, maestros, taxistas o que nos volvimos miembros del crimen porque no nos alcanzaba con el miserable salario que percibimos? Por eso guardo luto en el corazón y tras la adrenalina de una nota, luego de la ansiedad generada por "¿a quién toqué, qué intereses moví?" no falta el momento en el que imagino cuál foto mía usarán para hacer la nota sobre mi muerte, si se acordarán de que, además de ser periodista, vendía productos por catálogo, si me criminalizarán o si mi caso quedará, como los demás, impune y olvidado. A veces me consuela saber que no soy la única del gremio que se ha sentido así, que más de los que creo se han hecho esas preguntas, pero también rompe el espíritu que ese pensamiento sea parte del imaginario colectivo. Así es ser periodista en Veracruz. Pero lo cierto es que, a diferencia del hielo que se derrite y cuya agua va de vuelta a la piedra de la plaza, la imagen de ellos, su memoria, sus nombres, sus historias deben permanecer vivas, pues no sabemos cuándo nos tocará convertirnos en un rostro congelado bajo una lluviosa tarde xalapeña.

Los periodistas asesinados de Veracruz

Semanas antes de ser asesinado, Rubén Espinosa, fotoperiodista veracruzano autoexiliado en la Ciudad de México, resumió en doce palabras la metamorfosis que sufrió Veracruz en la última década: "La muerte escogió a Veracruz como su casa y allí decidió vivir."

Rubén fue uno de los 27 periodistas asesinados de Veracruz entre 2000 y 2018, de los cuales 22 murieron entre 2011 y 2018: 17 con Javier Duarte de Ochoa y 5 con Miguel Ángel Yunes Linares. Por eso Veracruz se consideró "la entidad más violenta para la prensa en México" por Artículo 19 México, organización no gubernamental que desde 2000 documentó el número de comunicadores asesinados con posible relación a su actividad periodística. De los 106 registros a nivel nacional en los últimos 18 años, casi 1 de cada 4 casos sucedió en Veracruz (sólo Coahuila y Nuevo León juntos, los dos estados que le siguieron en el número de asesinatos, superaron por uno a la entidad veracruzana). Así de grave, así de duro. Reporteros Sin Fronteras (RSF) realizó un informe titulado "Veracruz: los periodistas frente al Estado de miedo" que logró poner en contexto la gravedad del riesgo que viven los periodistas veracruzanos en comparación con el escenario nacional: el estado por sí solo llegó a concentrar 20% de todos los asesinatos.

Durante estos años, las medidas de protección y de los programas preventivos y de seguridad, tanto estatales como federales, demostraron ser insuficientes. En el caso del protocolo veracruzano, instaurado por la Comisión Estatal de Atención y Protección para los Periodistas (CEAPP), el programa preventivo consistió en asignar al periodista amenazado un enlace con la Policía Estatal de la Secretaría de Seguridad Pública (SSP), aunque en buena parte de los casos fue la Policía de Veracruz la señalada de ser artífice o cómplice de las agresiones y asesinatos de comunicadores, mientras que en las regiones en donde no hubo acusaciones contra los policías, la corporación carecía de patrullas o gasolina que les permitiera brindar seguridad al periodista en riesgo.

De los 22 casos cometidos entre 2011 (cuando Javier Duarte tomó posesión como gobernador y se dispararon las agresiones contra los comunicadores) y 2018, pocos tuvieron sentencias y el resto permaneció en la impunidad, con presuntos sospechosos sin ser vinculados a un proceso o sin avances en las investigaciones. "La ausencia de condenas en los delitos contra la prensa le impide a la ciudadanía, entre ellos los periodistas, el pleno ejercicio de la Libertad de Expresión", sentenció el Comité para la Protección de los Periodistas (CPP) sobre las faltas del Estado Mexicano en su informe "Sin Excusa" (mayo 2017) en el que también expuso: "La violencia es particularmente grave en el estado de Veracruz, donde los ataques contra la prensa permanecieron impunes durante el mandato del exgobernador Javier Duarte de Ochoa" y la calificó como una de las regiones más mortales del mundo para ejercer el periodismo. De hecho, en 2016, Reporteros sin Fronteras clasificó a México como el tercer país más peligroso en términos de Libertad de Expresión, sólo detrás de Afganistán y Siria. En 2018 repitió el tercer puesto y mantuvo una clasificación de "situación difícil". Aunque Veracruz tuvo años con menos casos de homicidios de periodistas que en otras entidades, se debe entender la suma de eventos a lo largo de los años y no por período individual, pues no se trató de un "borrón y cuenta nueva". Cada muerte precedió la siguiente y sentó las bases de la impunidad para la que vino después y así deberá seguir contándose, incluso bajo el nuevo régimen de Cuitláhuac García Jiménez como gobernador. Si hay periodistas asesinados, no se deberá hablar del reinicio del recuento, sino que se sumará uno más de esta última y fatal década para la Libertad de Expresión.

Ahora presento a los 22 periodistas asesinados entre 2011 y 2018, desde el fatídico sexenio de Javier Duarte hasta la transición política con Miguel Ángel Yunes Linares, período que abarcó los Gobiernos de Felipe Calderón Hinojosa y Enrique Peña Nieto. Fueron hombres y mujeres que no debieron morir en esas circunstancias, periodistas criminalizados o cuyas muertes se minimizaron por tener algún otro oficio o trabajo. Con cada una de sus muertes se fue un poco de la Libertad de Expresión que nos quedaba en las manos.

Noel López Olguín

Nació el 27 de abril de 1968 y su caso marcó el inicio de una difícil situación que se desarrollaría para los comunicadores del estado, que en ese entonces aún no avizorábamos. El reportero de *Horizonte*, *Noticias de Acayucan* y *La Verdad* vivió en la ciudad de Jáltipan. El 8 de marzo de 2011 salió hacia la Sierra de Santa Martha, al municipio de Soteapan, pero no volvió a casa. Un día después descubrieron su auto abandonado en la carretera. El 1 de junio encontraron sus restos en una fosa clandestina en el ejido El Malacate, Chinameca, al inicio de la zona serrana. Cuatro días antes, el Ejército Mexicano había capturado a Alejandro Castro Chirinos, alias "El Dragón", presunto jefe de sicarios de una célula criminal que confesó su participación en el "levantón" del periodista, incluso durante su detención, fue presentado con la cámara fotográfica de Noel. La

PGR abrió investigación por los delitos federales contra la salud, secuestro y portación de armas, mientras que el Ministerio Público local se encargó de la carpeta sobre el homicidio del periodista. A la fecha no se sabe por qué lo asesinaron.

Noel dejó huérfanos a cuatro hijos. En su ciudad fue conocido por ser activista, participar en protestas (al grado de que un exalcalde de Jáltipan lo amenazó de muerte), tener como preferencia política el Partido de la Revolución Democrática (PRD) y denunciar al crimen organizado de forma directa. En 2009 participó en una marcha para exigir que se instalara un retén militar debido al aumento de la delincuencia organizada y más tarde colocó una manta exigiendo el retén, según documentó el periodista Luis Velázquez Rivera para Blog Expediente: "Queremos que el retén de los militares permanezca aquí en Jáltipan. Estamos hasta la madre. Indignados, secuestrados y asesinados y sin nuestros policías delincuentes solapados por el alcalde de extracción priista." Colegas de Noel dijeron que el columnista llegó a señalar casas y ubicaciones de presuntos miembros del narcotráfico. Por este último motivo, uno de sus antiguos compañeros cree que se volvió blanco de la delincuencia que buscaba combatir.

Las autoridades no detuvieron a "El Dragón" por el asesinato del periodista, fue por casualidad. Una denuncia anónima derivó en la detención del jefe de sicarios relacionado con la muerte de unos policías y el secuestro de un conocido ginecólogo de Coatzacoalcos, al que se llevaron de su clínica mientras atendía a una paciente y que marcó el inicio de un éxodo de especialistas de la ciudad porteña. Sólo durante la confesión salió a relucir el caso de Noel, quien para entonces, tenía meses desaparecido.

Miguel Ángel López Velasco

Todavía no acababa junio y el mes se empañó de nuevo con el asesinato de un periodista. Miguel Ángel López Velasco (Milo Vela) era el editor de policíaca y autor de la columna "Va de nuez" para el periódico *Notiver*, el de mayor circulación en el puerto de Veracruz. Su asesinato fue el primero en alcanzar mayor notoriedad, ya que, además de ser un conocido periodista en el puerto, se trató de un triple homicidio en el que mataron a su esposa e hijo, Misael López Solana, fotoperiodista de *Notiver*.

El artero crimen ocurrió por la madrugada del 20 de junio de 2011, después del Día del Padre. Milo Vela, de entonces 55 años, había documentado los inicios del narcotráfico en Veracruz en el libro *Todos están adentro*, pero vivió sus últimos años en un estado que, tras la llegada de Fidel Herrera Beltrán, pasó de ser una ruta "de paso" a una plaza disputada en plena vía pública por policías y cárteles de la droga.

Miguel López, su esposa Agustina Solana y su hijo Misael descansaban en la casa ubicada en San Jerónimo 142, en la colonia Formando Hogar, cuando sujetos armados ingresaron y abrieron fuego en contra de los tres.

Miguel Ángel López Solana, hijo y hermano de los periodistas asesinados, se exilió a Estados Unidos después del crimen. Días más tarde, la Procuraduría General de Justicia de Veracruz, con la titularidad de Reynaldo Escobar Pérez, atribuyó los asesinatos a Juan Carlos Carranza Saavedra, alias "El Ñaca", exagente de Tránsito del Estado vinculado con el Cártel Jalisco Nueva Generación (CJNG) y por el que se ofrecieron 3 millones de pesos a cambio de información para capturarlo. En un vídeo de YouTube titulado "Autoridades de Veracruz coludidas con Los Zetas", aparece un sujeto, entrevistado por un hombre que no sale a cuadro, señalando a algunas personas vinculadas con "la última letra" (una forma de referirse a Los Zetas). Entre ellas estaba Carranza Saavedra. "El Ñaca" murió en un enfrentamiento en 2013.

Tras la muerte del periodista y su familia, *Notiver* suspendió su circulación por un día en señal de luto, pero a casi un año del asesinato publicó una editorial aclaratoria titulada "Así no es

Miguelito!" (sic). Iba dirigida a Miguel López Solana por las declaraciones que hizo en el Décimo Foro de Austin, dedicado a la Seguridad y Protección de Periodistas en Texas, sobre la situación del periodismo en el estado de Veracruz y la relación con otros periodistas amenazados y asesinados después de su padre. En la editorial notiveriana le reclamaron a Miguel López "usted andaba en malos pasos", incluso expusieron pasajes donde hablan mal de la renuncia de Milo Vela como subdirector de *Notiver* y su regreso posterior al periódico. Al final la editorial sentencia: "Pero ahora que está en Estados Unidos puede entrevistarse con la DEA y el FBI –decirles todo lo que sabe–, que usted sabe bastante, estamos seguros que si alguien sabe quién asesinó a su familia, y por qué; es usted. Tal vez hasta lo contraten como testigo protegido." Hoy, en el portal de *Notiver*, es imposible encontrar esa editorial, las notas y columnas de Milo Vela, pues sólo tiene registros del 2014 a la fecha. Lo de antes, como si no existiera.

Yolanda Ordaz de la Cruz

Originaria de Oaxaca, Yolanda Ordaz de la Cruz fue la primera mujer periodista asesinada en Veracruz en la última década, aunque no sería la única ni la última en la cronología de la muerte de comunicadores. También trabajaba para *Notiver*, justo en la sección policíaca que editaba Milo Vela y tenía casi tres décadas de experiencia periodística.

Desapareció el 24 de julio de 2011, casi un mes después del asesinato de Milo Vela. Dos días más tarde encontraron su cuerpo decapitado frente a las oficinas del periódico *Imagen de Veracruz*, en Boca del Río, con un cartel que decía: "También los amigos traicionan. Atentamente: Carranza."

La Procuraduría General de Justicia de Veracruz trató de deslindar el ejercicio periodístico de Yolanda como móvil del crimen y, en cambio, se refirió a "diferencias de tipo personal entre el periodista y el presunto señalado", en referencia a Juan Carlos Carranza Saavedra, "El Ñaca" (el mismo presunto responsable de la muerte de Miguel Ángel López Velasco). La PGJ sustentó su versión en la publicación de varios vídeos en los que presuntos delincuentes quisieron vincular a Yolanda con las organizaciones criminales. De esta forma, las autoridades veracruzanas trataron de deslindar el trabajo periodístico de Yolanda Ordaz como causa de su muerte. Regina Martínez, corresponsal de *Proceso* en Veracruz (quien sin saberlo se convertiría en la siguiente mujer periodista asesinada), documentó en agosto de aquel 2011 que Javier Duarte de Ochoa declaró sobre el caso de Yolanda y que, entre las pertenencias de los delincuentes detenidos por la Marina a inicios de ese mes, encontraron una identificación de la periodista.

Reporteros Sin Fronteras acusó a las autoridades de: "Alimentar rumores sobre la víctima, incluso antes del inicio de la investigación." Agregó que estaba expuesta al peligro por el manejo de la fuente policíaca, sin excluir al crimen organizado de Veracruz con la presencia de cárteles como Los Zetas, el Cártel del Golfo y la Familia Michoacana. A la fecha, no hay justicia para el caso de Yolanda.

Regina Martínez Pérez

La corresponsal de *Proceso* en Veracruz tenía 48 años cuando fue asesinada. Su crimen marcó un precedente porque fue el primero de un periodista de nivel nacional. Todos teníamos la misma sensación: si mataron a Regina, del semanario más importante del país, entonces podían deshacerse de cualquiera de nosotros.

Era originaria del estado de Veracruz, aunque se llegó a decir que venía de Puebla. De carácter serio, reservado, incisiva y crítica en sus notas, desconfiaba y seleccionaba a sus amistades por cuestión de seguridad e integridad. Trabajó en el *Diario de Xalapa* y *La Jornada*, pero en *Proceso* desarrolló la mayor parte de su trayectoria.

Norma Trujillo Báez, periodista de Xalapa, la conoció alrededor de 1989 y fue una de sus amistades más valiosas. Recuerda que los comunicadores jóvenes se sentían "intimidados" por la figura de la corresponsal de *Proceso* debido a su seriedad, "la veían como sangrona, pero cuando hacía amistad con alguien era diferente, compartía datos".

Las amenazas tanto en su hogar como por mensajes existieron antes de su crimen, pero Regina no las difundió de forma pública. La última vez que Norma habló con Regina, ella le contó que sus padres la habían visitado el fin de semana y se había cortado lavando trastes. Como la herida en la palma de su mano no terminaba de cicatrizar, Norma le recomendó que fuera a la Cruz Roja, pero la asesinaron tres días después del encuentro, el sábado 28 de abril de 2012. De acuerdo con la Procuraduría General de Justicia de Veracruz (PGJ), murió asfixiada y su cuerpo fue hallado en el piso del baño de su casa, en la colonia Carrillo Puerto, Xalapa. Norma se enteró porque los de Comunicación Social andaban llamando a sus amigos para conocer su segundo apellido.

En septiembre, seis meses después del crimen, la PGJ veracruzana anunció la detención de Jorge Antonio Hernández Silva, "El Silva", un delincuente común y seropositivo, señalado como culpable del asesinato con un hombre identificado como Adrián Hernández Rodríguez, "El Jarocho". Esto fue para dar carpetazo al asunto, en el que, una vez más, trataron de desligar la actividad periodística de la víctima. Pero en esta ocasión no le echaron la culpa al crimen organizado, sino que la Procuraduría insistió en que se trató de un "crimen pasional" y que el móvil fue el robo. "El Silva" señaló que lo torturaron para declararse culpable. A "El Jarocho" nunca lo buscaron, pero lo quisieron hacer pasar por supuesta pareja sentimental de Regina.

"Como en todas las investigaciones de periodistas no se contemplaba como línea de investigación la actividad profesional", apuntó Norma, quien en su momento fue cuestionada por la Fiscalía para indagar sobre las cuestiones laborales de Regina (por ejemplo, si le pagaban bien o a tiempo), no sobre el tipo de notas que manejaba. Durante el proceso, las autoridades de justicia montaron un perfil que no correspondía con el de la mujer hermética. La versión del expediente señala que los dos sujetos llegaron a su casa, que uno era el novio y que hasta se pusieron a bailar, algo que "no corresponde con la personalidad de Regina", insistió Norma. Para sustentar esta imagen distinta a la que todos conocían de la corresponsal de *Proceso* hubo una declaración de una persona que aseguró coserle unas minifaldas, según, como parte de una transformación de su personalidad.

Regina era una periodista respetada, pero también se ganó el mote de "reportera incómoda" no sólo para la administración de Javier Duarte sino para los mismos colegas, aquellos que viven del oficialismo, que son más "orejas" del Gobierno que periodistas. Y como muestra de esta animadversión que despertaba, durante su velorio no faltó un reportero que llegó a decir que a Regina "la había matado su macho".

Un año después del asesinato, "El Silva" fue condenado a 38 años de prisión y una multa de 80 mil pesos. En agosto del 2013, el Tribunal Superior de Justicia de Veracruz revocó la sentencia por violaciones al proceso (tortura para obtener la declaración). Un año más tarde volvió a ser capturado mientras que de "El Jarocho", el presunto autor material, no se conoce el paradero y según se ha dicho, está muerto. La Fiscalía no ha cerrado el caso mientras no se aprehenda al autor material, pero la investigación se encuentra estancada y sin la posibilidad de moverla hacia otra línea, pues el sistema de justicia jamás incluyó la posibilidad de que Regina fuera asesinada por el trabajo que realizaba como periodista.

A seis años del asesinato de Regina, su crimen no ha sido esclarecido. Los periodistas llamaron de manera simbólica Plaza Regina a la plaza Sebastián Lerdo de Tejada, ubicada a un costado de la Catedral de Xalapa y frente al Palacio de Gobierno, sede del ejecutivo estatal de Veracruz. Una y otra vez, el Gobierno de Duarte removió la placa metálica con la que renombraban el escenario favorito para las protestas y manifestaciones civiles, pero así como la quitaban, los periodistas la volvían a colocar. El colectivo Voz Alterna, iniciado por Norma Trujillo, creó el Premio de Periodismo Regina Martínez, entregado en su aniversario luctuoso. Además, sigue exigiendo claridad en la investigación y justicia por un caso que se convirtió en referente dentro de los asesinatos de periodistas por la inutilidad de las autoridades investigadoras.

Quienes la conocieron descartan la tesis de que el tema de las empresas mineras (ligadas al crimen organizado a través de pagos de piso, seguridad y represión a activistas) fuera el detonante de su muerte, pues, aunque sí escribió sobre la consulta pública de una mina en Alto Lucero, no profundizó en el tema.

Al revisar el historial periodístico de la corresponsal vemos que, además de especializarse en la corrupción gubernamental, hizo un registro de temas de impacto como los crímenes masivos y las ejecuciones en Veracruz. Por ejemplo, la de los 35 cuerpos arrojados frente al World Trade Center de Boca del Río mientras el entonces secretario de Gobernación, Francisco Blake Mora, sostenía una reunión con sindicalizados electricistas. La portada de *Proceso* número 1821 explicaba la forma en que el narco ya se apoderaba del estado: "Veracruz. Sangriento reacomodo narco" escrito con grandes letras sobre la foto de decenas de cuerpos regados en el paso a desnivel, fue la publicación escrita por Regina la que provocó la compra masiva de la revista. Regina no se corrompió. No hubo autoridad o civil que le dictara qué escribir. Y como no pudieron callarla a "cañonazos de billetes", su figura se convirtió en un problema, el de la incomodidad de un Gobierno. De esta forma, el asesinato de Regina fue atribuido directamente a Javier Duarte de Ochoa como el silenciamiento de la periodista incómoda, la primera de otros nombres que se relacionarían con la posibilidad de una ejecución desde el Estado.

Guillermo Luna Varela, Gabriel Huge Córdova y Esteban Rodríguez Rodríguez

El 3 de mayo de 2012, a menos de una semana del asesinato de Regina, se encontraron cuatro cuerpos desmembrados y con severas huellas de tortura en el canal de aguas negras de la Zamorana, en Boca del Río. Se trataba de tres periodistas y una trabajadora administrativa de un diario: Guillermo Luna Varela de 22 años, fotógrafo y reportero para *Veracruznews* y el *Diario de Cardel*; Gabriel Huge Córdoba de 37 años, tío de Guillermo, exfotógrafo en *Notiver* donde trabajó con Yolanda Ordaz; Esteban Rodríguez Rodríguez de 30 años, periodista para el diario *AZ Veracruz*, y Ana Irasema Becerra Jiménez, trabajadora administrativa de *El Dictamen*. Los cuatro tenían cerca de 12 horas desaparecidos.

Gabriel Huge, "El Mariachi", era un hombre de marcado acento costeño y especialista en "nota roja". El aumento de la violencia en Veracruz por la entrada del crimen organizado y la guerra de plazas marcó su destino. Hay una fotografía del 2008 que aún circula en internet donde lo vemos detenido por Policía Federales, cuando ya se registraban los primeros casos de ejecuciones y se tensaba la ríspida relación policías–reporteros. Gabriel, el reportero policíaco por excelencia, quien contaba con radio para ganar la primicia en el lugar de los hechos, colaboró con medios nacionales y protegía a sus compañeros durante las coberturas, porque era el que tenía más experiencia en el tema. El problema: los medios empezaron a cerrar la sección policíaca (pues entraron en crisis por miedo) y Gabriel sufrió dificultades económicas porque no tenía dónde publicar o era difícil que le pagaran sus notas y fotos.

Después del asesinato de Yolanda Ordaz, en julio de 2011, Gabriel Huge se autoexilió en Poza Rica, en el norte, porque había sufrido amenazas que lo llevaron a dejar su trabajo como reportero policíaco en *Notiver*. En la huasteca veracruzana, los reporteros de la zona lo conocieron porque publicó una fotografía muy buena en *Noreste*, un medio local, pero se enteraron de que no le podían dar el crédito porque tenía miedo de su situación (por la inseguridad). Huge se presentó con sus nuevos colegas hasta la cobertura de una balacera en Poza Rica. Quienes lo conocieron en ese período aseguran que Gabriel deseaba regresar a los medios, pero no podía porque aseguraba ser perseguido por la policía. Su situación económica se complicó. A cambio de reducir su vulnerabilidad abandonó el periodismo y terminó trabajando como guardia de seguridad en una empresa de telefonía en el horario nocturno, del que salía hasta las 7 de la mañana por un pago de unos 400 pesos a la semana.

Pero la inquietud de las palabras, de la nota policíaca, fue más fuerte. Indignado por el asesinato de Regina, Gabriel Huge todavía participó en Xalapa en una marcha y después se fue a Veracruz con la falsa idea de que la situación se había tranquilizado. Días después desapareció. Sus colegas señalaron que, durante esas horas inciertas, en la página de *Imagen del Golfo* subieron una nota sobre una supuesta detención con la ilustración de aquella icónica foto donde los policías federales lo estaban deteniendo. Luego se actualizó el portal y se supo que habían encontrado a unos periodistas asesinados: Gabriel Huge, su sobrino Guillermo Luna y Esteban Rodríguez (quien había dejado el periodismo y trabajaba en un taller mecánico). La escena quedó clavada en la mente de sus compañeros: policías sacando desde las fétidas aguas las bolsas cargadas de los cuerpos descuartizados como si fueran de basura, arrastrándolas hasta la banqueta mientras quedaba un rastro de lodo mezclado con sangre.

En agosto, la Procuraduría veracruzana, a través de Amadeo Flores Espinosa, informó en rueda de prensa el supuesto esclarecimiento de este homicidio múltiple con la detención de Isaías Pineda Flores "El Cronos", con otras seis personas, captura replicada a nivel nacional como la de un importante operador del Cártel de Jalisco Nueva Generación (CJNG) al que se le adjudicaron 36 asesinatos de los últimos ocho meses. No hizo falta adivinar. La muerte de los cuatro periodistas, según las autoridades, ocurrieron por miembros confesos del CJNG en represalias a Los Zetas, organización con la que quisieron vincular a los comunicadores, pues Amadeo Flores señaló que la razón del asesinato fue que "estos reporteros a su vez habían sido los causantes de la muerte de otros periodistas, asesinados por la organización delictiva autodenominada Los Zetas". Periodistas matando periodistas, pues.

Pero sobre esta detención, hay un punto interesante: fue un montaje. A una de las detenidas, Claudia Medina Tamariz, la sacaron de su casa en la madrugada con su esposo, a quien le achacaron ser el líder de la plaza del CJNG, cuando ambos eran vendedores de *Herbalife*. El caso de Claudia llegó hasta Amnistía Internacional porque se comprobó la tortura física, sexual y psicológica a la que fue sometida para aceptar los cargos que se le imputaban a cambio de que no fueran a hacerle daño a sus hijos. Este caso se explora con mayor detalle más adelante, pero arrojó luz sobre la evidente fabricación de culpables para "aclarar" los casos de asesinatos de periodistas (y de numerosos homicidios) y de paso, criminalizarlos.

Por supuesto, uno de sus compañeros periodistas no creyó en la versión de la Procuraduría, a pesar de la insistencia de las autoridades y hasta los rumores de otros periodistas del puerto, pues dijo que "siempre ocurrió eso cuando mataban a un compañero, que lo vinculaban con el crimen organizado; la Procuraduría tenía una respuesta tratando de deslindar cualquier asunto periodístico". Por otra parte, apuntó al trabajo policíaco de Huge, al hecho de exponer las imágenes reales de un Veracruz en el que Policía, Gobierno y cárteles estaban coludidos, de una guerra que se ejecutaba en la cuatro veces heroica ciudad de Veracruz ahora convertida en tierra de disputa. "Quiero pensar que quien se mete al crimen su situación económica no es tan precaria como la que puede tener, pues vivía en un lugar donde apenas podía pagar la renta. Él quiso volver a los medios." La realidad es que las autoridades nunca hicieron una investigación de este multihomicidio desde el punto de vista periodístico, sino que con la detención montada de un presunto líder del CJNG cerró el asunto, no sin antes sembrar la duda entre la sociedad y el mismo gremio sobre los supuestos vínculos de los periodistas con el crimen.

Víctor Manuel Báez Chino

Desapareció el 13 de junio de 2012, tenía 46 años. Con una experiencia de más de dos décadas, era director de la sección policíaca de *Milenio El Portal de Veracruz* y director adjunto de "reporterospoliciacos.com". El periodista fue interceptado a la salida de su trabajo, lo obligaron a abordar un vehículo y se lo llevaron. Su cuerpo desmembrado fue hallado al día siguiente en la zona céntrica de Xalapa. Las autoridades veracruzanas dijeron que encontraron un mensaje a un costado del cuerpo firmado por Los Zetas, atribuyéndose la autoría del crimen: "Eso le pasa a quienes traicionan y se quieren pasar de listos." Como en los casos anteriores, el Gobierno de Veracruz responsabilizó a un cártel de la droga por el asesinato del reportero, aun con la posibilidad de que el mensaje fuera falso. Su caso fue atraído tanto por la Procuraduría General de Justicia de Veracruz como por la Procuraduría General de la República (PGR) y la Fiscalía Especializada para la Atención de Delitos cometidos contra la Libertad de Expresión (FEADLE). Antes de terminar el año, Amadeo Flores Espinosa, al frente de la PGJ de Veracruz, anunció que se había "esclarecido" el caso de Víctor Báez (con los homicidios de Guillermo Luna Varela, Gabriel Huge Córdova, Esteban Rodríguez Rodríguez y Ana Irasema Becerra Jiménez). Señaló como responsables a Juan Ángel Torres y Daniel Reynoso, a los que vinculó con Los Zetas, los cuales, para beneficio del Gobierno veracruzano, habían sido abatidos el 19 de junio en la capital del estado. Con esto cerraron la investigación.

Gregorio Jiménez de la Cruz

El periodista de 43 años, radicado en villa Allende, Coatzacoalcos, fue secuestrado el 5 de febrero de 2014. Su plagio provocó una movilización de compañeros del sur de Veracruz sin precedentes. Las búsquedas del reportero policíaco de *Notisur* y *Liberal del Sur* (donde ganaba 20 y 50 pesos por nota publicada) llevaron a los reporteros sureños a diversos parajes de la región, entre ellos a un camino de terracería junto a las aguas del Golfo de México. A seis días de su desaparición, el 11 de febrero, encontraron su cuerpo desnudo y decapitado con otros dos cadáveres en una fosa clandestina en un rancho de la colonia J. Mario Rosado, Las Choapas.

"Fue algo doloroso, porque dentro de todo él era una persona tranquila, trabajadora y alegre", menciona Heder López Cabrera, quien conoció a Gregorio cuando fue su editor en el *Liberal del Sur.* Heder y una docena de periodistas lo buscaron una noche a pocos metros de la playa con la Policía Estatal y el Ejército Mexicano, pues había indicios de que podría estar en la zona.

Sayda Chiñas Córdova, reportera veracruzana y actual comisionada de la Comisión Estatal de Atención y Protección para los Periodistas (CEAPP) también trabajó con "Goyo" en *Notisur*. Tras la desaparición y el asesinato, encabezó las manifestaciones en Coatzacoalcos y las protestas y exigencias lograron hacer una gran presión en el Gobierno del estado.

El caso "Goyo" también dejó una ola de desapariciones forzadas atribuidas a elementos de la Secretaría Seguridad Pública del Estado (SSP) y personal de la Policía Ministerial. Entre el 10 y 11 de febrero, al menos 16 personas fueron "levantadas", la mayoría fue liberada unos meses después, pero algunas nunca regresaron.

Tras el hallazgo de la fosa en Las Choapas, las autoridades de Veracruz detuvieron a José Luis Márquez Hernández, "El Pony"; Jesús Antonio Pérez Herrera, "La Yegua"; Santos González Santiago, "El Many" o "El Gordo"; y Gerardo Contreras Hernández, "El Gotzi". Según la Procuraduría General de Justicia, Teresa de Jesús Hernández Cruz, "La Güera", dueña de un bar, pagó 20 mil pesos a "El Pony" y su banda para asesinar al periodista, en represalia por una nota periodística. Las autoridades lo consideraron "venganza personal" y no consecuencia de su trabajo. Los detenidos fueron vinculados a proceso, pero se ampararon. En la investigación existieron irregularidades, inconsistencias y tortura de acuerdo con la Misión de Observación, un grupo de periodistas que entre el 15 y 17 de febrero realizaron un informe sobre el desarrollo del caso. Este informe se entregó al recién nombrado "Abogado de los Veracruzanos", Luis Ángel Bravo Contreras, pues Amadeo Flores renunció una semana después del asesinato de Goyo.

Sayda Chiñas fue parte de la Misión de Observación y cuenta que el expediente llegó a crecer tanto que integró 15 tomos y tuvieron que pagar entre 12 y 15 mil pesos por copias del mismo. A pesar de que hay detenidos sometidos a procedimiento por el delito de homicidio, el juicio todavía está en la etapa de instrucción. Hasta mediados del 2018 no existía sentencia condenatoria porque algunos de los señalados trataron de ampararse por la tortura a la que fueron sometidos. Ahora como comisionada de la CEAPP, Sayda refirió que parte de la impunidad que ha prevalecido en este caso fue culpa de las mismas autoridades veracruzanas, pues aunque hubo pruebas sólidas, incluso vídeos de que estas personas asesinaron a Gregorio Jiménez, el haberlos sometido al tan folclórico "tehuacanazo" de la justicia a la mexicana podría echar abajo el procedimiento. La Procuraduría General de Justicia "juntó algunos expedientes para que no salieran libres por el caso de Gregorio, pero si al final quedan presos es por los otros casos, de las otras personas que se encontraron en las fosas".

Entre los compañeros del sur de Veracruz no hay certeza de qué pasó ahí, cuál fue el motivo para asesinar al periodista, si se trató de una cuestión personal con la dueña del bar que, a su vez, tenía vínculos con la delincuencia, o si fue el hecho de que escribiera sobre temas delicados como el secuestro o el tráfico de migrantes en la zona. Este caso se convirtió en uno de los más emblemáticos en todo el estado, por la saña y la falta de justicia, pero sobre todo, por la falta de claridad sobre por qué estaban matando periodistas en Veracruz, pues con la muerte de Gregorio ya se sumaban 10 homicidios en apenas tres años con Javier Duarte de Ochoa.

Moisés Sánchez Cerezo

El asesinato del activista social y director de La Unión... inauguró otro año fatídico para la Libertad de Expresión en el estado. El 2 de enero de 2015, un comando armado entró a su casa en Medellín de Bravo (zona conurbada de Veracruz y Boca del Río) y lo secuestró. Este caso resulta muy especial porque Moisés, de 49 años, ejercía el periodismo sin remuneración y tenía otros trabajos (el último, de taxista) para costear las hojas que editaba, imprimía y repartía como La Unión... de forma gratuita en Medellín.

A los pocos días, Javier Duarte de Ochoa salió a declarar que Moisés Sánchez no era periodista sino "taxista y activista", aunque luego tuvo que recular ante las críticas y protestas de los periodistas del puerto de Veracruz, quienes conocían el trabajo que realizaba "Moy", como le decían de cariño.

Su cadáver decapitado, embolsado y parcialmente calcinado apareció hasta el 24 de enero en la carretera a Manlio Fabio Altamirano, a unos 30 kilómetros de donde fue plagiado. De acuerdo con las investigaciones, Moisés fue asesinado casi el mismo día como venganza por el trabajo crítico que desempeñaba.

Clemente Noé Rodríguez Martínez, detenido como autor material, señaló como autores intelectuales a Martín López Meneses, subdirector de la Policía Municipal de Medellín y escolta del presidente municipal, y al alcalde panista de Medellín, Omar Cruz Reyes. Según la confesión del detenido, solicitaron la muerte del periodista por su línea crítica sobre la administración municipal y a cambio del "favor" el grupo criminal tendría libre paso para trabajar en ese municipio. A un año de gobernar, Omar Cruz fue desaforado, pero ni siquiera llegó al juicio político ante el Congreso del Estado porque huyó antes y hasta el momento se encuentra prófugo. Además, hay dos sentencias condenatorias a un par de motopatrulleros que estaban cerca de la casa de Moisés cuando ocurrió el "levantón", pero que no hicieron nada por evitar el crimen.

Jorge Sánchez Ordóñez, hijo de Moisés Sánchez, se convirtió en el principal promotor de la justicia. Su padre ejerció el periodismo con pasión, pero la condena por parte del Estado Veracruzano fue el no tener un medio que lo respaldara y trabajar como taxista, pues eso le valió que tanto la Procuraduría General de Justicia de Veracruz como la Fiscalía Especializada en Atención a Delitos contra la Libertad de Expresión (FEADLE) de la PGR no quisieran reconocer su caso como el asesinato de un periodista. Sólo a través de un amparo, obligaron a la FEADLE a atraer el caso, pero ante la ineficacia de esta Fiscalía, la familia sólo espera agotar el tiempo para enviar el caso a la Corte Interamericana de Derechos Humanos, con lo que se convertiría en el primero en llegar hasta dicha instancia.

Armando Saldaña Morales

Tenía 53 años cuando lo asesinaron en la frontera de Oaxaca y Veracruz. Por cuestión geográfica, las autoridades de justicia de Veracruz rechazaron su caso alegando que le correspondía a

Oaxaca hacer la investigación, aunque el periodista trabajaba en una estación de radio con información de Veracruz.

Uno de sus colegas cuenta que era un hombre "bonachón y amistoso", corresponsal en la zona de Oaxaca para la estación *La Ke Buena* y locutor del programa "La grilla, punto y debate" en la que daba información de municipios veracruzanos desde Córdoba hasta Tierra Blanca. Se especializó en información política y trataba poco la nota policíaca, pero cuando lo hacía informaba sin limitaciones, incluso proporcionando nombres, aún en el tema del tráfico de gasolina robada o "huachicol".

A Armando no lo amenazaron, no hubo advertencia alguna. Lo "levantaron" y, horas más tarde, descubrieron su cuerpo con impactos de bala y huellas de tortura cerca de una parcela de Acatlán de Pérez, Oaxaca, en la frontera con Veracruz, el 4 de mayo de 2015.

La investigación se inició en Oaxaca y pocas semanas después se detuvo a un presunto homicida y luego a otro posible implicado, pero a un año del caso quedaron en libertad. Por el hecho de que el expediente está en manos de autoridades de Oaxaca, la CEAPP no ha podido acceder al mismo para brindar un seguimiento, así que esta muerte permanece impune.

Sobre las razones de su asesinato, un periodista de la zona recordó que, días antes del homicidio, Armando Saldaña presentó un reportaje en radio sobre el robo de gasolina de Pemex (tema bastante fuerte en Veracruz) en la zona entre Tierra Blanca y Oaxaca; incluso se atrevió a dar nombres de personas involucradas en ese negocio ilegal, por lo que estimó que ésa pudo ser la razón para acabar con la vida del periodista radiofónico.

Juan Atalo Mendoza Delgado

Desapareció el 30 de junio de 2015 y su cuerpo sin vida se encontró el 1 de julio sobre el kilómetro 5+300 de la carretera federal Santa Fe-San Julián.

Juan Mendoza, de 46 años, trabajó por más de una década en *El Dictamen,* pero dejó el periódico y abrió su portal digital *Escribiendo la Verdad.* Al igual que Moisés Sánchez, manejaba un taxi para obtener ingresos adicionales y ejercía el periodismo por pasión, no por interés económico. Lo privaron de la libertad mientras trabajaba en su turno de taxista.

Del mismo modo que a Moisés, la Procuraduría General de Justicia de Veracruz trató de desestimar el trabajo periodístico de Juan dentro de la investigación, incluso insistió en que su deceso fue accidental "presentando lesiones múltiples por atropellamiento que le causaron la muerte". En realidad, el cuerpo se halló semidesnudo, torturado y hasta con una venda en los ojos, por eso su caso fue considerado por la CEAPP como un asesinato. Hasta el momento no hay avances y, mucho menos, una sentencia condenatoria.

Rubén Espinosa Becerril

Rubén dejó la Ciudad de México para ejercer el fotoperiodismo en Veracruz. Aquí se topó de frente con la corrupción, los vicios del poder, la represión y la muerte, una que lo persiguió de un modo tan doloroso que lo alcanzó hasta el autoexilio de vuelta a la capital del país. Se podría decir que Rubén vino a Veracruz a firmar su sentencia de muerte.

Rubén no tuvo oportunidad de estudiar a nivel superior, pero le gustaba la fotografía y, gracias a su talento, trabajó para agencias como Cuartoscuro o *Proceso.*

Antes de cubrir movimientos sociales, el primer trabajo de Rubén como fotógrafo en Veracruz tuvo un corte más institucional. A mediados de 2009 llegó a una agencia de publicidad y fotografía, cuya directora lo recomendó a Elgolfo.info. La página veracruzana lo comisionó como fotógrafo para la campaña de Javier Duarte de Ochoa a la gubernatura porque el medio tenía una clara línea priista. Esta situación provocó muchos comentarios después de su asesinato, pues se quiso malinterpretar esa etapa y vincularlo de alguna forma personal con Javier Duarte. En realidad, trabajó como fotógrafo en el área de comunicación, pero no trató con el entonces aspirante a gobernador de forma directa, sino a través de Georgina "Gina" Domínguez, la coordinadora de campaña, la cual lo despidió porque no le pareció la actitud de Rubén. Después trabajó como fotógrafo dentro del área de Comunicación Social del Ayuntamiento de Xalapa, al inicio del mandato de Elizabeth Morales (PRI).

Ahí fue la primera vez que Raziel Roldán, periodista veracruzano, se topó con Rubén. En ese entonces, Raziel laboraba en una regiduría panista, por lo que veía a Rubén como "el priista". En 2012 se realizaron las manifestaciones del movimiento Yo soy 132 y Raziel comenzó a hacer activismo, a pesar de trabajar en el Ayuntamiento. Durante una de las marchas notó que Rubén tomaba fotos (al final lo despidieron del Ayuntamiento por su espíritu rebelde y por no estar de acuerdo con lo que se hacía ahí). En 2013, los dos se encontraron de nuevo, ya como reporteros, en una manifestación en pleno auge de la lucha magisterial contra la Reforma Educativa. Bastaron 20 minutos de plática para descubrir que Rubén de verdad estaba preocupado e interesado por el tema de los maestros y su situación.

Rubén también había observado desde lejos las manifestaciones que hacía el grupo Voz Alterna, de Norma Trujillo, sobre todo protestando por la muerte de varios reporteros veracruzanos, entre ellos Regina Martínez, así que un día se acercó y les confesó que quería estar en el grupo y, aunque al inicio no lo conocían mucho, lo integraron. Así el fotoreportero pasó de ejercer un trabajo periodístico a también realizar activismo y especializarse en la cobertura de movimiento sociales.

Raziel, quien era más nuevo en el trabajo, comenzó a reportear con Rubén las marchas y movilizaciones. "Él siempre trataba de protegerme y orientarme, pues era de mis primeras coberturas y me sorprendió su sencillez." De hecho, tardó en descubrir que era fotógrafo para *Proceso*, pues era raro que lo mencionara como su referencia, ya que casi siempre se identificaba como fotógrafo de la agencia AVC.

Por un lado, Rubén era un amigo que se preocupaba por los demás, le gustaba platicar de caricaturas, música y tenía una facilidad enorme para imitar a las personas; podía pasar horas platicando con Raziel afuera del café La Parroquia, en el centro. Por otro lado, tenía un repudio muy fuerte al "chayo", a los desayunos con el gobernador o los políticos y a cualquier forma de oficialismo. "Han matado a muchos compañeros", le decía a Raziel.

En 2014, la edición 1946 del semanario *Proceso* sacó en su portada una fotografía de la autoría de Rubén: vemos a Javier Duarte vestido con una gorra de policía, el ceño fruncido, su prominente barriga y el título "Veracruz, Estado sin ley". La revista se compró de forma masiva el fin de semana que se puso en circulación en Veracruz. Sobre las fotos que hizo de Duarte, hay otra muy famosa que se usó mucho para hacer memes: el gobernador está rodeado de grabadoras de voz, se ve con los ojos desorbitados y mostrando los dientes como perro a punto de atacar. De vuelta a aquella portada, Rubén no presumió el logro, se mantuvo sencillo, aunque le contó a Raziel que tardaron en pagarle. Sobre eso, su amigo dijo: "Nadie le dio mucha importancia, para mí esa portada tampoco fue el detonante; no fue la foto sino otras cuestiones como protestas." Norma Trujillo también coincide: "Estamos seguros que no fue una foto específica, sino que a lo mejor fue su activismo."

"Rubencillo" se ganó un lugar de confianza entre el movimiento estudiantil de Humanidades de la Universidad Veracruzana (UV) gracias a su integridad en una época en la que muchos reporteros de la capital fungían como "orejas" o enlaces para el Gobierno del estado o para la Secretaría de Seguridad Pública

(SSP). Por eso algunos periodistas de forma despectiva le decían "anarco", incluso señalaban que pertenecía a un grupo guerrillero, con otros integrantes de Voz Alterna, pues era casi el único que tenía acceso a las marchas y actividades de los "anarquistas".

Entonces ocurrió el ataque del 5 de junio del 2015. Luego de varias jornadas de protestas estudiantiles, aquella madrugada un grupo de jóvenes universitarios fue golpeado de forma salvaje dentro de una vivienda estudiantil por una decena de sujetos encapuchados que llevaban armas de fuego, palos con clavos, machetes y bates. Minutos más tarde, tres patrullas de la Policía Estatal aguardaban afuera con tres sujetos que se hicieron pasar por personal de Derechos Humanos y que fotografiaron a los estudiantes heridos. Tras la muerte de Rubén, surgieron versiones que trataban de vincular este hecho con su asesinato porque, se decía, él había sido el primero en llegar y tomar fotografías. En realidad, Rubén se enteró por Norma hasta poco antes de las 8 de la mañana. "Está bien cabrón" le contestó por mensaje y se movió al hospital donde estaban internados los alumnos. Como a las 11 de la mañana llegó a la casa con Raziel y tomó las fotografías porque todavía no se aparecía la Fiscalía y el lugar no estaba acordonado. Por eso, entre los amigos de Rubén persiste la duda de saber cuál es la intención de decir que él estaba en el lugar y que ése fue el detonante.

El hecho de cubrir este tipo de manifestaciones estudiantiles, además de comulgar con las causas sociales, puso a Rubén en claro peligro. Hay quienes creen que todo partió de la protesta que se montó en la comparecencia de Arturo Bermúdez Zurita, Secretario de Seguridad Pública de Duarte, cuando surgió la frase "los pinches medios" para referirse al periodismo veracruzano. En esa ocasión, aunque la convocatoria a manifestarse la iniciaron otros periodistas, al final sólo llegaron unos cuantos, entre ellos Rubén. En 2012, quiso tomar unas fotos de policías de la SSP golpeando estudiantes, entonces le advirtieron que si seguía tomando fotos le iba a pasar "lo de Regina". La amenaza era clara. Después, desde principios de 2014, mucho antes del ataque contra los estudiantes del 5 de junio, comenzó a notar que encontraba gente extraña en la ruta hacia su casa. En al menos cinco ocasiones dijo a sus amigos: "Vi algo raro, vi a una persona que me estuvo siguiendo." A veces se topaba personas armadas en la calle. Una vez, un tipo lo agarró de forma extraña y le dijo: "Oye, tú eres fotógrafo, ten cuidado." Luego, en un vídeo notó cómo uno de sus colegas le tomaba fotos en su horario libre, uno identificado como informante de gobierno y con fuerte relación como fuente de la SSP. Para el Gobierno de Veracruz, él era el vocero de los "anarquistas" (del grupo estudiantil de Humanidades) y hasta querían vincularlo con la quema de la puerta del Palacio de Gobierno durante las manifestaciones en el 2014 por Ayotzinapa. Ante el aumento de estas situaciones extrañas, llegó al punto de evitar una calle que daba directo a su casa, prefería rodear la zona aunque tardara 15 minutos más.

"Algo muy cabrón antes del 5 de junio fue que Javier Duarte habló de las «manzanas podridas» cuando dijo a la prensa «pórtense bien»", dijo Ruben y se estremeció Raziel. El grupo se reunió en un café del centro y comentaron que era peligroso que Duarte dijera eso. Entonces Rubén añadió "que él presentía que iba a ser el próximo; Rubén ya se veía al espejo y sentía mucho miedo y presentimientos".

Después del 5 de junio la situación se recrudeció. Fue a cubrir un evento a Rectoría y notó que mucha gente lo seguía o la encontraba en diferentes puntos durante su camino. Entonces decidió salir de Xalapa. Cubrió su último acto social, una marcha derivada de los ataques contra los estudiantes, en donde una joven se puso agresiva e intentó pegarle a Rubén.

Con 31 años de edad, el fotoperiodista vivía en la paranoia, estaba intranquilo, todo el tiempo volteaba y se preocupaba si alguien no le contestaba el teléfono, pues temía que le hubieran hecho algo malo. Una noche le escribió a Raziel (ya había borrado WhatsApp y Facebook) por una aplicación especial para hablar de forma confidencial. Le confesó que tenía que irse. Debido a su intranquilidad y miedo, entre sus amigos lo alojaron una noche, lo ayudaron a comprar su boleto para la Ciudad de México y se despidieron de él. Pero no se fue porque había mensajes registrando que se iría, así que lo hizo hasta que se sintió seguro. Dos semanas más tarde, Raziel lo visitó en la capital y evitaron tocar el tema. Por unas horas, los dos amigos platicaron como lo hacían en las calles del centro de Xalapa, sin preocupación o temor, sólo dejando fluir las palabras. Al final, dijo que estaba "más tranquilo, estaba agarrando el ritmo". Como su partida de Xalapa fue repentina, Rubén esperó a ver si le resolvían una plaza en Cuartoscuro en la Ciudad de México, mientras que *Proceso* tenía adeudos con él. Si no podía obtener el trabajo desde la CDMX, regresaría a Xalapa.

El jueves 30 de julio de 2015, el grupo Voz Alterna festejó el lanzamiento de la página del que, ahora, ya se definía como un colectivo. Tenían un grupo de WhatsApp y un reto que se trataba de ser el primero en dar los buenos días. "Les gané, putos", escribió Rubén bromeando. Platicó con ellos, les contó que saldría con unos amigos a un bar y su último mensaje fue: "Los quiero mucho." De sus amigos, nadie se enteró de su muerte el día que ocurrió. El sábado 1° de agosto notaron que no se había conectado, aunque era normal que el fin de semana tuviera poca actividad en redes o aplicaciones de mensajes. Raziel supo que no lo encontraban, pero pensó que no había de qué preocuparse, sólo estaría desconectado, así que estuvo revisando unas entrevistas que le había hecho a Rubén en vídeo para un documental. "Tenía que estar en Puebla y no llegó", le dijeron y eso sí lo inquietó. Con el rostro de su amigo en la pantalla mientras editaba el vídeo, tecleó rápido y cambió del programa de edición a la página de SinEmbargo. Entonces se enteró de que el 31 de julio habían asesinado a Rubén

Espinosa Becerril, Nadia Vera (activista detenida por policías en la protesta de 2012 donde también fue amenazado Rubén), Mile Virginia, Yesenia Quiroz y Olivia Alejandra en un departamento de la colonia Narvarte, en la Ciudad de México.

Como en casos anteriores, las autoridades procuradoras de justicia minimizaron el trabajo que desempeñaba y las amenazas previas que había sufrido Rubén. A más de tres años del "multihomicidio de la Narvarte", el caso está detenido: hay tres presuntos responsables, pero sólo uno tiene sentencia (sin aplicar), mientras a otros dos no se ha podido acreditar la responsabilidad de los asesinatos. Además, se trató de exponer que la estancia de Rubén en el departamento era algo casual, que los homicidas eran Zetas e iban contra Mile por una supuesta carga de cocaína, lo cual no se ha podido acreditar hasta el momento pues dicho cargamento no se halló con las víctimas ni los victimarios. Hubo filtraciones sobre el caso que desembocaron en la Recomendación 4/2017 de la Comisión de Derechos Humanos del Distrito Federal (CDHDF). Javier Duarte fue llamado a declarar y se deslindó de los hechos, por lo que nunca se realizó una ampliación ni se exploró más la línea vinculada con el trabajo del periodista.

A Rubén le calaban los crímenes y la falta de justicia, sabía que el Gobierno era cómplice o responsable del asesinato de periodistas en Veracruz. "Si algo les pasa a ustedes estaría muy encabronado contra ese cabrón", decía refiriéndose a Duarte. Por eso, después de su muerte, sus amigos han tratado de quitar la imagen del joven "violento y guerrillero" que las autoridades formaron porque, en realidad, se trataba de una persona "muy humana y que le gustaba ayudar". Resulta increíble hasta dónde llegó el Gobierno y los mismos colegas fieles al duartismo: en una conferencia de prensa, un "periodista" le preguntó a Duarte si sabía que el grupo de Rubén estaba relacionado con los estudiantes de Humanidades que pertenecían a la Cruz Negra Anarquista, una organización mundial que busca la liberación de presos políticos.

"Afiliación que es completamente falsa", asegura Norma Trujillo. Meses después del crimen, se borraron todos los mensajes de Rubén en Telegram Messenger.

El motivo del asesinato de Rubén no se trata sólo de la foto de una portada o del ataque de los estudiantes aquel 5 de junio. Quienes trabajaron con él sugieren que su activismo lo convirtió en objeto de represión, intimidación y asesinato. Como en otros casos, las autoridades lo buscaron incrustar al crimen organizado, una característica que se ha querido imponer en todos los compañeros. Consciente de todo lo que había visto, antes de partir a la ciudad donde creyó que estaría seguro, Rubén sentenció: "La muerte escogió a Veracruz como su casa y allí decidió vivir."

Anabel Flores Salazar

Más o menos seis meses después del asesinato de Rubén Espinosa, en la madrugada del 8 de febrero del 2016, sujetos armados y con vestimenta militar sacaron de su casa a la reportera de 32 años. Vivía en una ciudad del municipio Mariano Escobedo, ubicada en la región de Altas Montañas, cerca de Orizaba y del límite con Puebla. A dos días del plagio, hallaron su cuerpo atado de pies y manos y con una bolsa de plástico azul en la cabeza entre la árida vegetación a lado de la cinta asfáltica, por lo que el estado poblano atrajo la investigación.

En 2010, después de estudiar en la Universidad del Golfo de México (UGM), Anabel entró como becaria en *El Mundo de Orizaba* y, tras unas semanas, la contrataron. "Anabel era una muchacha muy sonriente, bien dispuesta a hacer el trabajo, llegó con ganas de aprender. En esa época Anabel estaba dispuesta a trabajar en lo que pidieran, cubría información general, pero si se necesitaba cubrir deportes, sociales o policíaca, lo hacía", contó una de sus antiguas compañeras de trabajo. La joven cayó bien a todos y casi siempre era la que organizaba los pasteles de cumpleaños en la sala de redacción. Pero de pronto hubo un recorte masivo de personal en el diario y se quedó sin trabajo. Pronto la contrató el *Diario de Orizaba*. Después, *El Buen Tono* le ofreció trabajo en la sección policíaca y lo aceptó porque ya desde antes le gustaba y acompañaba a sus compañeros que cubrían nota roja.

Dos semanas antes de su muerte dio a luz a su segundo hijo. "Anabel era una reportera como tantas en Veracruz. Cuando empezamos, con todas las ganas, toda la inocencia, sin saber cómo es esto; era muy jovencita, con una gran sonrisa. Era la que marcaba sus chapas, sus mejillas rojitas. No quiero que la recuerden por cómo murió, ni victimizándola, porque ya no está para defenderse, con un final que no queremos para nadie", apuntó una de sus antiguas colegas.

La constante de la Procuraduría ya convertida en Fiscalía General del Estado (FGE) no se hizo esperar. A través de un comunicado oficial trataron de vincularla con un sujeto ligado a la delincuencia organizada que había sido detenido en agosto de 2014 por el Ejército cuando "estaba" acompañado por Anabel. La familia lo negó y aclaró a los medios de comunicación que en aquella ocasión estaban comiendo en un restaurante cuando militares llegaron a llevarse a tres personas. Anabel documentó ese hecho acreditándose como periodista, aunque los efectivos borraron sus fotos. En mayo, casi tres meses después del asesinato, Luis Ángel Bravo Contreras anunció que atraparon al autor material y días más tarde al autor intelectual. En 2018, la CEAPP corroboró que existían dos detenidos por la muerte de la reportera y el procedimiento se encuentra en etapa intermedia, pero todavía no hay sentencia condenatoria. Bravo Contreras argumentó que fue asesinada por las notas que publicaba y "afectaban los intereses de un grupo delincuencial". Fue el tercer caso de asesinato fuera del estado de Veracruz, con los de Armando Saldaña y Rubén Espinosa, a pesar de que ejercían el periodismo dentro de esta entidad.

Manuel Santiago Torres González

Once días antes del décimo sexto asesinato de un periodista en Veracruz, Javier Duarte visitó Poza Rica para, cínicamente, festejar el Día Mundial de la Libertad de Prensa. Como siempre, no perdió la oportunidad de advertir a los presentes: "No hay que confundir la Libertad de Expresión con representar la expresión de los delincuentes a través de los medios."

Periodistas de la zona norte describieron a Manuel Santiago Torres González como dicharachero, llevado y muy alegre, una persona que siempre te echaba la mano, que traía auto y daba el aventón. Pero sus inicios en la profesión revelan a otro reportero: empezó como "oreja" para la SSP. Así comenzó a relacionarse con otros comunicadores cubriendo los acontecimientos que ocurrían en Poza Rica hasta que ingresó a TV Azteca como corresponsal del norte de Veracruz, además de trabajar para otros medios locales. Cuando lo despidieron de TV Azteca, formó su propia página de noticias en Facebook llamada "MT Noticias" (por sus iniciales). A Manuel Torres le tocó vivir el inicio de los enfrentamientos en Poza Rica cuando empezaron a llegar Los Zetas para controlar la plaza. En cuanto a la información general, su postura era más oficial y prefería cubrir cuestiones de denuncia urbana.

Uno de sus colegas dijo desconocer la razón por la que Manuel, de entonces 40 años, salió de la televisora. El 14 de mayo de 2016, tras pocos meses trabajando de forma independiente, lo asesinaron de un disparo en la cabeza antes de llegar a su casa, en una calle muy concurrida, a plena luz del día. "Fue casi a quemarropa y aunque fue frente a Tránsito y cerca de una clínica, no había cámaras." Debido al alto número de comunicadores muertos en Veracruz, el caso generó la reacción de la UNESCO que, a través de la Directora General, Irina Bokova, expuso en un comunicado oficial lo siguiente: "Los ataques contra los medios afectan a cada miembro de la sociedad y socavan la Libertad de Expresión. Pido a las autoridades que investiguen este crimen y lleven a sus culpables ante la justicia." Pero hasta el momento no hay detenidos ni vinculados a proceso, por lo que la investigación está "en trámite", es decir, empantanada.

Pedro Tamayo Rosas

Hace catorce años, Pedro era el único reportero de la Cuenca del Papaloapan y la zona limítrofe con Oaxaca que cubría la nota roja. Trabajó en periódicos locales y en la radio de Tierra Blanca. Sus palabras sobre el periodismo evidenciaban lo entregado que era, pues decía "este trabajo es muy bonito, yo me apasiono, me llama mucho la atención tomar las fotos".

Reportero empírico, Pedro compartió el conocimiento que adquirió a lo largo de los años, enseñaba a otros a cabecear las notas, a ser conciso. Era el alma del grupo local de WhatsApp de periodistas, le gustaba hacer memes a sus colegas, sobreponiendo fotos o recreando situaciones hilarantes. Como jefe de redacción de *La Voz de Tierra Blanca* hizo crecer bastante la publicación local. Su gran amigo, José Cruz, destaca que "tenía la base, argumentos y material para levantar un periódico y, de hecho, lo levantó a pesar de tener meses de creado".

En enero de 2016, el periodista se exilió a Acatlán de Pérez Figueroa, Oaxaca, tras la desaparición forzada de cinco jóvenes de Playa Vicente entregados al crimen organizado. La Policía Estatal quiso vincularlo con uno de los detenidos por el caso, presunto jefe de plaza del Cartel Jalisco Nueva Generación (CJNG). "Me tienen checado mi número, temo por mi familia", le contó por teléfono a José. "Él tenía amistad con Francisco Navarrete, pues fueron vecinos de años, pero al ver el tema se fue de la ciudad."

Días después volvió a Tierra Blanca sintiéndose un poco más tranquilo. La Comisión Estatal de Atención y Protección para los

Periodistas (CEAPP) atrajo su caso, pero ante el riesgo en que se encontraban él y su familia se refugiaron en Tijuana. A principios de marzo volvieron a territorio veracruzano, donde (con su esposa) inició un negocio de hamburguesas desde casa para apoyar la economía familiar.

El 20 de julio de 2016, dos hombres ordenaron hamburguesas y al mismo tiempo le dispararon. Dos de los proyectiles 9 milímetros entraron en su cuerpo, uno por el estómago y la hemorragia fue inminente. Mientras Pedro se desangraba a la vista de su familia y de comensales, los sicarios huyeron lentamente, a pesar de que cerca había una patrulla de la Policía Estatal y de que el periodista contara con protección estatal. Cuando estaba tendido, todavía le pidió a su esposa que cuidara a sus hijos y nietos. "Todo fue muy rápido, estaba con vida y lo llevaron al Centro Médico Regional, cerca del ADO, en un vehículo personal. Entró a quirófano, pero ya no se pudo hacer nada", narra José.

En la actualidad, la investigación de este crimen la lleva la PGR a través de la FEADLE y no existe sentencia condenatoria, expone la CEAPP. En su momento, Luis Ángel Bravo, Fiscal de Veracruz, realizó declaraciones para tratar de criminalizar el caso al hablar sobre Pedro y Navarrete (el detenido como presunto jefe de plaza del CJNG), con quien iba a reabrir *La Voz de Tierra Blanca*. En la noche de la muerte del periodista, la falta de actuación de la Policía Estatal fue evidente, incluso bloquearon el paso al hijo de Pedro cuando éste trató de perseguir a los asesinos. Tamayo fue el último reportero asesinado en el sexenio de Duarte, el número diecisiete. José Cruz, uno de sus mejores amigos, negó la criminalización de Pedro y contrastó la situación de inseguridad de la zona, el trabajo periodístico del reportero y añadió: "Como en el resto de los casos anteriores, no se llegó a una sentencia ni se han encontrado a los verdaderos culpables."

Ricardo Monlui Cabrera

En la zona de las Altas Montañas existe el municipio de Yanga, célebre por ser el primer pueblo en toda América fundado por esclavos africanos libres. En tan histórico poblado se configuró el primer asesinato de un periodista en la administración del panista Miguel Ángel Yunes Linares, pero no se trató de un reinicio del recuento, sino en el número dieciocho de la fatal década.

Ricardo Monlui Cabrera, de 52 años de edad, era director del portal *El Político* y escribía una columna llamada Crisol que se publicaba en *El Sol de Córdoba*, *El Sol de Orizaba* y el *Diario de Xalapa*; fue jefe de prensa de la Unión Nacional de Productores de Caña de Azúcar de la zona, adherida a la Confederación Nacional Campesina (CNC); fungió como Presidente de la Asociación de Periodistas y Reporteros Gráficos de Córdoba y la Región y, al momento de su muerte, trabajaba en la comunicación institucional de grupos cañeros de la zona.

Nora Gabriela Lira, reportera de Orizaba y parte del colectivo Reporteras en Guardia, lo conoció hace 18 años en *El Sol de Córdoba.* En aquel entonces, Ricardo ya publicaba Crisol, que se mantuvo vigente tres décadas hasta el día de su muerte. Ella lo describió como un hombre respetuoso, de buen trato con los compañeros, políticos y entrevistados. Su interés en el periodismo nació por su vecino. Monlui fue autodidacta, su buena voz lo llevó a la locución, los periódicos (ingresó a los 17 años) y desarrolló temas de información general y política, pero nunca tocó la nota roja. En 1984, entrevistó a Toribio "El Toro" Gargallo Peralta o "Juan Zavaleta", el padre de los cementerios clandestinos en Veracruz, quien inauguró la práctica de sembrar muertos en los pozos de agua en Omealca (zona centro del estado), algo que décadas más tarde replicarían Los Zetas en una cruel y horrible ironía como si esta tierra estuviera condenada a tragarse sus muertos. "El Toro", el cacique que gozó de protección estatal priista hasta que dejó de ser útil, consideró a Monlui un periodista recto y le gustó su forma de escribir. Un grupo de hombres lo interceptó, le dijeron que había alguien que quería que lo entrevistara, le ganó la curiosidad y accedió. Sintió miedo cuando le pusieron una venda en los ojos y apenas alcanzaba a adivinar que iba hacia despoblado, por el ruido de los neumáticos en la terracería. Así se encontró de frente con "El Toro" y le hizo la única entrevista que se conoce del pistolero. Aquella exclusiva de ocho columnas fue replicada en medios estatales y nacionales.

El 19 de marzo de 2017, Ricardo, como todos los domingos, desayunó en Yanga. Al terminar, se dirigió a su auto estacionado. Le dispararon antes de entrar, casi a quemarropa. Bajo su cuerpo se extendió un charco de sangre a plena calle.

La Fiscalía General del Estado, dirigida por Jorge Winckler Ortiz, atrajo la investigación y en septiembre anunció que se detuvo al presunto autor material, Ángel R. B. "La Paloma", quien quedó vinculado a proceso y con prisión preventiva en lo que se realizaba la investigación. Pero a más de un año del crimen, todavía no hay condena ni se conoce la razón exacta por la que lo mataron ni quién dio la orden. "Me extrañó muchísimo que lo mataran, me parecía increíble, sobre todo porque lo había visto en Ixtaczoquitlán unos días antes, en el ingenio El Carmen cuando fuimos a hacer una entrevista", narró Gabriela. Para ella, el motivo es un misterio, porque Ricardo no manejaba nota roja ni había tenido roces con funcionarios, de modo que el móvil apunta al gremio cañero. A la reportera también le resultó sospechoso que el día de su velorio llegaran políticos y colegas reporteros, pero nadie del sector al que representó por años.

Edwin Rivera Paz

En enero de 2017, miembros de la pandilla Mara 18 asesinaron a su compañero de trabajo Igor Padilla Chávez, en San Pedro Sula,

Honduras. Una semana después Edwin, de 28 años, pidió asilo en México para tratar de proteger su vida. La huesuda mano de la muerte lo sacó de Honduras y lo alcanzó en México.

El 9 de julio del 2017, en el barrio de San Diego, en Acayucan, unos sujetos en motocicleta dispararon contra el videógrafo. Su cuerpo sin vida quedó boca arriba a mitad de la calle.

Aunque Edwin pidió asilo en México, lo colocaron en una de las rutas más peligrosas para los migrantes centroamericanos: la franja sur de Veracruz que limita con Chiapas y Oaxaca. Ahí, el paso de migrantes está controlado por el crimen organizado y hay numerosas historias de asaltos a bordo de "La bestia" (el tren), extorsiones, secuestros y asesinatos. Si bien su caso atrajo atención internacional, no hay conocimiento de alguna sentencia condenatoria.

Cándido Ríos Vázquez

Todavía no terminaba el 2017 cuando se registró el tercer periodista asesinado en Veracruz en la era de Yunes. La CEAPP consideró que en este caso se aplicó la premisa de "estar en el lugar equivocado, a la hora equivocada" (aunque Cándido fue amenazado por autoridades locales y, al momento de su muerte, se encontraba bajo protección federal).

Cándido Ríos Vázquez, "Pabuche", no tenía un trabajo formal ni recibía pago semanal o quincenal por sus notas, le regalaban cien periódicos del *Diario de Acayucan*, cuyo costo oficial era de cinco pesos y él los revendía entre la localidad de Juan Díaz Covarrubias y el municipio de Hueyapan de Ocampo. Antes de escribir, fue trailero por década y media.

Un viejo conocido suyo, colega periodista, aseguró que a lo largo de su vida Cándido enfrentó muchos problemas con las autoridades, pues era adicto a la marihuana, su único defecto: "Era una persona llevadera, muy conocido, salvo el problema con el consumo de marihuana; un día nos tocó ir a cubrir una inundación y de regreso, después de toda la mojada, sacó su carrujo y ahí fumó frente a la Policía." Otro periodista, que lo conoció quince minutos en una visita a Hueyapan lo calificó como excéntrico, pues "llegó hablando como filósofo, me lo imaginé en túnica hablando y exponiendo".

Quienes trabajaron con él desconocen en qué momento y cómo se incorporó al *Diario de Acayucan*, pero calculan que fue hace unos siete años. Además de enviar información al periódico que circula impreso en la zona sur, también fundó *La Voz de Hueyapan* que en realidad era una hoja tamaño carta diseñada a computadora, que imprimía y repartía como panfleto. Este tipo de "periódicos" resultan bastante comunes en la zona de Los Tuxtlas, en donde los reporteros además de sus trabajos formales distribuyen estas hojas entre funcionarios y comerciantes. Sólo que la de Cándido tenía un contenido crítico en el que desnudaba las corruptelas de quienes ejercían el poder. A raíz de esas notas, el dos veces alcalde de Hueyapan, Gaspar Gómez Jiménez, se volvió su enemigo y lo amenazó. Cándido lo denunció en varias ocasiones desde el 2001, pero hasta después de la denuncia ACA/793/2012 ante la Procuraduría General de Veracruz con apoyo de la CEAPP fue que "Pabuche" obtuvo protección federal e instalaron cámaras de vigilancia en su casa.

Días antes de su asesinato, publicó un vídeo en Facebook donde contó las razones por las que decidió ser periodista: para "abrir los ojos a mi gente, gente agachada, ciega, que prefiere morir de rodillas y callando, que parado y hablando". En esa secuencia del 13 de agosto contó que había recibido amenazas y acuñó lo que, a la postre, se volvería la frase con la que lo reconocerían: "Nuestras armas no disparan balas, nuestras armas disparan verdades." El ya exalcalde Gaspar Gómez le contestó con otro vídeo, en el que le advirtió: "Donde te encuentre, ahora sí nos vamos a romper la madre, como te la rompí una vez estando en el municipio."

El 22 de agosto, Cándido dejó el café internet que usaba para mandar sus notas al periódico y se dirigió al Oxxo de una gasolinera ubicada a un costado de la carretera federal 180. Antes de entrar, saludó a Víctor Acrelio Antonio Alegría, exinspector de la Policía de Acayucan que estaba platicando con otra persona. Según periodistas de la fuente, Acrelio pertenecía a una banda del crimen organizado que rivalizaba con otra en el trasiego de combustible robado de la estación de Pemex Cuatotolapan. En eso pasó una camioneta y rafagueó a los tres por igual. Acrelio trató de correr y quiso cruzar la cerca de la gasolinera, pero no pudo brincarla y lo alcanzaron las balas. A Cándido lo encontraron con vida y lo intentaron trasladar a un hospital, pero murió.

En menos de 24 horas, Roberto Campa Cifrián, subsecretario de Derechos Humanos de la Secretaría de Gobernación, anunció que el asesinato de Ríos fue circunstancial, pues iban sobre el exdirector de la Policía. La declaración provocó una serie de reacciones entre el vapuleado gremio periodista, aunque un año más tarde sus colegas cercanos y la CEAPP sostienen la misma versión: "El ataque no iba dirigido hacia él." De cualquier forma, todavía no hay sentencia.

Gumaro Pérez Aguilando

El último asesinato de un comunicador veracruzano en 2017 provocó división entre los colegas. La Fiscalía y algunos periodistas señalan que Gumaro, de 34 años, "colaboraba en actividades ilícitas con un grupo de la delincuencia organizada".

Era 19 de diciembre y el ambiente festivo ya se sentía en el sur de Veracruz, a pesar de que el calor nunca cede, ni siquiera en vísperas de Navidad. Gumaro estaba en la primaria "Aguirre Cinta" para ver el festival navideño de su hijo. La ejecución ocurrió dentro del plantel: hombres armados entraron, se dirigieron a él y, a sangre fría, dispararon frente a niños, padres de familia y maestros.

Las condenas surgieron de inmediato, pero pronto la Fiscalía General del Estado, a través de un boletín, violó el debido proceso, filtró los presuntos nexos de Gumaro con el crimen y lo desligaron del periodismo. La FGE también reveló que revisaron su celular y encontraron imágenes y conversaciones que lo involucraban, además de registros de visitas a un Cereso en donde está recluido Gil "N", alias "El Negro", cabecilla de un grupo de la delincuencia.

Gumaro inició muchos años atrás como reportero en periódicos fundados en Coatzacoalcos y era muy bueno en la nota policíaca porque logró tener muchos contactos. Comenzó en el *Diario de Acayucan* y colaboró con reportes de nota roja en la página de Facebook "Golfo Pacífico", aunque al momento de su muerte ya no trabajaba para el periódico, sino en el área de Comunicación Social del Ayuntamiento de Acayucan. "Quién sabe cómo se metió en este mundo", se atrevió a hablar al respecto un reportero de la zona, que lo llegó a tratar algunos años y quien consideró lamentable que Gumaro, después de haber sido compañero, trató de "acalambrarlo", es decir, empezó a controlar qué información se manejaba y qué no. En un par de ocasiones le habló para advertirle, "oye compa hubo esto, nada más manéjalo con cuidado" o "hay que tener cuidado porque hay gente de la delincuencia".

Tras su asesinato, la página de "Golfo Pacífico" se deslindó de Gumaro, pues era colaborador esporádico. El día de su velorio, muchos periodistas de Acayucan prefirieron no ir por miedo a que les pasara algo y los que asistieron, apenas se quedaron unos pocos minutos. "¿Por qué no marchamos?", preguntó un periodista a sus compañeros, para exigir justicia por Gumaro, pero sólo recibió negativas: "Finalmente los mismos compañeros te conocen, lo que haces, así que dijeron que no."

Esta muerte provocó un debate intenso entre los periodistas de Veracruz: por un lado, los que condenaron a Gumaro por los señalamientos de ser parte de la delincuencia, la misma que también ha sido señalada de amenazar, censurar y asesinar periodistas; por el otro, los que estuvieron en contra de la criminalización, pues recuerdan las pésimas condiciones laborales que existen y que muchas veces contribuyen a que los colegas, por miedo o por interés económico, terminen colaborando como voceros del crimen. El homicidio de Gumaro fue un revés para la justicia en el resto de los casos, por la criminalización general que se hizo contra los periodistas en los últimos años, pero también reveló la ineptitud disfrazada de las autoridades porque, si tuviera nexos criminales, ¿no tendría el Estado que juzgarlo en lugar de permitir los ajustes de cuentas, la eliminación de un grupo sobre otro? Exponer al muerto de esta forma ¿no sería perjudicial para permitir criminalizar a cualquier otro periodista o civil? ¿No habla de la propia incapacidad del Gobierno para proveer justicia? Por desgracia, lo veríamos meses después, quizá no en el caso de periodistas, pero sí de jóvenes asesinados por policías y tildados de ser delincuentes. A un año de su muerte, pese a las promesas de la Fiscalía de esclarecer el caso "como la pérdida de cualquier vida", no hay avances ni indicios que apunten a los responsables y mucho menos interés, al margen de un gremio que lo abandonó.

Leobardo Vázquez Atzín

"Aquí nomás" tituló Leobardo la foto que subió el 10 de enero de 2018 a su cuenta de Facebook, el día que Andrés Manuel López Obrador visitó Gutiérrez Zamora, en el norte de Veracruz. Los dos lucían sonrientes en medio de la foto: Obrador, un poco más alto y enfundado en una camisa blanca rodeó con el brazo derecho al periodista que alcanzó a hacer un ademán de saludo. Leobardo no supo que AMLO lograría llegar a la Presidencia… vaya, ni alcanzó a ir a las urnas porque lo mataron el 21 de marzo por la noche.

Durante casi dos décadas trabajó para los periódicos *Noreste*, *La Opinión de Poza Rica* y *Vanguardia de Veracruz*, pero dejó los diarios y se concentró en su página de Facebook, Enlace Informativo Regional, donde subía información de Gutiérrez Zamora y la región, tanto general como policíaca. Meses antes del homicidio, el periodista de 42 años publicó una nota referente a un litigio por la invasión de un predio particular por la Asociación de Colonos Ecologistas de Tecolutla con la anuencia de ese Ayuntamiento que, a pesar de la situación irregular, denunció que les cobrara el derecho de tierra. En su página, también relató que trataron de callarlo a cambio de unos terrenos en ese sitio por medio de un exfuncionario de la Comisión de Agua del Estado de Veracruz (CAEV). Por la red social llegaron las amenazas, aunque desde perfiles anónimos: "Te va a cargar la verga marrano, sigue subiendo mamadas."

Aquella noche de inicio de la primavera, Leobardo comenzó a prepararse para atender su puesto de tacos que anunciaba desde la calle con un letrero improvisado. Sí, era reportero y taquero, como muchos otros que necesitan dos empleos o más para mantener a una familia, pese a que no tengan nada que ver con el periodismo. También vendía algunas legumbres para compensar. La sencillez con la que viven muchos periodistas sólo compite con la simpleza con la que ocurren los asesinatos: lo mataron dentro de su casa, pequeña y austera. Fue tan fácil como como bajarse de una moto, irrumpir, jalar el gatillo y huir entre la negrura de la noche con la consigna mental de que la justicia no irá detrás. Vázquez Atzín no tuvo tiempo de denunciar las amenazas ni pedir protección, todo se materializó y sesgó su existencia en un lugar tan íntimo y sagrado como el hogar.

El gobierno de Miguel Ángel Yunes se refirió a él como "el taquero" y no como el periodista. ¡Claro! Es tan normal que asesinen a un taquero, quizá porque no picó bien la carne o la salsa estaba muy fuerte. No tuvo que ver que fuera periodista porque aquí, en esta tierra, casi no los matan, ¿verdad? Este caso recordó el tuit que Yunes dedicó a Duarte un par de años atrás, cuando ocurrió el asesinato de Goyo Jiménez en 2014: "A Javier Duarte le parece poca cosa el homicidio de otro periodista, por eso no ha declarado nada. Lo que se vive es su culpa. Da la cara." Cinco asesinatos después, Yunes hizo mutis. Un mes más tarde detuvieron a José Abraham P. S., presunto responsable del crimen contra el comunicador, pero quedó libre por ser menor de edad. En septiembre, el diario *Vanguardia de Veracruz* documentó que el joven fue detenido otra vez con otros tres hombres, entre ellas Wenceslao "N", quien en marzo de 2019 fue detenido e imputado por el asesinato de Leobardo. Leo fue el último periodista asesinado en Veracruz, el 22, un número que no imaginamos alcanzar cuando todo esto empezó.

Desapariciones

También desaparecieron reporteros. Hasta el momento se desconoce el paradero de siete compañeros: Jesús Sandalio Mejía Lechuga (2003), Evaristo Ortega Zárate (2010), Gabriel Manuel Fonseca Hernández (2011), Anwar Israel Castillo Domínguez, Raúl Alfonso Rivera y Miguel Morales Estrada (2012) y Sergio Landa Rosales (2013).

A Gabriel Manuel le decían "Cuco" y es uno de los casos más extraños de entre todos los expedientes: cerca de Acayucan apareció un cuerpo calcinado, pero con la misma ropa y zapatos del reportero. Los únicos dos restos óseos que tenían ADN se destruyeron debido a las pruebas y ni siquiera arrojaron resultados, por lo que no hubo forma científica de saber si es él. En la primera reunión con Jorge Morales al frente de la CEAPP, le comentaron al Fiscal Winckler que requerían que retomaran la investigación de esa carpeta para ofrecer a la familia acceso a la restitución como víctimas, pues son personas pobres que dependían del ingreso de Gabriel Manuel: su mamá está enferma, necesita medicamentos y en ocasiones sale de casa y se pone a buscar por las calles a su hijo desaparecido. Claro, el Fiscal Winckler no hizo nada por esta familia.

Para Sayda Chiñas, comisionada de la CEAPP, esta institución sí tiene razón de ser porque las amenazas y agresiones del crimen o funcionarios siguen presentes en Veracruz y las reales casi nunca salen a la luz. "Hay quienes están en esquemas de protección importantes. Si no hubiera recursos o medidas cautelares, la lista ya habría crecido." Aunque en el caso de las investigaciones, la mayoría están detenidas en manos de las autoridades, "al final no podemos decir que estamos trabajando en ciertos casos si la Fiscalía no avanza, no somos investigadores". Pero buena parte de los periodistas de Veracruz está a favor de la desaparición de la CEAPP, institución calificada como un lugar donde unos cuantos se han beneficiado con exorbitantes salarios pero no ha hecho nada para marcar un alto a las agresiones de periodistas. En contraste con un presupuesto superior a los 17 millones de pesos anuales los crímenes y ataques no se han detenido, mientras que la mayor parte de los recursos se destina al pago de personal (sueldos de hasta 20 y 50 mil pesos mensuales) y el gasto operativo de la institución.

Éste es el "México mágico": un Veracruz infernalmente surreal. Es común la siniestra escena de sostener un periódico con la fotografía de un reportero muerto en la portada o escuchar el voceo (una práctica común de anunciar las noticias en las calles por sistemas de audio en motos o triciclos) que grita: "¡Mataron a otro periodista!" De los 22 homicidios y 7 desapariciones apenas hay un puñado de detenidos por algunos casos y menos condenas. Hay presuntos autores materiales, pero se ha mantenido escondida e impune la mano que dio la orden de muerte y se tienen señalamientos de supuestos asesinos que más bien parecen un montaje, chivos expiatorios de las más burdas teorías producidas por el Gobierno veracruzano.

Decir que como mujer y periodista siento coraje es poco. Es indignación. Asco. Ningún periodista debería ser asesinado; ninguneado por tener un oficio, por ser taxista o taquero, por ser humilde, por ser pobre. No deberíamos tener una mano delante y otra atrás ante la pabilosa certidumbre del futuro laboral, económico o de la vida. Los periodistas asesinados de Veracruz, con sus claroscuros, fueron mexicanos que dejaron hijos huérfanos, parejas viudas y corazones vacíos. Eran seres humanos como tú y yo. Carne que abandonó los huesos, pero viven a través de sus notas en el ejercicio del "oficio más bonito del mundo".

¿Puedes imaginar qué pasó por sus mentes en los últimos segundos antes de perder la consciencia en brazos de la horrenda muerte? Quizá, sólo quizá, hubo un momento para la introspección: "¿Dios, por qué? ¿Porque soy periodista?"

Vivir sin miedo no es la opción

Moisés viste una camisa blanca que le queda un poco grande, con la mano derecha saluda a los que entran en su hogar de ladrillo rojo, paredes amarillas y vanos sin puertas. Luce una sonrisa estupenda y cálida junto a las medallas de judo de sus nietos, frente a una mesa de madera, un mantel de plástico y sillas de cervecería que la hacen de comedor. Pero está muerto y la única mirada que nos puede dedicar es la de su foto.

Jorge Moisés Sánchez Cerezo nació el 29 de agosto de 1965 en el puerto de Veracruz. En 2015 se convirtió en el onceavo periodista asesinado bajo el Gobierno de Javier Duarte de Ochoa (2010-2016). Ni siquiera se puede dar una fecha exacta de su fallecimiento porque, semanas después de ser secuestrado en su casa, se encontró desmembrado en bolsas e intentaron calcinar sus restos. El horror de su muerte contrasta de forma diametral con su pasión por el periodismo.

Su hijo, Jorge Uriel Sánchez Ordóñez, se convirtió en el estandarte de exigencia de justicia por Moisés y en activo defensor de los derechos de los periodistas. Con los años ha sumado varias pérdidas además de la de Moisés, de otros que un día escribieron el caso de su padre sin imaginar que también serían asesinados.

En marzo de 2018, Jorge me recibió en la casa de su padre en Medellín. El camino desde Veracruz puerto fue amenizado por su escolta (proporcionada por la CEAPP y retirada posteriormente), quien narró algunos episodios de su pasado como miembro de la Marina enfrentando a delincuentes. También expresó lo mucho que apreciaba a Jorge, casi como si fuera de su familia. La vivienda humilde se ubica en una callejuela sin pavimentar frente a un terreno amplio y verde, lleno de árboles frutales. Parece un lugar tranquilo, incapaz de albergar el horror que sucedió ahí.

Jorge Sánchez tiene los mismos ojos de su padre, un poco tristes. Le pregunté sobre lo doloroso que debe ser contar la historia una y otra vez, año con año, pero respondió enérgico que, para explicar lo que sucedió y que no quede en el olvido, se necesita el testimonio de los vivos, de quienes lo aman.

Moisés nació en el puerto de Veracruz. Desde joven comenzó a escribir porque tuvo un amigo en un periódico local que conoció en la escuela, a la cual sólo asistió hasta el bachillerato ya que no tuvo oportunidad de continuar con una carrera universitaria. Cuando tenía 16 años comenzó a distribuir *La Unión...*, un panfleto que hacía a mano. El nombre provino de la idea: "Si nos unimos, hacemos la fuerza."

Jorge me contó que su padre "siempre tuvo dos trabajos": ser periodista, por amor, y cualquier otro oficio que le permitiera costear su edición y la manutención de su familia.

La falta de apoyo no le impidió trabajar y estudiar por correo. Se inscribió en el Instituto Didáctico de Derecho de Ciencias y Humanidades y fue parte de la Primera Escuela Argentina de Detectives. Además, tenía una amplia colección de libros de derecho, medicina y artes marciales, era admirador de Bruce Lee y hasta tenía unos chacos con los que le gustaba practicar.

Fue cartero, vendió periódicos, frutas y verduras, abarrotes, pino y cloro. Compró chatarra por la zona conurbada del puerto de Veracruz, esto le permitió interactuar con pobladores que padecían la carencia de servicios sociales o que se quejaban de las autoridades gubernamentales y la Policía. Todo reavivaba sus ganas de hacer periodismo.

Cuando tenía 25 años, a inicios de los noventa, trabajaba como cobrador casa por casa en la zona de Medellín de Bravo, un municipio cercano a Veracruz, así que, para economizar en transporte y dejar de rentar, se mudó a ese lugar. Primero compró un terreno en 500 pesos de "aquel entonces", antes de la devaluación, pero lo estafaron porque el predio era irregular. Después se hizo del terreno en donde ahora está su casa. Incluso, como estudió leyes por correspondencia, ayudó a una vecina a no perder su lote, una especie de venganza contra el destino, pues él había pasado por un hecho similar. Y la vecina ganó y conservó su tierra.

Las primeras ediciones de *La Unión… La voz de Medellín*, tenían un logo dibujado a mano, una especie de siluetas de personas juntas, unas atrás de otras. La estrategia de Moisés era repartir sus volantes informativos en plazas públicas y mercados, aunque se cuidaba de irse rápido, pues decía que si lo detenía "la autoridad" sería la última vez que lo verían con vida.

La publicación de *La Unión…* fue irregular. No era diario ni semanario, más bien dependía de cómo le iba a Moisés en su otro trabajo, el "de verdad". Cuando ganaba bien, fotocopiaba hasta mil o mil quinientos ejemplares. Cuando le iba mal, esperaba o sacaba algunas cuantas copias para pegarlas afuera de las tienditas de abarrotes de las colonias y que la gente las leyera desde los muros.

Al inicio, todo, de verdad todo, era escrito a mano. Además, una de las precauciones que consideró fue no escribir sobre crimen organizado, pero sí sobre temas relativos a la inseguridad de la ciudad.

Cerca del año 2000 comenzaron las primeras ediciones con computadora. El formato de distribución se mantuvo: copias que él costeaba, repartidas de forma gratuita en sitios públicos, pero ahora con notas y artículos impresos. "Quedarse callado no ayuda en nada" y aseguraba que "vivir con miedo, no es opción". Esta última frase se incorporó como el lema de *La Unión...*, representando su filosofía de vida. "La gente no se da cuenta de cómo vive hasta que lo ve publicado en un periódico", explicó un día a su hijo, quien creció con la imagen del hombre al que le encantaba ver los noticieros, pero nunca pudo vivir del periodismo y aun así vivió para él. Reportero formado en la calle, Moisés representó y dignificó más al periodista veracruzano que muchos egresados de escuelas que enterraron el oficio.

La primera amenaza llegó en el trienio de Aquiles Rodríguez Exome (PRD), entre 1998 y el 2000. Moisés exhibió al presidente municipal cuando fue a inaugurar un tramo de banquetas y aseguró que había construido más de las que eran en realidad. Paciente, midió y comprobó que el alcalde mentía y lo hizo saber al pueblo. La amenaza llegó a punta de pistola, pero después de eso intervino el padre del munícipe, un conocido empresario jarocho que apreciaba a Moisés y no lo volvieron a molestar. Esto sembró una duda entre su familia: "¿Por qué contribuía con una labor que, además de ponerlo en peligro, no le redituaba?"

Los años pasaron. Moisés inició una tienda de abarrotes en su casa y seguía invirtiendo en la publicación de *La Unión...* En 2011 se volvió taxista. Además del periodismo que realizaba y las carencias que documentaba (y exponía en su publicación), comenzó a desarrollarse como activista social en los tiempos de Javier Duarte de Ochoa. Con la entrada de la Policía Naval, no faltó que lo llevaran a la comandancia por protestar con megáfono en mano y cartulinas. "Era una persona completa en eso de las causas sociales", recordó su hijo, quien en esta parte todavía habló sobre su padre con añoranza y sonrisa en la boca.

Parte de la inquietud de tomar pancartas y protestar surgió de una necesidad personal. Un camión urbano atropelló a su nuera, esposa de Jorge, y casi pierde las piernas. Cuando la aseguradora se negó a cubrir los gastos médicos, Moisés se movilizó, llegó al Café de la Parroquia, habló con sus amigos periodistas a los que apoyaba con información desde Medellín y, entre protestas y "periodicazos", se hizo justicia y la aseguradora pagó. Entonces siguió con su activismo ante cualquier causa huérfana que necesitara de un hombre que diera la cara como él sabía hacerlo.

Ana Alicia Osorio estudió comunicación y es reportera en el puerto de Veracruz. Llegó al periodismo sin proponérselo: cuando hicieron recortes en el periódico donde laboraba en Relaciones Públicas, le ofrecieron seguir como reportera. Aceptó y le asignaron la fuente de Medellín. En 2011 acudió a una manifestación y vio, de lejos, al hombre que siempre estaba en cada movilización, aquel de los ojos profundos y nariz ancha, que cargaba su cámara y movía mucho las manos al hablar. Fue él quien se acercó y desde entonces se convirtió en su contacto, le avisaba de movilizaciones sociales, de presuntas corruptelas o de inconformidades. En una época en la que todavía no se popularizaban aplicaciones como WhatsApp ni los planes de datos ilimitados, Moisés le avisaba a Ana por llamada perdida ya que no siempre tenía suficiente saldo, es decir, le marcaba y colgaba. Ella sabía que algo pasaba en Medellín y devolvía la llamada. "Me hizo que sacara la chamba", confiesa agradecida. "Siempre andaba muy contento, pero se indignaba muchísimo con lo que pasaba; le calaba lo que le ocurría a la gente", detalla Ana, quien se refiere a él como "Moy".

A veces, dejaba estacionado el taxi cerca de alguna manifestación y los periodistas de Veracruz reconocían su unidad por la calcomanía pegada de *La Unión*... Muchas veces, por cubrir esos eventos, no completaba la cuenta diaria que tenía que entregar a su patrón, el concesionario de la unidad; o salía "tablas" en el día, aunque contento por su labor. "¿Qué? ¿Ya dejaste tu pasaje tirado?", le decían los periodistas al encuentro y él sólo reía.

Sergio Aldazaba, reportero policíaco del puerto, lo conoció en 2013, en medio de una de las escenas más crueles que se recuerden en la zona conurbada de Veracruz. Una que exponía el nivel de violencia e inseguridad que azotaba a los pobladores de esa región.

Una noche a principios de julio de ese año, unos delincuentes ingresaron a robar en una casa en Medellín, mientras la familia Fierro Cámara dormía. Los descubrieron y entonces atacaron a machetazos a Karen Cámara y a su pequeño hijo, de un año y tres meses, al que le asestaron dos veces el arma en la cabeza. Ambos quedaron bañados con su propia sangre en la misma cama que dormían. Los vándalos huyeron del esposo y padre de familia, mientras que el abuelo descubrió la dantesca escena. Karen fue operada y salvó la vida en el hospital, pero Joshúa Alexander, el bebé, fue declarado con muerte cerebral.

Este caso despertó la indignación de los habitantes de Medellín, quienes sumaron sus testimonios como víctimas de la delincuencia desmedida que imperaba en la localidad. El día del entierro del bebé, el cortejo fúnebre escoltó la cajita con los restos por la avenida principal de El Tejar y, antes de llegar al panteón de "La Esperanza", se detuvieron frente a la Comandancia de Policía, en el Palacio Municipal. Ahí, el silencio que habían mantenido en el camino se rompió y los habitantes, fúricos, lanzaron consignas contra sus gobernantes, a quienes acusaron de ser incapaces, ineptos, ineficientes y les exigieron justicia y seguridad.

Moisés le avisó a Ana. El suceso cobró relevancia y atrajo a otros reporteros de la zona conurbada, entre ellos, a Sergio. "Ahí se nos acercó, nos contó toda la historia, nos dio todos los datos y súper bien", cuenta el reportero, quien agrega que, quizá el único «defecto» que le pudo conocer en el tiempo que se cruzaron en el camino es que "era demasiado noble, es decir, sin conocernos ni nada nos pasó todos los datos, contactos y demás, nos movió y cada vez que había algo nos avisaba. Se me hizo súper noble de su parte no quedarse con toda la información, sino que él sabía que se tenía que difundir; así fue como lo conocí".

Ana, en cambio, no se acercó a "Moy" durante esa jornada de procesión-manifestación, pues se veía muy afectado por lo sucedido y temía que se pusieran a llorar juntos.

Silvia Núñez Hernández conoció a Moisés un año después, cuando comenzaba la administración de Omar Cruz Reyes (2014-2017), emanado del PAN. La periodista veracruzana acudió a uno de sus "miércoles ciudadanos", una actividad de Gobierno en la que el alcalde, su cabildo y demás funcionarios atendían de forma directa a los pobladores que se registraban para exponer sus quejas, solicitudes o inquietudes. El enlace de prensa, Adriana Montserrat, invitó a periodistas de la zona para que acudieran al evento y promocionaran la actividad del presidente, aunque Silvia comentó que acudió más por la amistad con Adriana que por el alcalde. Mientras transcurrían las audiencias públicas, llegó Moisés con bocina, micrófono y cartulina en mano "y se puso a decirle al alcalde de Medellín las necesidades que tenían ahí los ciudadanos y que había incumplido, bueno, una serie de acusaciones que le hacía". El rostro de Omar Cruz enrojeció de la molestia reprimida mientras permanecía sentado e incómodo. Los periodistas que habían ido abandonaron el evento del presidente municipal y se acercaron a Moisés para escuchar las peticiones, hecho que a nadie del Ayuntamiento le pareció bien. Silvia y Moisés intercambiaron teléfonos y desde entonces él la apoyaba cuando había algo relevante en Medellín "y sé que muchos compañeros hacían lo mismo".

Omar Cruz Reyes había tomado el poder en 2014. En poco tiempo rompió las promesas de campaña que habían provocado un poco de esperanza en Moisés Sánchez. Condicionó el pago de predial con el cobro de cuotas de recolección de basura, no dio trabajo a los habitantes de su municipio, sino que llevó consigo gente de Boca del Río y de Veracruz, entre muchas otras cosas. En poco tiempo, Moisés se convirtió en el recordatorio vivo de la falta de compromiso del munícipe y esa molestia se fue haciendo cada vez más evidente.

Al periodista y activista lo intentaron "parar" de varias formas. Primero vino el ofrecimiento de dinero: 30 mil pesos para que cerrara la boca. Como eso no funcionó, llegaron las amenazas e intimidaciones. Por ejemplo, Moisés había luchado para formar un sitio de taxis, pero no querían oficializarlo. A cambio del permiso, Omar Cruz pidió que lo sacaran del grupo y lo dejaran fuera del sitio. Incluso, en noviembre, intentó una ofensiva legal en contra de Moisés, pero no pudieron hacer nada en su contra.

El punto más álgido entre la relación del edil y el periodista fue cuando, gracias a Moisés, se dio a conocer a nivel estatal que en Medellín se habían organizado los ciudadanos en autodefensas para cuidar su pueblo. Las autodefensas también dejaban tambaleando la imagen del gobernador, Javier Duarte, que había bañado con sangre a Veracruz.

En el ocaso del año 2014, el 15 de diciembre, después del asesinato de un comerciante, los habitantes de la colonia Gutiérrez Rosas se manifestaron en el Ayuntamiento para exigir al alcalde Omar Cruz un alto a la inseguridad. A través de Facebook, Moisés Sánchez convocó a los pobladores para que participaran el lunes a las 9 de la mañana. La protesta sirvió para que, en sesión de cabildo, se aprobara la solicitud de que Medellín fuera incluido en el programa "Veracruz Seguro". Un día después, el Comité de Autodefensas de la colonia Gutiérrez Rosas, que ya venía funcionado semanas atrás, tomó protesta. "Omar Cruz Reyes protegido por la Marina Armada de México y el pueblo de Medellín se tiene que organizar en autodefensas", resumió Moisés en Facebook.

"Cuando surgió lo de autodefensas él fue uno de los periodistas que acompañaron a los otros reporteros para ubicarlos, el Gobierno lo negó, pero sí existían", sentencia Silvia Núñez. Y, en efecto, gracias a Moisés se maximizó el alcance de la noticia a nivel estatal, incluso a nivel nacional. Eso enojó al alcalde, pero sobre todo, al gobernador.

Entre los últimos ataques virtuales, el periodista destacó los de la página "La Liberación del Golfo", un sitio anónimo en

Facebook que acusó a Moisés de vivir en el estado, ser veracruzano y fomentar "que no vengan a Veracruz" porque informaba sobre los altos índices de violencia en la entidad. Años después, el 20 de octubre de 2016, la página de 222 seguidores compartió el mensaje de Miguel Ángel Yunes Linares cuando el Tribunal Electoral de Veracruz validó las elecciones en donde resultó electo. En 2018, "La Liberación del Golfo" realizó una publicación en la que presentó al hijo del gobernador y candidato a la gubernatura, Miguel Ángel Yunes Márquez, como la mejor opción entre los tres competidores.

Alguien cercano a Moisés le contó que Omar asistió a una reunión con Javier Duarte y otros alcaldes panistas, identificados como "panistas rojos" por su cercanía con la administración estatal priista. En esa junta, el gobernador regañó a Omar por no callar al periodista. Al final, llegó el último día de 2014 y Moisés se enteró de que el alcalde "le quería dar un susto" porque no estaba de acuerdo con las cosas que publicaba. "Durante su vida tuvo conflictos con funcionarios, pero no creímos que fuera a suceder algo más", cuenta Jorge, serio.

El viernes 2 de enero de 2015, Moisés dormía en la planta alta de su casa vestido sólo con un pantalón. Cansado, porque habían sido días "buenos" para el taxi por ser inicio de año; antes de dormir realizó algunos comentarios en Facebook y tomó una siesta.

Jorge regresaba del trabajo. Entrando al Tejar, venía en el camión, por alguna razón que todavía considera absurda (porque no cree en cuestiones metafísicas) le llamaron la atención unos vehículos que pasaron en dirección contraria. Experimentó cierta preocupación. Antes de entender qué sentía, el teléfono lo sacó de sus pensamientos: era la vecina. "A tu papá se lo llevaron y tu madre está en shock." Bajó del camión, tomó un taxi y se apuró a llegar hasta su casa, vacía. Tomó algunas fotos del lugar y salió a encontrarse con la vecina.

"Se lo llevaron", fue todo lo que pudo articular su madre.

A las 7 de la noche dos vehículos blancos, uno rojo, una camioneta negra y otro auto de color oscuro cerraron la calle de su casa. Por lo menos, nueve sujetos bajaron de ellos. Ante la escena, los vecinos empezaron a hablar a los teléfonos de emergencia proporcionados días atrás a raíz de los hechos violentos que pusieron a Medellín en el mapa de la inseguridad estatal. Policía local, Ayuntamiento y Policía Estatal… nadie contestó. Por fin, un comandante de la Sedena respondió al teléfono.

Mientras las autoridades hacían caso omiso, los hombres armados entraron a la casa. En su incursión se toparon con el hijo de Jorge y otro niño que iban de salida, a jugar. Los pequeños regresaron a refugiarse en los brazos de la abuela, quien sólo alcanzó a quedarse en la puerta que da al patio, pues se le emparejó uno de los empistolados.

"¿Dónde está?" Gritaron y rompieron la puerta de la sala a patadas.

Algunos de los sicarios aguardaron en la planta baja, otros subieron hasta donde estaba Moisés y lo arrancaron de la cama. En el camino tomaron su cámara Nikon D-40, una tableta con la pantalla rota, su laptop y un teléfono celular, "un cacahuatito", mientras a empujones lo bajaban. Salieron pasando frente a su esposa y nieto, agazapados de horror. El periodista, más preocupado por ellos que por nadie, sólo alcanzó a implorar que no le hicieran nada a su familia. "Esa fue la última vez que lo vieron."

Los individuos armados lo subieron por la fuerza a la camioneta negra y emprendieron la huida. Los autos blancos y el coche rojo le dieron la vuelta a la manzana. La camioneta se echó de reversa para salir por la calle principal. Casi atrás de ellos iba una patrulla de la Policía de Medellín y a una cuadra había un par de motopatrulleros parados, quienes vieron pasar frente a sus ojos el desfile de unidades sin hacer nada, sin llegar a la escena. "Yo llegué antes de ellos, a ese grado de complicidad estaban", expuso Jorge.

Al mismo tiempo que ocurría el levantón, el presidente Omar Cruz se preparaba para ir a un concierto de "Calibre 50" en una discoteca conocida como "La Berrinchuda".

Ana Osorio estaba viendo la televisión cuando le hablaron a su esposo: "Dice su hijo que levantaron a Moisés." Hasta entonces, no habían tenido mayor contacto con Jorge, así que no estaban seguros de que el dato fuera real. Pero el hecho se corrió como reguero de pólvora y en minutos les confirmaron el plagio del periodista por grupos de WhatsApp.

La patrulla llegó tarde (como siempre) y le pidieron una foto de su padre. Quisieron entrar a la escena, pero la familia lo impidió porque "conociendo cómo actúa la policía, entran te plantan algo y luego dicen que se lo llevaron por eso". A Jorge le marcó el Subprocurador de la zona, mandaron al perito, hicieron la recolección de pruebas y se fueron al juzgado local a iniciar la denuncia. Después arribaron Namiko Matsumoto, de la CEAPP, y varios compañeros periodistas. Namiko solicitó que quedara una patrulla resguardando el domicilio. "Son ellos los que de alguna manera se lo llevaron y ¿ahora nos van a cuidar?", pensó irónicamente la familia. Esa noche fue imposible dormir.

El sábado se pasaron el día en la Subprocuraduría regional declarando y haciendo retratos hablados. Jorge les recalcó que había una cámara en el camino, que por ahí tuvieron que haber pasado. Ese día Duarte declaró que Moisés no era periodista sino "conductor de taxi" y "activista vecinal".

El domingo fue similar, todo el día entre declaraciones y la recolección de pruebas de ADN. Al caer la tarde, les avisaron que se iban a reunir con Javier Duarte. De la Subprocuraduría los llevaron al Word Trade Center en Boca del Río, en donde aguardaba el Procurador, Luis Ángel Bravo Contreras; el titular de la SSP de Veracruz, Arturo Bermúdez Zurita; el Secretario de Gobernación, Erick Lagos Hernández y, por supuesto, el gobernador,

Javier Duarte de Ochoa (en la actualidad, tres enfrentan un proceso penal, pero sólo dos están encarcelados).

"Queremos hablar con usted a solas –sentenció con firmeza Jorge al gobernador–, mi padre era periodista" y le extendió uno de los ejemplares de *La Unión*...

"Ya está comprobado, no hay problema por eso", minimizó Duarte con su peliaguda voz, sin pedir disculpas por referirse a él como taxista y negar que fuera periodista, apenas un día atrás.

En la cara del gobernador, la familia le dijo que la Policía estaba involucrada y le pidieron que investigaran a Ramón Vela, el comandante, porque en su momento omitió buscarlo y hasta dos horas después puso retenes, tiempo suficiente como para haber llegado hasta Xalapa. También le explicaron que la Policía Ministerial estaba coludida con delincuentes locales, pues recibían dinero para evitar las órdenes de aprehensión y dejarlos libres. Al escuchar eso, Javier se dirigió al Procurador Luis Ángel Bravo y le reclamó: "Ya ves, sí tienes a esa gente ahí contigo..." Y el otro se defendió: "Pues es la gente que tú me diste." Entre todos dedicaron el mismo discurso oficialista para todas las víctimas de que usarían todo lo que estuviera en sus manos para hallar al periodista. "Es cuestión de tiempo para que aparezca", retumbaron las palabras entre los seres queridos de Moisés.

Ya era martes 7 de enero y no había respuestas, pero ese día llegó Enrique Peña Nieto y Miguel Ángel Osorio Chong al WTC de Boca del Río, así que la familia organizó una protesta. Se presentaron con cartulinas, pero fueron intervenidos por el Estado Mayor Presidencial. Un periodista logró que los dejaran en paz cuando gritó: "¿Por qué revisan las cartulinas, son peligrosas o qué?"

Un representante de Política Regional apareció y les sugirió que hicieran un oficio, pero que se retiraran. Se negaron e insistieron: "Queremos hablar con el Presidente." Casi cuando se acababa el evento, salió un funcionario a decirles que los iban a recibir. Jorge Sánchez pasó y encontró a Miguel Ángel Osorio Chong y

Luis Ángel Bravo juntos. Le dijeron que casi sabían dónde estaba ubicado y que ya habían detenido a todos los policías de Medellín. El entonces Secretario de Gobernación le dedicó el mismo discurso de Duarte: "Todo el esfuerzo del Estado se concentrará en encontrar a Moisés." Mientras eso sucedía, fiel a la costumbre de salir a escondidas, Enrique Peña Nieto se fue por la puerta trasera porque los tíos de Jorge seguían en la entrada protestando.

Las horas siguieron su curso y los periodistas veracruzanos salieron a manifestarse. El gremio se dividió entre los que exigían justicia y que Moisés apareciera vivo y quienes no lo reconocían como periodista (aunque estos eran menos). Llegaron Artículo 19, la Comisión Nacional de Derechos Humanos (CNDH) y más instancias preocupadas por el caso. Jorge viajó a Xalapa para pedir el expediente y aprovechó para preguntar sobre los videos de la cámara de vigilancia. "¿Cuál cámara?" No podía creerlo. Mandaron buscar un mapa. "Aquí está." La ubicaron con el dedo y empezaron a hablar por radio para pedir los videos, pero ya habían pasado más de cinco días. Era muy tarde: el video fue borrado.

Las respuestas no llegaron y Moisés no aparecía. Arraigaron a 13 policías y el calendario ya marcaba el 20 de enero. Jorge viajó hasta México con Artículo 19 y se reunió con el alto comisionado en Derechos Humanos de la ONU, representantes de siete embajadas de países de América y Europa, personal de la CNDH y algunos medios y periodistas, entre ellos Carmen Aristegui. La presión que se ejerció sobre el caso fue tal que, al día siguiente, el Procurador Luis Ángel Bravo pidió hablar con Carmen vía telefónica. En la entrevista, le aseguró que "estaba a horas de resolver el caso" y que había señalamientos de confrontaciones entre Omar, el alcalde, y Moisés, pero que no podían culparlo por la desaparición. "¿Va a aparecer con vida?", cuestionó Aristegui. Bravo respondió que sí.

En el muro de Facebook de Moisés se cambiaron las típicas publicaciones de noticias de Medellín y denuncias sociales por artículos sobre la vida del activista, los avances del caso y la exigencia de su aparición. "Moy, Medellín te necesita vivo", le escribieron en los comentarios.

Jesús Murillo Karam, entonces Procurador General de la República, explicó a Jorge que la investigación estaba mal hecha y que si la PGR tomaba el caso tendrían que liberar a los policías porque estaban arraigados y eso era ilegal, así que mejor harían una investigación paralela. Ahí también estaba la fiscal de la Fiscalía Especial para la Atención de Delitos Cometidos contra la Libertad de Expresión (FEADLE).

A diferencia de los elementos arraigados, no estaba detenido Ramón Vela, el comandante que no ordenó la búsqueda de Moisés en el momento. Luis Ángel Bravo, al escuchar el reclamo de Jorge, le dijo que no estaba detenido porque él los estaba llevando con "esas personas" y que estaba vigilado para resolver el caso. "Qué tipo de horas serán", pensó Jorge al recordar las palabras del procurador ante Aristegui, "qué tipo de horas, si ya han pasado días."

El domingo 25 de enero, por medio de engaños, Jorge viajó a Xalapa para reunirse con el Procurador. Le dijeron que le darían una copia del expediente, en realidad, era un acto público donde Luis Ángel Bravo Contreras expuso que encontraron el cuerpo de Moisés. Pusieron un vídeo en donde Clemente Noé Rodríguez Martínez, expolicía y presunto miembro de una banda de narcotraficantes que distribuía drogas en Medellín, emitía su confesión e inculpó a Martín López Meneses, subdirector de la Policía Municipal, chofer y escolta del alcalde Omar Cruz, de ser el que ordenó el asesinato de Moisés a petición del edil. Meneses fue detenido con los dos policías patrulleros que estaban a unas cuadras cuando sacaron a Moisés de su casa.

"Quiero ver el cuerpo para reconocerlo." Para entonces, Jorge ya había visto otros dos cadáveres, pero éste estaba irreconocible. Era imposible saber a simple vista si este rompecabezas humano era Moisés. Tras escudriñar con la mirada por algunos minutos, negó con la cabeza: "No es."

Jorge pidió que se hiciera otro peritaje, que la PGR también hiciera uno a reserva de que ellos harían un tercero. Pero incluso desde antes de que viera el cuerpo, el Procurador Luis Ángel Bravo ya había asegurado a la prensa que su familia sí lo había reconocido.

El lunes llegó al Congreso la orden de desafuero de Omar Cruz, pero notaron aún más irregularidades en la investigación, plagiada de omisiones, una simulación de búsqueda y "cierta protección hacia el alcalde". Se dieron cuenta de que no podían confiar más en la Procuraduría Estatal, pero tampoco en la PGR. "Con tal de desechar el caso nos dicen que revisaron el taxi y que habían encontrado explosivos." Querían decir que lo asesinaron porque pertenecía a un grupo de terroristas, pero la PGR no sabía que antes de que se llevaran el taxi le tomaron fotos. "¿Qué clase de funcionarios tenemos donde hay protección directa a los mismos criminales?" Después de eso, nunca se volvió a tocar el tema de los explosivos.

El 6 de febrero, la PGR dio los resultados de las pruebas genéticas, antropológicas, huellas dactilares y demás: todas dieron positivo. Ese día, a las 11 de la mañana, darían la información en México. En la madrugada la MP citó a Jorge y le pidió que viajara a la capital, pero en seis horas no podría llegar, era medianoche y no tenía recursos. A pesar de su dolor, la Ministerio Público preguntó por teléfono a Jorge si tenía datos que pudieran aportar algo a la investigación. Ante el cinismo de la cuestión, la funcionaria hasta se molestó cuando él, cansado y triste, le increpó: "Ustedes son los que deberían de saber, ¿no?"

Al final, viajó a Xalapa para recoger los restos de su padre. Se cree que Moisés Sánchez Cerezo fue asesinado el mismo día que lo levantaron: estando vivo comenzaron a cortarle la cabeza, luego lo desmembraron y trataron de calcinar los restos para que no lo reconocieran, los repartieron en bolsas y las aventaron cerca de Manlio Fabio Altamirano, a unos 30 kilómetros de Medellín. "Yo creo que no tuvo miedo, que luchó hasta el último momento, que no imploró; mi padre era un luchador."

Jorge habló de su padre, de sus últimos minutos de vida, con la esencia del Moisés activista y periodista, aun en esas crueles circunstancias. Expresó la imagen del hombre que se alegraba de tener un dinerito porque eso significaba imprimir *La Unión*... y además creía que la vida de la gente puede cambiar gracias al periodismo.

Hasta esta parte de la historia, tras varias horas de un ritmo duro, el hombre joven de los mismos ojos profundos de su padre, se quiebra. No importa cuántas veces la cuente, la herida siempre dolerá. "Finalmente descansó el cuerpo", tragó saliva y la mirada se hizo acuosa. A un costado de la tumba de la abuela de Jorge, en el Panteón de Veracruz, enterraron a Moisés luego de un funeral en su casita de Medellín, al que algunos amigos reporteros no asistieron por dolor, porque no sólo lo mataron a él, sino a una parte de la Libertad de Expresión. Su crimen se volvió el fresco recordatorio de que en Veracruz las notas sí cuestan la vida.

Clemente Rodríguez, el expolicía señalado como autor material, declaró a la Procuraduría de Veracruz que él y otros sujetos (identificados a través de sus apodos "El Harry", "El Chelo", "El Piolín", "El Olmos" y "El Moy") aceptaron levantar y asesinar a Moisés como un favor: Omar Cruz se deshacía de quien le "estorbaba" y, a cambio, la banda tendría plena libertad para traficar drogas en Medellín. Los delincuentes tenían identificado también a Moisés porque les "calentaba la plaza" al exigir más presencia policíaca por la inseguridad, lo que no los dejaba trabajar "tranquilamente". El trato era simple, frío y cruel, *a la veracruzana*: una vida a cambio de la impunidad. Pero no sabían que era periodista. Clemente sigue detenido, pero Martín Meneses, el escolta del alcalde y señalado como presunto autor intelectual, quedó libre casi once meses después del asesinato de Moisés.

Omar Cruz Pérez huyó a inicios de febrero de 2015, antes de que le quitaran el fuero. Hasta 2019 se desconocía su paradero, más bien, poco se ha investigado, pues a pesar de ser el presunto autor intelectual, la culpa del asesinato del periodista recayó sobre los dos motopatrulleros. En 2017, el Órgano de Fiscalización Superior del Estado de Veracruz (ORFIS) informó de un presunto desvío de 4 millones de pesos en la gestión del exalcalde. Esto no importó porque en Medellín el PAN incluyó en la planilla como síndico a Hilda Nava Seseña, cuñada de Omar Cruz, cargo para el período 2018-2021, gestión a la que también se incorporaron otros familiares del exfuncionario prófugo.

Las únicas sentencias por el caso llegaron hasta el 27 de marzo de 2018 para Luigi Heriberto Bonilla Zavaleta y José Francisco García Rodríguez, los motopatrulleros que estaban a una cuadra de la casa de Moisés cuando lo privaron de la libertad. En su momento, dijeron no haber visto nada raro ni haberse percatado del convoy de unidades que desfiló por la casa, pero fueron condenados a 25 años de prisión por los delitos de homicidio doloso calificado e incumplimiento de un deber legal. Se ha considerado que podrían ser chivos expiatorios del sistema de justicia de Veracruz. El mismo Jorge Sánchez contó que, por ejemplo, a uno de los patrulleros le habían cambiado el turno y le tocó trabajar ese día, fue un acto casual que estuviera ahí.

La FEADLE de la PGR ha sido ineficaz en todos estos años. En febrero de 2015, en el oficio 17/MPFEADLE/05/2015 notificaron a la familia de Moisés que no investigarían su caso porque no lo consideraban periodista. Un año después, tras un amparo promovido con apoyo de Artículo 19, una jueza federal del Juzgado Quinto de Distrito de Amparo en Materia Penal ordenó a la PGR, por medio del juicio de amparo 871/2015, atraer la investigación. Así las autoridades veracruzanas tendrían que dejar el caso y pasar la estafeta al sistema federal. La FEADLE se resistió a investigar e impugnó la resolución. El jueves 22 de septiembre de

2016 los Magistrados del Séptimo Tribunal Colegiado en Materia Penal en la Ciudad de México ordenaron "de manera definitiva e inatacable que la FEADLE atrajera e investigara la desaparición y asesinato del periodista Moisés Sánchez".

La Procuraduría de Justicia del estado de Veracruz también incurrió en múltiples omisiones: tardaron doce días en girar los oficios para pedir información o hacer operativos de búsqueda y las respuestas de las autoridades a esos oficios, que no debían durar más de 24 horas, se demoraron demasiado. Tampoco lograron conseguir los vídeos de las cámaras, así que se desconoce la ruta del auto en donde se llevaron a Moisés y no olvidemos las declaraciones públicas que descalificaron el trabajo del periodista, reconocido como "sólo un taxista".

Jorge Sánchez Ordóñez se mantiene en la lucha. Aunque estudió diseño gráfico, ahora ha tomado el papel de su padre: hace vídeos y entrevistas que difunde en la página de Facebook de *La Unión…*, reportes sociales y críticas contra las autoridades locales y estatales. Además de las amenazas que ha recibido, los hechos que sufrieron transformaron la rutina de la familia que vive entre sistemas de vigilancia y escoltas. La madre y la esposa temen que se repita la historia con Jorge, pero él no tiene miedo y está convencido de seguir el legado de su padre, aun con el riesgo que esto supone. Es cuestión de tiempo para que puedan llevar el caso de Moisés a la Corte Interamericana de Derechos Humanos para exhibir "cómo tenemos un estado carente de interés en garantizar que haya justicia en casos de periodistas, como mi padre". Esto sería un hito en Veracruz y su gruesa pila de expedientes de periodistas asesinados.

En los últimos meses de 2018, la CEAPP retiró la escolta de la familia Sánchez porque cedió a la presión de la SSP y de Yunes. "La CEAPP no está funcionando para proteger, sólo para dar cursos y chayotes" declaró el hijo de Moisés. Agregó que el Secretario Ejecutivo de la CEAPP, Jorge Morales Vázquez, informó a la SSP que la familia hizo mal uso de los escoltas y por eso se los quitaron. Artículo 19 interpuso un amparo y se resolvió que no les retiraran la seguridad, pero a Morales no le importó, aunque esto podría derivar en una denuncia por incumplimiento de un deber legal, además de que Sánchez le exigió su renuncia. Cuando sólo era comisionado de la CEAPP, Jorge Morales fue uno de los pocos que se interesó en el caso de Moisés, pero ahora, como Secretario Ejecutivo, terminó cediendo ante las presiones de Yunes de desaparecer a la CEAPP y meterlos a la cárcel como a los exfuncionarios duartistas.

"El Medellín de Moisés" es un ejemplar especial que se imprimió en su memoria. Doce páginas en blanco y negro con una foto de portada tomada por "Moy": un hombre en chanclas carga a su hija saltando sobre charcos de aguas negras. "Mi padre nunca vio su periódico así", sonrió Jorge, con el recuerdo recorriendo sus entrañas. Su periodismo sigue vivo y se siente a través de las hojas. "El Quijote del periodismo", "el reportero soñador" lo llaman en dos artículos interiores. Y en contraportada, su foto se repitió 28 veces, cada una rasgada de forma diferente. La más grande, la del centro, luce como si se hubiera roto a la altura de la boca (¿la censura?) y, hasta abajo, el título de su epílogo resume en dos palabras el destino del reportero veracruzano, de él, de decenas más, de todos nosotros que te sobrevivimos, Moisés.

SILENCIO FORZADO

El tiempo clavó la daga
Un día, una nueva cara
Necesidad de construir una imagen
¿Cómo contar esta historia?
Respirar
Juntar las piezas
Hacer memoria
Suspirar…
Contarla.

Nadie nos dijo que nos iban a matar

Una noche llegó una queja por correo electrónico a un periódico de la zona sur. Policías municipales estaban inconformes con el comandante en turno que presumía usar vehículos del crimen organizado y cobraba cuotas a los que se subieran a la patrulla. La información se publicó y a los dos días llegó la amenaza directa del jefe de Los Zetas. Quería que los tres periodistas se entregaran para "platicar" con él porque la información le causó daño. Los periodistas se negaron y pusieron una denuncia.

Un día más tarde, los secuestraron de una paletería por cinco horas. En ese tiempo, a uno le vendaron los ojos, le quemaron la espalda con un cigarro, le cortaban cartucho al oído para infundirle miedo y al final le propinaron veinte tablazos en las nalgas. Antes de que pasara lo peor, "alguien" se comunicó con los delincuentes y una voz les dijo que por esa vez se salvaron porque se había armado un alboroto, así que los liberaron, de hecho, los dejaron en la misma paletería de donde se los llevaron.

Mientras eso sucedía, Javier Duarte presumió haber rescatado a los periodistas por un operativo que nunca ocurrió. Hasta la fecha, hay quien cree que Duarte y Los Zetas estaban en contacto y que uno le pidió al otro no matar a los periodistas para evitar más daños políticos. Dos de estos comunicadores murieron tiempo después, el medio que habían formado cerró y quien sobrevivió confesó que desde entonces su vida no fue igual, pues lo acecha la sombra del miedo.

Este caso es un ejemplo de la violencia que se enraizó en Veracruz y que no sólo mató a periodistas, sino que, para los que sobrevivimos, significó un cambio en la forma de ejercer la profesión. Nos enfrentamos a las agresiones directas u ocultas, a la autocensura, a la incertidumbre laboral y a la complicada situación actual de los medios (los ingresos han bajado en los últimos años).

En muchos casos, la brecha entre los medios de comunicación y los reporteros es enorme: dueños ricos, con beneficios políticos y una clara línea editorial en contraste con salarios de hambre y falta de prestaciones. Los convenios publicitarios, municipales o estatales, también se siguen usando como forma de coacción para los periódicos, estaciones de radio o portales digitales y viceversa, pues también hay medios que suelen acercarse al inicio de las administraciones públicas a "ofrecer" sus servicios para obtener un tajo de los recursos públicos a cambio de no "madrearlos", de lo contrario, ejercerán una postura "crítica" disfrazada de resentimiento hasta que el gobernante ceda a la extorsión.

No hay un número exacto de cuántos medios de información hay en Veracruz, sobre todo, por la explosión en la creación de portales de internet y páginas informativas en Facebook. Celia del Palacio Montiel, académica de la UV, escribió un artículo titulado "Periodismo impreso, poderes y violencia en Veracruz 2010-2014. Estrategias de control de la información." En él, reporta que en enero de 2015 había 71 periódicos en 19 ciudades del estado. Al término de la administración de Javier Duarte, numerosos impresos cerraron al acabarse la era de los convenios informativos. En la actualidad, páginas digitales y de Facebook superan la cantidad de impresos que entraron en crisis por el precio del papel, tintas, electricidad y bajas ventas.

Los dueños de los medios veracruzanos tradicionales (estaciones de radio, periódicos impresos, grandes portales) están lejos de ser periodistas, más bien son empresarios o profesionistas de cualquier otra rama pero menos de la de comunicación. Los reporteros quedaron atrapados en medio de la violencia y los intereses políticos y económicos de los propietarios de los medios. Un ejemplo es el caso de *Imagen del Golfo*, *Órale* y *Diario del Istmo*, que pertenecen a la familia Robles Barajas y circulan en Veracruz y Coatzacoalcos. Mónica Robles Barajas, quien cuando no es legisladora forma parte del Consejo de Administración de Editora la Voz del Istmo, fue representante local por el Partido Verde Ecologista de México (PVEM) y se alineó con la política de Javier Duarte durante su permanencia en el curul. Éste le quedó a deber 25.7 millones de pesos por publicidad que Miguel Ángel Yunes Linares se negó a saldar, así que el panista se convirtió en blanco de ataques constantes frente al castigo de la austeridad de publicidad oficial. Los que pagaron los platos rotos fueron los periodistas de esas casas editoriales, pues se quejaron de los atrasos en los pagos y la falta de prestaciones sociales. Esto a pesar de los convenios publicitarios que se mantienen con diversos municipios como el de Coatzacoalcos (morenista a partir de 2018), que desde enero de 2018 entrega 1 millón 531 mil pesos mensuales al *Diario del Istmo.* El columnista Mussio Cárdenas Arellano les apodó "El Clan de la Succión" y sus mismos trabajadores suelen referirse a ellos como "Los Miserrobles". En 2018, Mónica Robles volvió a ser diputada, ahora por la vía plurinominal por Morena gracias al apoyo de Rocío Nahle García, Secretaria de Energía de AMLO y ahijada política de esa familia. El cambio de línea de los periódicos ha sido evidente ahora que ese partido estará a cargo seis años en el estado. Tal vez habrá abundancia para el medio, pero es difícil que sus colaboradores perciban un aumento de salario. Por eso, la mayoría de los periodistas veracruzanos tiene que trabajar en más de un medio, incluso desarrollar un trabajo que nada tiene que ver con la profesión.

Números para reflexionar...

Realicé un sondeo a 53 periodistas del norte, centro y sur de Veracruz para hacer una muestra sobre la situación general, económica y psicológica del periodismo en el estado. Fueron 34 hombres y 19 mujeres. Sus respuestas expusieron el grado de afectación de la violencia, las dificultades económicas y las principales preocupaciones del gremio, pero también los efectos psicológicos que muy pocas veces se han abordado. Revisemos algunos resultados:

Estudios

- 62% estudió comunicación o periodismo.
- 26% hizo una carrera distinta.
- 11% dijo ser empírico.

Trabajo

- 71% respondieron que trabajaban en más de un medio.
- 11% quisieran trabajar en varios, pero su medio les pide "exclusividad".
- 16% tienen un solo trabajo.

Casi la mitad de los que tienen varios trabajos se desempeñan en dos, pero hay quienes envían propuestas editoriales a tres, cuatro o hasta más de seis medios al mismo tiempo. Los medios digitales dominaron las respuestas, seguidos de los impresos, la radio y, en menor medida, la televisión.

Sueldos y prestaciones

- 96% de los periodistas consideraron que su sueldo no es justo.
- 63% confesaron que necesitan hacer un trabajo adicional al periodismo.
- 60% de los periodistas gana menos de 7 mil pesos al mes.
- 42% contestó que le pagan a tiempo.
- 58% respondió que no le pagan a tiempo o que "hay retrasos, pero se ponen al corriente".
- 50% es el principal proveedor de su familia.
- 98% es dueño de su equipo de trabajo.
- 30% ha recibido cursos o capacitaciones pagadas.
- 50% no tiene prestaciones.
- 41% sí recibe aguinaldo.
- 37% tiene vacaciones.
- 26% tiene servicio médico del IMSS, aunque no todos tienen ahorro para el retiro e Infonavit.
- 63% no tiene casa propia.
- 9% ahorra para una pensión.
- 49% ve su futuro como "incierto".
- 25% piensa en tener un negocio en el futuro para sostenerse.
- 13% cuenta con ahorro para el retiro.

Las respuestas sobre cuánto estiman que un periodista debería recibir como pago justo en un sólo medio fueron variadas: hay quienes creen que deben ser 3,500 pesos quincenales como mínimo hasta el que consideró que deberían ser 20 mil pesos al mes, aunque el promedio se situó entre los 10 y 15 mil pesos mensuales, cantidades que la mayoría no recibe en realidad. "Lo suficiente para no andar a pie", escribió uno desde su experiencia, como muestra de la crisis del periodismo como trabajo.

Principales problemas del periodismo veracruzano

- 58% opinó que los sueldos son bajos o pagan a destiempo.
- 13% dijo que "la violencia".
- 47% coincidió en que las ventas bajaron por la violencia.
- 35% señaló que hay menos publicidad por la inseguridad.
- 7% indicó el cierre de nota roja.

A pesar de que la violencia ha incidido de forma negativa en el ejercicio periodístico, los comunicadores veracruzanos se sienten más vulnerados por los pésimos salarios que por el riesgo en sí. "Una parte donde hay que reconocer que la prensa ha sido vulnerada es que los medios no se hacen cargo de sus periodistas, los mandan a cubrir notas sin mínimos protocolos de seguridad, no reconocen que son sus empleados y no les dan prestaciones laborales", opinó Itzia Miravete Veraza, Coordinadora de Documentación y Seguimiento de los Casos del área de Protección y Defensa de Artículo 19 México. Agregó que, aunque la institución no atrae asuntos laborales y económicos, sería un error ignorar que la falta de derechos laborales y sociales forma parte del problema estructural de las agresiones contra periodistas.

Y no es que el periodismo sea la profesión más adecuada para hacerse millonario, ni pensarlo, el problema reside cuando ni siquiera es suficiente para cubrir lo básico para la vida. Esto ha llevado a que 45% haya pensado alguna vez en cambiar de trabajo y en las respuestas se repite más la difícil situación económica que las agresiones o violencia contra periodistas:

"Porque me tienen hasta la madre. Exigen mucho y responden poco."

"Porque el periodismo ya no me brinda los satisfactores económicos y profesionales que quisiera. Honestamente ya me cansé un poco del periodismo."

"Porque a pesar de ser una profesión con carácter social no es suficiente pata el sustento."

También hay quienes reconocieron la realidad y, aun así, sobreponen su vocación:

> "Disfruto lo que hago aunque económicamente no esté bien remunerado."
>
> "Me gusta lo que hago pese a las dificultades."
>
> "Porque amo lo que hago y no dejaría de intentar seguir en esto, si algún día me falta trabajo tal vez trabaje en otra cosa para cubrir gastos, pero no está en mis planes."

Las respuestas a la pregunta: "¿Por qué elegiste ser periodista?", conmueven de verdad. La mayoría demostró pasión, convicción o vocación, porque para ellos ser periodista fue el sueño que tuvieron desde niños y lo siguieron porque les gusta ayudar a la gente, contar historias, cambiar a la sociedad, aunque sea "ingrata, pero lo que se hace por gusto no pesa". Lo triste es que a la par de ese ímpetu casi 90% admitió que su trabajo es peligroso y que hay nulo respaldo de sus medios. Las respuestas no sólo dejan ver el miedo a las amenazas de grupos de la delincuencia, sino también de la esfera del poder gubernamental, pues contaron que a veces no se sabe qué intereses se tocan "por dinero y poder". De hecho, una de las respuestas describió la cadena de peligros y consecuencias en un sólo párrafo: "Es riesgoso desde que recibes órdenes de trabajo porque desconoces los acuerdos financieros de tus jefes, podrías afectar tus labores y generar tu despido. Después de llevarlo a efecto en la calle, con la inseguridad en la entidad, y al finalizar, publicarlo y recibir consecuencias de receptores «incómodos»."

Una de las partes más estremecedoras de la encuesta fue la relacionada con las situaciones de amenaza. La mayoría contestó que "sí" y añadieron algunos detalles como haber sido apuntados con un arma por delincuentes o policías, amenazas telefónicas, acoso de las autoridades, algún funcionario molesto o intimidaciones por alguna nota roja que manejaron. Algunos se atrevieron a contar con más precisión qué les sucedió:

> "Un tiempo, una célula criminal me pedía (exigía) información, por fortuna algunos fueron detenidos y otros ya están muertos."
>
> "Incendiaron la oficina del medio en donde trabajaba por exponer las irregularidades de un alcalde en el proceso de fiscalización estatal."
>
> "En una ocasión llegaron a ejecutar a un hombre a la Cruz Roja donde en ese momento me encontraba realizando la guardia, cuando de pronto me encañonaran con una pistola para que les mostrara donde se encontraba internado el sujeto al que buscaban."
>
> "Me involucraron con la delincuencia organizada por medio de una cadena de WhatsApp."
>
> "Me amenazaron a tal grado por una nota que escribí… que renuncié."
>
> "Me levantaron dos veces, hace ya 13 años, me han amenazado con armas y a través de mensajes vía celular y correo electrónico."
>
> "Fotografié un albergue infantil y, minutos después, recibí una llamada por teléfono en la que me advertían que, si no quería problemas, no publicara esas fotos."

Un periodista que fue testigo de un hecho violento tuvo más miedo de las represalias de su medio si dañaban su equipo que de los delincuentes: "Una vez, trabajando en deportes (cuando empezaba), vi un levantón entre los dos estadios que hay en Veracruz y casualmente traía una cámara de video para hacer entrevistas, un tipo se metió al estacionamiento con un arma, nunca me apuntó, pero me pidió el cassette y se lo di. No había nada relevante en él, no gravé el levantón. No me asusté, me quedé en shock pensando que, si me quitaban la cámara o la destruían, el dueño de la empresa donde laboraba me la iba a cobrar nueva."

"Tuve que ir por la información, a los ejecutados los habían matado de todas las maneras posibles. El lugar era un río, donde un grupo de jóvenes que decían ser de la delincuencia comentaban que ellos habían matado a las dos personas y me exigieron números de celular, dirección y medio en el que trabajaba. Estuve 30 minutos ante ellos y sin esperanzas de sobrevivir. Finalmente pude salir del lugar caminando hacia la autopista, es decir sin nada que pudiera salvarme", concluyó.

Formas en que ha cambiado el periodismo

- Aumentó la autocensura.
- Hay miedo para hacer el trabajo.
- Se incrementaron las agresiones contra los comunicadores.
- Hay más competencia por los medios digitales.
- Surgió la necesidad de capacitación ante temas de seguridad personal o violencia.
- Algunos políticos se convirtieron en dueños de medios.
- Ahora se trabaja bajo la zozobra de amenazas, enojo de funcionarios públicos, agresiones físicas, censura, presencia del crimen, falta de seguridad e instituciones señaladas de desaparición forzada.

59% de los participantes de este ejercicio aceptó que alguna vez después de una nota sufrieron acoso cibernético o difamación a través de perfiles falsos de Facebook, por correo electrónico o cadenas de WhatsApp

De acuerdo con Itzia, de Artículo 19, Veracruz no quiso reconocer que se mataron a periodistas por ejercer la Libertad de Expresión, porque eso significaría aceptar que existieron intereses muy fuertes para ocultar cierta información, ya sea con fines gubernamentales o de la delincuencia organizada. Y es que, al final, un estado donde los colegas son asesinados es uno que revela la grave crisis contra la prensa.

Problemas personales

- 30% comenta que sus seres queridos les han recriminado el hecho de ser periodistas y su profesión afectó la forma en la que se relacionan con las personas.
- 56% declaró cambiar sus rutinas por cuestión de seguridad: desde usar diferentes rutas para llegar al trabajo o la casa, hasta prescindir de horarios, bajar las actividades en redes sociales, tener un perfil "bajo" o no salir por las noches.

Ser comunicador en Veracruz no sólo se trata de arriesgar la piel en la cobertura de hechos, también conlleva un peso adicional en casa, ante la familia, amigos o pareja. En mi experiencia, llegué a desarrollar tal paranoia de que atentaran contra mí o alguien a quien quisiera que, por ejemplo, por años evité subir fotografías de mi perro a Facebook por temor a que lo mataran como represalia.

Problemas emocionales y físicos

- 81% de los colegas aceptó que ser periodista ha tenido retribuciones anímicas negativas que se manifestaron en episodios de ansiedad, preocupación por la inestabilidad laboral, llorar sin razón, la necesidad de ir a terapia, tomar medicamentos, dejar de hacer las cosas que les gustaban, perder la confianza en la gente, sentirse intranquilo con frecuencia, tener depresión, ataques de pánico o de ira, pensar demasiado en la muerte, pesadillas recurrentes, miedo a ser asesinado y hasta sentirse culpable por tener poco tiempo libre.
- 66% aceptó sufrir consecuencias fisiológicas como: problemas para conciliar el sueño, beber más alcohol, usar drogas, sufrir temblores repentinos, pérdida del apetito, dolores de cabeza, cansancio, pérdida de ganas de levantarse, falta de concentración, dolor en articulaciones y obesidad.

De los colegas que participaron en el sondeo, sólo uno contestó que la salud psicológica no debería ser prioridad en esta profesión.

La inquietante normalización de la violencia

- 81% dijo que los hechos violentos lo indignan, pero no lo asustan.
- 2% admitió que ya no hay nada que le afecte.
- 16% todavía se sorprende cuando se entera de hechos violentos.
- 88% confesó que ha platicado de temas violentos en condiciones cotidianas como la comida con sus parejas, amigos o familia.

- 60% se ha sentido muy triste por las cosas que ha visto como periodista.
- 43% ha pensado alguna vez que ser periodista no fue la decisión correcta.
- 25% ha pensado que lo podrían asesinar o desaparecer, aún sin haber recibido una amenaza directa.

Por todo eso, la autocensura se convirtió en una práctica recurrente: 90% lo ha hecho. Los temas que más se dejaron de cubrir en Veracruz son los relacionados con el crimen organizado y el narcotráfico, seguido de casos de secuestro, tráfico de combustible robado (huachicol), desapariciones, fosas clandestinas, homicidios y, en menor medida, las quejas que tienen que ver con la Policía y la corrupción gubernamental.

Algunas de las formas en las que la violencia ha trastocado el cómo un periodista trabaja en Veracruz se reflejaron en las siguientes respuestas:

> "Vivo con la zozobra de sufrir alguna agresión."
>
> "Ha afectado mi salud, mi estado emocional y económico. Me ha alejado de muchas personas."
>
> "Ahora tenemos que cuidar la línea editorial cuando se trata de crimen organizado."
>
> "Todo el tiempo se piensa en las consecuencias de lo que escribo."
>
> "Cada vez me es más complicado ir a cubrir alguna nota. Me siento más nervioso. Tengo ansiedad. Y además, la violencia ha ocasionado que cierren algunos medios de comunicación."

"Es imposible hacer periodismo crítico, sin antes analizar qué fibras del crimen organizado se están tocando; no es posible caminar por la calle y tomar fotografías, sin el temor de enfocar la cámara hacia un lugar incorrecto, aunque sea por error."

"Vives con la paranoia de que te harán algo."

"En cuestión relacionada con nota roja, que cubro muy poco, una vez subí una info al Twitter de un hecho y aparentemente sólo yo tenía esas fotos. Me habló un conocido y me dijo que le hablaron del crimen organizado, que si podía quitar ese Twitter por favor. Sinceramente sí lo hice."

"Hay que estar más al pendiente de no tocar ciertos temas; personas queridas y compañeros de trabajo han tenido que dejarlo por riesgo, incluso amistades han sido asesinadas."

"Tratas de no investigar más para no tocar fibras que puedan ponerte en riesgo."

"Ya no puedo escribir libremente."

"La población ha normalizado la violencia hacia el gremio y éste ha buscado cobijo en dependencias gubernamentales o funcionarios que cubren sus necesidades con dinero, cayendo en una falta de ética para desempeñar la labor, aumentando riesgos para él y otros periodistas."

Soy Violeta y soy periodista

No miento si les digo que en algunas ocasiones… me cansé de informar.

Me superó el tener que anunciar una muerte más, de algún joven inocente que trató de frustrar un asalto y recibió varios plomazos que le perforaron el pulmón; de la mujer que puso su estética y había denunciado a su agresor, quien finalmente llegó para asesinarla; de los niños huérfanos por el narco; de los padres a los que les arrebataron a sus hijos; de los que buscan a un muerto entre los muertos…

Una noche apenas y pude respirar. Me ahogaba y por un momento creí que iba a morir. No era la primera vez que esa idea me cruzó la cabeza. Cuando comencé a trabajar como reportera de tiempo completo, hubo días en los que, mientras conducía, detuve el auto para palparme el abdomen en búsqueda de un dolor invisible. Sentía que me seguían. Todo el tiempo pensaba en la muerte. La ansiedad se hizo parte de mí y hubo días que desperté sin ganas de salir a trabajar, pero tuve que hacerlo. Lloré por las noches cansada del acoso de funcionarios, de las amenazas anónimas; me quebré y los odié.

Cuando denuncié penalmente a un funcionario de mi ciudad que me dio un portazo en la mano, terminé frente a la psicóloga de la Fiscalía quien advirtió la cantidad de sentimientos que traía encima. Me dijo que tenía leves signos de depresión y me recomendó que fuera a terapia o que me fuera a la playa a gritar. Elegí lo segundo.

Cuatro años después de iniciar en este trabajo, terminé en urgencias por insuficiencia respiratoria, pero no era un problema de los bronquios, sino del estómago. Tras un mal diagnóstico del IMSS fui con un especialista en la Ciudad de México. Me preguntó a qué me dedicaba. Le dije que era periodista en Veracruz y entrecerró los ojos. ¡Cómo no iba a tener el estómago hecho un desastre ante tal presión, nervios y carga emocional!

La solución (o vivir con medicamentos desde mis veintitantos con el riesgo de desarrollar una úlcera) era una operación. Tras escuchar el costo de la intervención por medio del servicio particular, pagué la consulta y lloré con amargura en el pasillo porque no tenía el dinero. "Al menos no es grave", me consolé. Me sentí impotente y desesperada porque después de años de trabajar no tenía casi nada, no tenía algo propio. Cuatro años en los que los únicos días festivos que tuve libres fueron el Viernes Santo, Navidad y Año Nuevo, y ni siquiera dan ese día: los periodistas "descansamos" un día antes.

Tampoco hay nada de pago por horas extra.

De hecho, ni siquiera tenemos un horario. Una fuente me ha despertado a las 3 de la mañana para avisarme de un ejecutado como lo he hecho cuando tengo coberturas de 12 horas. He estado en incendios, saqueos, balaceras, explosiones de huachicoleras, inundaciones o me he subido a una lancha de pescadores sin chaleco y sin saber nadar.

A veces me siento desfallecer, pero jamás me sentí más viva.

Amo mi trabajo, a pesar de hacerme trizas con cinco medios: uno, el que me da prestaciones, otro que es formal con los pagos, uno más que me da un ingreso mínimo (pero algo es algo), otros dos en los que la hago de *freelance*. Tuve tiempos de estabilidad y otros en los que no vi pagos por semanas. A pesar de eso me he dado el lujo de escribir por amor, aunque no haya remuneración a cambio, sólo por el gusto de informar, por la necesidad imperiosa de que se escuchen las injusticias.

En mis horas más oscuras me pregunté si tomé el camino correcto. Me consumió la tristeza, se apoderó de mis manos y no quise contar más ni hilar palabra alguna. Busqué la opción de "salvarme" todavía, de ver si podía estudiar otra cosa, empezar de cero y alejarme de una vez por todas de este horror, pero entendí que el cerrar mi boca, mirar a otra dirección y apretar los puños para no tundir el teclado gastado de mi computadora no cambiará las cosas. El mal seguirá ahí con todo su poder y extensión.

Escribir sí podría cambiar las cosas y escribir es lo que más me gusta.

En mi primera semana como reportera platiqué con un niño poblano que andaba en Veracruz con su papá vendiendo patitos de hule y me preguntó entre curioso e incrédulo: "¿A poco pagan por escribir?" "Pues a veces", le hubiera contestado, de haber sabido la situación actual. Pero tiene razón, hago lo que más amo y además me pagan por ello.

Puedo mirar hacia atrás y sonreír al recordar las aventuras, la adrenalina, la gente buena, las historias de vida y la satisfacción de ayudar a mejorar la vida de alguien o de algún grupo, de hacerse ver, de darles voz. Las cosas buenas cuestan, ¿no? Lágrimas y hasta un poco de sangre quizá, todo ha valido la pena.

Lo que más duele de ser periodista no se limita al plano económico, al final es intrascendente. Me preocupa el dolor que puedan sentir las personas que amo. Temí morir y que sufrieran, que no me encontraran y tuvieran que conocer el horror de abrir huecos en la tierra para recuperar despojos. Quise decirles muchas veces a quienes más quiero: perdónenme por haber elegido este camino, por preocuparlos, por salir a cubrir cosas espantosas, arriesgarlos a que me acompañen a reportear un hecho peligroso y decirles que ya no escribiría sobre temas "delicados" y seguir haciéndolo.

Así que perdón… porque a pesar de todo volvería a ser periodista, una y mil veces. Sí, hasta que los dedos duelan, hasta que no haya más historias que se necesiten contar, antes de que todo el daño del mundo esté hecho, hasta entonces, sólo entonces... Y que toda esa tristeza se derrame en los caracteres y de las palabras surjan historias y de las historias recuerdos, y que los nombres de nuestro Veracruz no queden enterrados en la arena del vendaval llamado violencia que, una noche clara de luna en el puerto, nos llegó sin avisar.

No soy la única que piensa así ni la única que ha pasado por este vaivén de sentimientos. Los hombres y mujeres periodistas con los que platiqué para conocer su sentir, los del norte, del centro, de las montañas o del sur, los jóvenes que nunca han trabajado en un periódico sino que iniciaron en medios digitales y los veteranos que tienen más años de experiencia que yo de vida, los que llegaron al periodismo por un sueño y los que encontraron la vocación en el camino… todos coincidieron en que a pesar de los sueldos bajísimos, de la falta de prestaciones y futuro laboral, a pesar de la violencia, la inseguridad, los problemas personales y las afectaciones psicológicas por toda esta carga emocional que llevamos encima, la satisfacción de ayudar a las personas es más fuerte.

A todos nos ha marcado al menos un caso, a veces bajo la forma de un recuerdo doloroso:

> "Jamás olvidaré el primer asesinato que cubrí, lloré tres días y tuve pesadillas."
>
> "Cuando me amenazaron, porque perdí mi empleo y caí en una crisis económica que derivó en la separación con la mamá de mi hijo."
>
> "Una historia que pedía ayuda alimenticia tanto para las mujeres como para los animales que cuidaban. Por mi nota, autoridades municipales retiraron los animales a las mujeres, en ese corto tiempo, una de las dos mujeres murió de tristeza."
>
> "La muerte de una menor, porque supimos dónde estaba su cuerpo, pero fue ocultado por las autoridades para no verse afectados en su imagen."
>
> "El tema de los desaparecidos y de sus familiares que se forman en Servicios Periciales para conocer si entre los restos hallados en fosas clandestinas está el de su ser querido."

Pero también hubo recuerdos satisfactorios, aquellos que hacen sentir que sí se pudo cambiar la vida de alguien, un impacto positivo que de otra forma no se hubiera dado, como lo manifestó un compañero: "Por Facebook, vi que una amiga compartió un caso de una amiga suya que tenía un tumor en la cabeza y estaba embarazada, en el seguro le daban cita muchos meses después y corrían el riesgo de morir los dos. La contacté por medio de mi amiga, le hablé a todos mis compañeros e hicimos la nota masiva y viral, rápido la atendió el Hospital Regional, ella estaba perdiendo la vista por el tumor, y en menos de dos meses ya estaba recuperada y había nacido su bebe. Hoy los dos viven una vida normal. Ha sido lo máximo eso." Es a lo que se refirió el maestro Alberto Salcedo Ramos, cronista colombiano, según una nota de *El Mundo*: "El hecho de contar una historia que le va a tocar el corazón a alguien ya es algo grandioso."

En la novela distópica *Un mundo feliz*, de Aldous Huxley, Mustafá Mond refirió que "no se pueden hacer tragedias sin inestabilidad social (…), la civilización no tiene en absoluto necesidad de nobleza ni de heroísmo. Ambas cosas son síntomas de ineficiencia política. En una sociedad bien organizada como la nuestra, nadie tendrá ocasión de ser noble ni heroico. Es preciso que las circunstancias se hagan fundamentalmente inestables para que tal ocasión pueda surgir". El periodismo en México, en especial en Veracruz, está cargado de ese sentimiento romántico de ser un profesionista que sufre, infravalorado, malpagado, pero que realiza una acción social por amor. Como Rubén o Moisés, como cientos de comunicadores que pagan para adquirir sus propios equipos, que cubren la gasolina o el taxi para una cobertura a pesar de que lleguen tarde los pagos, un periodismo para una vida humilde y lejana a los lujos y excesos.

Nos repitieron como máxima que "no hay vida que valga la nota", pero ahí vamos a confrontar los riesgos por la pasión de informar. Es cierto, no debería ser así, esa "romantización" es peligrosa porque normaliza una condición injusta y dañina. Pero ante nuestra trémula realidad, el conspicuo periodista es quien brinda una luz de esperanza, de voz social, de justicia frente a la podredumbre de las instituciones y de una sociedad que ha sido narcotizada con la violencia.

Si existiera la posibilidad de llegar al punto de volver a elegir este camino o dedicarse a otra cosa, aún frente a todas las desventajas ya descritas, la respuesta de mis colegas veracruzanos fue abrumadora y me llevó a las lágrimas:

> "Sí, volvería a ser periodista y seguiré siéndolo."
>
> "Finalmente, a pesar de todo."
>
> "Moriré en la raya, no creo jubilarme pues no tengo prestaciones y mientras tenga fuerza y cerebro y no esté al grado de causar lástima seguiré en esto."
>
> "Ya lo he sido muchos años."
>
> "Sí, por mucho."
>
> "Volvería a serlo."
>
> "Claro que volvería a hacer periodismo."
>
> "Sin duda."
>
> "Espero que sí."

Que sí, sí, sí…

¡Jodidamente y mil veces sí!

Porque nadie nos dijo que nos iban a matar… pero nadie les dijo que no nos vamos a callar.

2

VERACRUZ, EL CEMENTERIO CLANDESTINO MÁS GRANDE

¿Has visto a...?

¿Dónde estás?

Ya casi un año de tu ausencia, desde que te arrebataron de nuestras vidas sin importarles cuánta tristeza, dolor y llanto dejaron. Hoy continúo buscándote, desde tu desaparición he jurado no descansar y luchar hasta encontrarte.

No sé dónde estás, no sé dónde te dejaron ni lo que te hicieron, no sé si en un barranco te tiraron, no sé si estás enterrado o si los animales se encargaron de tu cuerpo.

Para mí sigues vivo y siempre le pido a Dios que donde quiera que estés cuide de tu alma, porque desde aquel día toda nuestra vida cambió y la mía se acaba poco a poco, pero...

Mientras no te entierre te seguiré buscando y mientras yo viva tú también vivirás y te juro que no descansaré hasta encontrarte...

¿Te imaginas despertar un día, despedir a tu hijo, hija, hermano, mamá, tía, esposo, pareja, sobrina o abuelo y que ésa sea la última vez que los veas? ¿Qué le dirías si supieras que no va a regresar?

¿Si supieras que lo van a desaparecer? ¿Si supieras que vas a pasar los próximos dos, cinco o diez años rastreándolo en ranchos, enterrando una varilla en las entrañas de la tierra para detectar si huele a carne putrefacta? Escarbarás para descubrir que ahí no hay un cuerpo, sino miles de pedazos de hueso fragmentado... ¿Qué le dirías si supieras que tus esperanzas de hallarlo muerto (ya ni siquiera vivo) irán desapareciendo?

Seguro has pensado que a ti nunca te va a pasar porque tu familia "no es de delincuentes". Pero entonces descubrirás que se llevan a quienes amas porque pueden, porque hay tráfico de personas, porque hay esclavitud, porque tenía una profesión, porque era bonita, fuerte o bien parecido. Se los llevan porque pueden y podrán en un país donde la impunidad es tan fuerte que es más fácil que tú los encuentres a que las autoridades siquiera emprendan una búsqueda y menos aún a que condenen a los responsables.

Quizá no podemos entender la magnitud real del dolor de perder a alguien de esa forma... porque no nos ha pasado.

Quienes lo han vivido explican que la incertidumbre es lo que mata, la duda de no saber si está vivo o muerto, si desayunó, si sufre, si llora en las noches, si pasa frío y cuántas veces al día te piensa porque te extraña y está atrapado en un mundo surreal que se desarrolla en paralelo del nuestro, pero que existe. Veracruz, ¡ah, bello Veracruz! ¿Cuándo íbamos a creer que la arena cubriría algo más que conchas marinas y petróleo? ¿Quién iba a pensar que entre la tierra se esconderían despojos humanos?

La desaparición es un delito que daña a la víctima y vulnera la seguridad y estabilidad de las personas cercanas al agraviado. Es una estrategia terrorista que hiere a la sociedad civil. La oficina del Alto Comisionado de Derechos Humanos en México de la Organización de las Naciones Unidas (ONU) apunta que "la desaparición forzada se ha usado a menudo como estrategia para infundir el terror en los ciudadanos. La sensación de inseguridad que esa práctica genera no se limita a los parientes próximos del desaparecido, sino que afecta a su comunidad y al conjunto de la sociedad".

La Comisión Nacional de los Derechos Humanos (CNDH) en México también tiene una opinión sobre las desapariciones, que se lee como contexto en la recomendación 6VG/2017 emitida sobre un caso de desaparición forzada en Papantla, Veracruz:

> Es una práctica ignominiosa, contraria a la dignidad humana y que implica la negación absoluta de todos los derechos humanos. Es un delito pluriofensivo, que agravia a la sociedad y además afecta y atenta no sólo contra la persona desaparecida, también a sus seres queridos, a sus allegados, quienes al dolor de la ausencia tienen que sumar el vivir con la incertidumbre, la angustia y la desesperación sobre el destino de quien desapareció. En un caso de desaparición forzada de personas no basta la identificación y sanción de los responsables. La vigencia del derecho a la verdad y la debida atención a las víctimas requieren, de manera prioritaria, la localización de quienes fueron desaparecidos, el conocer su paradero.

En Veracruz, durante la primera década del milenio, la mayor parte de las denuncias por desaparición estaban relacionadas con personas que abandonaban su hogar por motivos personales, sin contar a dónde iban (con algunas excepciones). Pero a partir del 2009, el último año de Fidel Herrera Beltrán (2004-2010), el número de expedientes abiertos por desaparición aumentó de forma alarmante y contaban con una nueva característica: eran personas obligadas a desaparecer, gente que no decidía irse por iniciativa propia, sino que era arrancada de la calle, escuela, oficina o casa, pero los captores no pedían dinero a cambio de la libertad, por lo que tampoco era un secuestro.

Según la ONU la desaparición, como delito, vulnera una serie de derechos humanos, entre los que destacan:

- Derecho a la libertad y seguridad de la persona.
- Derecho a no ser sometido a torturas, tratos crueles, inhumanos o degradantes.
- Derecho a la verdad, particularmente a conocer la verdad sobre las circunstancias de la desaparición.
- Derecho a la protección y a la asistencia a la familia.
- Derecho al reconocimiento de la personalidad jurídica.
- Derecho a la vida, en caso de muerte de la persona desaparecida.

El aumento de las desapariciones se experimentó en México a partir de la "Guerra contra el Narco", fallida estrategia que impulsó Felipe Calderón Hinojosa y a la que, después de 2009, Veracruz contribuyó con un grueso número de estadísticas mortales. El cambio en este plano es claramente observable en los datos del Sistema de Información Nacional de Personas Extraviadas y Fallecidas no Identificadas de la CNDH, pues entre 1981 y el 2005 los expedientes anuales oscilaban entre 1 y 10 casos, pero en 2006 eran 20 y, para 2010, ya había 258 casos. En el informe de 2016, Veracruz ocupó el segundo lugar nacional con el mayor número de casos de desaparecidos, detrás de Tamaulipas. Las estadísticas de la CNDH todavía están muy por debajo de las bases de datos de la Fiscalía y aún más de los números que cuentan los colectivos de desaparecidos. Si bien se trató de un fenómeno nacional, la entidad gobernada por el priista Fidel Herrera y su sucesor, Javier Duarte de Ochoa, se volvió puntera de la lista, demostrando el nivel de descontrol y violencia que experimentó el estado desde entonces y hasta la fecha, casi una década después.

Como periodista me tocó vivir el punto álgido de las desapariciones en Veracruz. La violencia llegó de norte a sur. Para 2010, Los Zetas ya se habían instalado hasta en el último rincón de la entidad, por lo que no había ciudad a salvo de la huella sangrienta de la delincuencia organizada. Antes de los 43 de Ayotzinapa, Veracruz sumaba desaparecidos por cientos.

Los primeros reportes de desapariciones eran confusos. Identificábamos que no se trataba de un secuestro común porque no había una petición de dinero, pero tampoco había un homicidio, ya que no dejaban el cuerpo horas o días más tarde, sino que sólo se lo llevaban, así, como si la tierra se los tragara. La palabra "levantón" surgió como un eufemismo para denominar el hecho de forma periodística. ¿A dónde o con qué fin se llevaban a las personas?

No entiendo la capacidad del ser humano para dañar de esta forma. La deshumanización de las desapariciones mostró la peor cara de nuestro estado.

Un testimonio quedó asentado en el expediente 037/2014. Una familia narró cómo un taxista se encontraba en el porche de la casa de su madre, cuando se lo llevaron unos hombres vestidos como policías estatales. La mamá presenció todo: dos sujetos lo sometieron en el corredor del lado izquierdo de la casa; con el pecho hacia el suelo, el joven de 25 años era golpeado por los otros con las culatas de las armas largas. Lo trataron de ayudar, pero los encapuchados apuntaron fríamente y luego lo arrastraron hasta la cajuela de un Volkswagen Jetta blanco. La familia tomó un taxi para perseguir el auto y unos 15 kilómetros después llegaron hasta la carretera federal, el VW paró y de la cajuela lo pasaron a la patrulla 1035 de la Policía Estatal de Veracruz. Lo buscaron en la delegación y hasta reconocieron a uno de los que había participado en el "levantón", pero los policías negaron que ahí estuviera detenido el taxista. Un mes después apareció con otras ocho personas a decenas de kilómetros de su hogar. Pero esta anécdota resulta una excepción, pues son pocos los que viven para contarla, pocos regresan después de ser desaparecidos.

En ese entonces, cuando una persona era llevada por la fuerza, todavía no se aplicaba el término desaparición forzada. Su caso se investigaba como una desaparición común, como los casos en donde la persona se iba de forma voluntaria.

El 18 de julio de 2014 se reformó el Código Penal para el Estado Libre y Soberano de Veracruz de Ignacio de la Llave, ahí se sumó el artículo 318 Bis. que dice: "Comete el delito de desaparición forzada de persona el servidor público que realice, ordene, autorice, consienta, tolere, apoye o conozca de la detención o privación de la libertad de una persona...", pero el problema es que sólo aplicaba la desaparición forzada cuando un funcionario de Gobierno o corporaciones institucionales como la Policía ejecutaban la desaparición. En Veracruz, los grupos criminales también se llevaban a la gente y sus casos no eran investigados de forma adecuada porque ni siquiera había un marco legal que determinara si se estaba cometiendo un delito. Sobre esto, el Informe Especial de la Comisión Nacional de los Derechos Humanos sobre la Desaparición de Personas y Fosas Clandestinas en México revela que entre 2014 y 2016 se iniciaron 50 indagatorias para investigar el delito de desaparición forzada en 28 municipios (el principal acusado era la Policía Estatal), pero Veracruz no reportó ninguna consignación.

Las oficinas públicas comenzaron a tapizar sus paredes de fichas de búsqueda, mismas que las familias sacaban copias a montones para repartir como volantes por toda la ciudad esperanzados a que alguien pudiera aportar algún dato. "¿Has visto a...? ¡Ayúdalo a volver!" Y luego el correo "extraviados@pgr.com". No, la gente no se extravía, no en masa, no a esta magnitud. Los desaparecen, les roban la vida y, de paso, trastocan para siempre a una familia.

El trabajo como periodistas bajo este panorama es arduo. No debe tratarse de contar cuántos desaparecidos hay en Veracruz, sino de contar sus historias. No contar muertos, sino palabras. Descubrir la raíz de los sueños y aspiraciones, los claroscuros, la decepción de sus vidas, la comida que les gustaba... Todas esas sutilezas que constituyen la identidad de una persona que ya no está, reconstruida por los recuerdos de quienes la guardan en su corazón. La primera vez que platiqué con los familiares de un desaparecido, confieso que tenía miedo. Ante el desconocimiento, sí llegué a creer (de forma errónea) la premisa que repetía el Gobierno: si se los llevaron fue porque "andaban en malos pasos".

Después de hablar con la madre de un desaparecido, entendí (y fue lo que más me sacudió) que nadie estaba exento de ser engullido por la delincuencia o el Estado. Puedes ser una periodista incómoda, un doctor tranquilo, un contador o un taxista. Si eres joven y fuerte, las posibilidades aumentan. Basta con vivir en Veracruz para ser una víctima potencial. Sí, ésta es nuestra verdad: aquí se llevan a las personas por cualquier motivo y no necesitas estar involucrado en un grupo delictivo para convertirte en una cifra más.

Existen tres registros oficiales que documentan los expedientes de las desapariciones en Veracruz: dos son de corte federal, del Registro Nacional de Datos de Personas Extraviadas o Desaparecidas (RNPED) del Sistema Nacional de Seguridad Pública (SNSP), y el otro es el registro de desaparecidos de la Fiscalía General del Estado de Veracruz (FGE). Los números entre uno y otro difieren, además de que el nivel de detalle y los datos que aportan varían entre las bases de datos.

Por ejemplo, el más completo es el del RNPED del fuero federal que se alimenta a través de denuncias recabadas por agentes del Ministerio Público federal y que, a partir de 2014, ya marca la diferencia entre desaparición y desaparición forzada. Este registro público incluye nombres, fechas de visto por última vez, estado, municipio, localidad de la desaparición, fecha de denuncia y autoridad que la recibió. Según esa base de datos, de 1,170 registros (consultados a finales del 2018) que hay entre 2007 y 2018, 207 desapariciones ocurrieron en Veracruz. El aumento fue evidente a partir del año 2011 (en 2015 hubo 133 casos). De los desaparecidos, 173 son hombres y 26, mujeres. Uno de cada tres casos ocurrió en la vía pública. Todas estas personas no han sido encontradas y el Sistema Nacional de Seguridad Pública advierte que, en las estadísticas del fuero federal, Veracruz es el segundo lugar a nivel nacional en desapariciones, sólo detrás de Guerrero.

Los datos correspondientes al fuero común del RNPED están alimentados por agentes del Ministerio Público local a través de actas circunstanciadas, carpetas de investigación y averiguaciones previas en las que se reportan posibles desapariciones a la Procuraduría General de la República (PGR) a partir de diciembre de 2006, aun cuando ocurrieron antes. En este registro no hay nombres, sino fecha y lugar de la desaparición, género, estatura, señas particulares y dependencia que envió la información. En total, hasta mediados de 2018, a nivel nacional hay 36,265 investigaciones por desaparición en los Ministerios Públicos locales, de los cuales 524 sucedieron en Veracruz (132 en 2013 y 205 en 2014, cuando Javier Duarte ya era gobernador del estado). En esta lista, Veracruz aparece en el sitio 16, incluso por debajo de Colima o Guanajuato, lo que revela que uno de los problemas más graves es la falta de denuncias, pues los colectivos de búsqueda estiman que en realidad apenas una cuarta parte de los casos llegan a los Ministerios Públicos.

La base de datos más completa, en registros, pero con el menor detalle es la de la Fiscalía General del Estado de Veracruz (FGE) y se llama "Registro de Desaparecidos". El Gobierno panista de Miguel Ángel Yunes Linares (2016-2018) la hizo pública a través de la FGE con Jorge Winckler Ortiz. Mañosamente, sólo incluye datos de 2006 a 2016, es decir, abarcando los períodos de Miguel Alemán Velasco, Fidel Herrera y Javier Duarte, los tres predecesores priistas, pero se omitió la información de cuántos desaparecidos se han sumado en el bienio azul. A pesar de la insistencia, Jorge Winckler Ortiz, en calidad de Fiscal General, se ha negado a transparentar los datos, si bien acusó a su antecesor,

Luis Ángel Bravo Contreras y a Javier Duarte de haber hecho lo mismo, de maquillar cifras y ocultar datos. El registro de desaparecidos de la FGE informa que en una década se abrieron 5,934 expedientes por desaparición en Veracruz, de los cuales se encontraron a 3,501 personas (90% de ellas con vida), pero aún quedan 2,433 carpetas de investigación en curso.

La base de datos es desastrosa. Aunque incluye nombre, apellidos, edad, y municipio de la desaparición, las autoridades veracruzanas omitieron precisar en qué año ocurrieron las desapariciones. En muchos casos ni siquiera aportan la nacionalidad, estatura y señas particulares como complexión, color de ojos, tono de piel, color y tipo de cabello o forma de nariz y labios. Un nombre, un lugar y ya. La poco digerible lista se compone de 2,433 registros y para analizar los datos estadísticos fue necesario trabajar varias horas hasta obtener algunas constantes pues el documento está plagado de errores, sobre todo en los nombres de los municipios. De los casos que "investiga" la FGE, 1,723 son hombres y 709 son mujeres, mientras que en un registro ni siquiera se especifica el género. Hay casos de bebés desde 1 año de edad hasta de personas de 89 años y los resultados de las estadísticas de la edad son impactantes: el mayor grupo de edad de desaparecidos son jóvenes de 15 años (115 casos) y, en promedio, un desaparecido en Veracruz tiene 28.5 años de edad. Los municipios con más desapariciones son el puerto de Veracruz con 501 denuncias; la capital, Xalapa, con 356 casos; la pintoresca ciudad de Córdoba, famosa por su café, aporta 158 expedientes; los municipios petroleros de Poza Rica, al norte, y Coatzacoalcos, al sur, proporcionan 113 y 111 desaparecidos, respectivamente; y también destacan otras ciudades importantes del estado como Boca del Río (74), Orizaba (62), Cosamaloapan (53), Papantla (41), Tierra Blanca (41), Alvarado (30), Minatitlán (30) o Tuxpan (21). Según la información de la Fiscalía, 130 municipios (de los 212 que hay en Veracruz) tienen, al menos, un caso de desaparición, pero el número de casos que se han sumado entre 2017 y 2018 sólo Winckler lo sabe y lo calla.

Entre los registros federales y estatales, Veracruz destaca con alrededor de 3 mil casos de desapariciones, 90% ocurrió durante el sexenio fatídico de Javier Duarte. Pero lo que exponen Colectivos de Búsqueda de Desaparecidos como El Solecito de Veracruz, es perturbador. Su vocera, Lucía de los Ángeles Díaz Genao, afirma que en realidad, por la experiencia que han adquirido en estos últimos años, en Veracruz hay más de 15 mil personas desaparecidas, suficientes para llenar la mitad del estadio Luis Pirata Fuente, donde juegan los Tiburones Rojos: "En dos ocasiones se les han solicitado las cifras de desapariciones en este Gobierno de Yunes Linares, y en las dos se negaron a darlas. Creo que queda muy claro que quieren ocultar y están acusando a la anterior administración de ocultamiento, cuando ellos están haciendo lo mismo", me contó a finales de 2017. Los meses pasaron y las cifras no se actualizaron.

Las cifras del Gobierno, actual y anterior, distan muchísimo de lo que en verdad ha pasado en Veracruz. Esta crisis de Derechos Humanos orilló a que surgieran los grupos liderados por mujeres que empezaron a revisar metro por metro de la tierra veracruzana para encontrar a sus hijos arrebatados por la delincuencia y hasta por la misma Policía. En otros estados les dicen "rastreadores" o "buscadores", pero en Veracruz las conocen como "las madres de los colectivos" o sólo "los colectivos". Por medio de esta estructura grupal encontraron la fuerza para enfrentarse al mismo Estado que no sólo fue incapaz de brindar seguridad a sus seres queridos, sino que los entregó al crimen, protegió a los victimarios, fue omiso en la búsqueda o pretendió ocultar a los que desaparecieron. De hecho, los colectivos propusieron que en Veracruz se emita una declaratoria de "crisis humanitaria" por la sistemática violación de Derechos Humanos: "Las desapariciones son inmensurables, pues no todas se denuncian; en el tema de desaparecidos, hacer esa declaratoria servirá tanto para la búsqueda como para que se dé a conocer el tema tan doloroso que estamos viviendo en Veracruz y nosotros tenemos tiempo pidiéndolo. Para nosotros es una manera para ya destapar este infierno que se está viviendo, esta pesadilla, ponerlo en la agenda de Derechos Humanos y que no se quede en el olvido", apunta Lucía Díaz.

En julio de 2018, miles de desaparecidos después, por fin se aprobó en Veracruz la Ley de Desaparición Forzada, unos meses más tarde de que a nivel federal se publicara la Ley General en Materia de Desaparición Forzada de Personas, Desaparición Cometida por Particulares y del Sistema Nacional de Búsqueda de Personas. Ahí se dispone que los casos de desaparición sean perseguidos de oficio y se establece una diferencia entre la desaparición forzada, como la cometida por servidores públicos o por mandato de los mismos, y la desaparición cometida por particulares, que trata de cualquiera que "prive de la libertad a una persona con la finalidad de ocultar a la víctima o su suerte o paradero", además de penas para "quien oculte, deseche, incinere, sepulte, inhume, desintegre o destruya, total o parcialmente, restos de un ser humano o el cadáver de una persona, con el fin de ocultar la comisión de un delito".

Historias que jamás debieron escribirse

Taxi climatizado

Carlos Alfredo Carvajal Santiago era delgado y medía casi 1.75 metros, usaba el cabello con mucho gel y su tía le decía "mi mohicano". Su papá fue militar y por eso quería ser soldado, así que desde muy pequeño participó en el Penthatlón, pero no lo aceptaron en la escuela militar en la capital del país por una marca de perforación en la oreja izquierda. Con sólo la preparatoria terminada, regresó a Coatzacoalcos, en el sur, a trabajar para conseguir una licencia para conducir tráiler, volverse camionero y ya no estar pidiéndole dinero a su mamá.

Su tía cuenta la historia y lo busca desde el primer día... desde hace tres años. El primer trabajo de Carlos fue en los camiones como "gritón", es decir, anunciando la ruta y el "súbale, hay lugares", luego estuvo en una pizzería y después se dedicó a lavar coches. A los 22 años, se hizo chofer de una vieja unidad de taxi que se turnaba con otro conductor parecido a él en complexión física, aunque melenudo, barbón, de cabello crespo y aspecto "sucio".

Como llevaba la cuenta puntual y se esforzó por mejorar el aspecto de su auto, los dueños del taxi le dieron una unidad casi nueva y al otro chofer le entregaron el taxi viejo, por lo que el hombre se enojó y dejó el trabajo. En cuanto Carlos estuvo en el nuevo vehículo marcado con el número económico 948, se lo fue a enseñar a su abuelita, pues hasta tenía clima. "Vas a ver que me va a ir bien, me va a ir mejor", le dijo, orgulloso. El miércoles 1 de julio de 2015 lo vieron en el semáforo del cruce frente a Plaza Sendero, su tía le dijo adiós y hasta le comentó "te ves muy bien". Un día más tarde, su abuelita le marcó porque quería ir al hospital, pero no contestó. El viernes también hubo sólo silencio; aquí es donde a su tía se le empieza a quebrar la voz. El sábado, el dueño del taxi fue hasta la casa a reclamar qué pasaba con Carlos porque tenía tres días que no entregaba la cuenta.

–Hace tres días que no viene. ¡Tiene 72 horas que Carlos está desaparecido!–, le espetó su tía al dueño del taxi. En eso se asomó la abuelita.

–¿Que está pasando?–, terció.

–Mami, Carlos está desaparecido.

El domingo pusieron la denuncia ante la Agencia Quinta del Ministerio Público y de ahí los mandaron a Tránsito para recuperar el taxi, porque lo habían encontrado.

–Usted va a recuperar el carro porque tiene seguro, yo no voy a recuperar a mi sobrino–, dijo con amargura y tristeza la tía de Carlos.

Carlos sólo tenía dos días con el taxi nuevo cuando desapareció sin dejar rastro. El otro chofer con el que se turnaba el primer taxi se fue de la ciudad días después luego de que lo fueran a buscar los ministeriales. La tía de Carlos casi suplicaba en el MP que la atendieran, pero no le querían dar información por ser su tía y no su mamá. Ocho meses después regresó a la agencia a reclamar porque ya era marzo de 2016 y no habían pedido la sábana de llamadas del teléfono de su sobrino. "Es que es un trabajo muy tedioso", le dijeron como respuesta. Tampoco pidieron los videos de cámaras de vigilancia, que sólo tienen una duración de dos meses, así que ya no existían para entonces. "Yo sí conozco, me he metido, he indagado, lo que está haciendo es negligencia. ¿Cómo es posible que a un año no haya pedido las cámaras, la sábana de datos, que haya mandado a mi hermana a pedir esa información cuando sabía que no se la iban a dar?"

Medio año después, uno de los teléfonos de Carlos apareció con actividad, su tía lo supo porque nunca borró su número. Le escribió: "¿Quién eres?" Alguien marcó de vuelta y dijo: "Este número me lo acaban de dar" y, tras una pausa, le advirtió "deja de estar chingando la madre porque ya sé quién eres".

Para agilizar los trámites, los judiciales le pidieron dinero a la mamá de Carlos: "Mire señora, sabemos que no debemos hacer eso, pero tenemos contactos que rastrean teléfonos" y le bajaron 2 mil pesos para darle "al amigo". Las mujeres regresaron a la semana, les dijeron que el teléfono de Carlos estaba en servicio en el norte, en Tampico. Al final, se pelearon con los judiciales y las amenazaron, les dijeron que dejaran de decir que estaban dando dinero, que el trato era entre ellos. Desde entonces, cada cierto tiempo, (tía y madre) van a la Agencia Quinta del MP a ver cómo va el trámite. "No hay nada, señora, no se preocupe, cuando hay algo nosotros la mandamos a llamar."

En ese entonces todavía no había colectivos de búsqueda de desaparecidos en Coatzacoalcos, así que El Solecito de Veracruz las apoyó con la ficha de búsqueda. La tía de Carlos siempre vivió en Coatzacoalcos y asegura que jamás vio tanta violencia como en estos años. "Desde que entró la Fuerza Civil aquí a Coatza, la verdad es una porquería." La vida ahora es como una cárcel: les dicen a los niños de la familia que no salgan a la plaza o al parque, porque tienen miedo de tener dos desaparecidos en la familia, pues hasta los ministeriales les han recomendado que se vayan de la ciudad. Los niños guardan las cosas de su primo y quieren construir una casita para mantener todos los objetos intactos, mientras lloran y aseguran que va a regresar su "hermano". Madre, tía y abuela creen que a Carlos lo confundieron cuando le dieron el taxi nuevo, confían en que está vivo, que él las está protegiendo, que si ya le hubiera pasado algo ya sabrían, que un día se volverán a ver y que si quieren lograrlo deben ser obedientes a Dios y sólo así se reencontrarán algún día... Ya es 2018 y su tía sigue compartiendo la ficha de búsqueda de Carlos en Facebook.

Los primeros días que el joven se esfumó, soñó con él. Fue al tercer día cuando lo vio entre sueños y le agarró la mano muy fuerte. "No te vayas", le imploró. "No te vayas, Carlos, quédate aquí, te va a pasar algo", le decía y él le contestaba "no te preocupes tía, no me va a pasar nada". Despertó. A quien ella estaba agarrando de la mano era a su mamá. La abuelita del joven taxista le preguntó qué pasa y le respondió que nada. Entonces se revolvió entre las sábanas, haciéndose la fuerte en el silencio de la noche calurosa. No dijo nada, calló y aguantó "porque si todos caemos ¿quién nos levanta?"

Vagando por el mundo

Faltaba un día para el Día del Amor y la Amistad, pero Pedro Ángel Alejandro Garfias no sabía que no llegaría a la fecha. El 13 de febrero del 2014, en pleno centro y a las 8 de la mañana, lo desaparecieron... lo levantaron.

Hasta antes del 2011, la mayor parte de las denuncias por desaparición en Veracruz hacían referencia a las personas que dejaban su casa una mañana, con maleta en mano, sin avisar que iban a iniciar una nueva vida por razones que sus familiares desconocían. Pero tras la llegada de Javier Duarte de Ochoa, se extendió un fenómeno nuevo: las desapariciones forzadas. Tal como el nombre lo dice, eran otras personas las que se llevaban a la víctima, sin que fuera un secuestro. Al principio, la Ley sólo hacía referencia a las fuerzas públicas. Con el tiempo, los grupos criminales o los funcionarios también ejecutaron acciones similares que en el argot periodístico llamamos "levantones", los cuales, casi siempre, terminan en homicidio.

–Oye, qué milagro que me vienes a ver. ¿Me voy a morir o te vas a morir tú y te vienes a despedir?–, preguntó la madre de Pedro Garfias a su hijo, ignorando la dolorosa ironía que sus palabras le representarían 72 horas después.

Cuando Pedro apenas alcanzó la mayoría de edad, abandonó su ciudad natal, Agua Dulce, al sur del estado de Veracruz, para irse a Ciudad del Carmen, Campeche, a trabajar en las plataformas petroleras. Estuvo por allá casi quince años, hasta que por cuestiones de amor regresó a su municipio de origen, donde el trabajo era escaso y mal pagado.

La mañana del 13 de febrero, el hombre de 37 años salió de su vivienda y cruzó una serie de callejones para cortar el camino hasta salir a un costado de la clínica de la Cruz Roja, en el centro de la ciudad. De repente, se encontró con unas personas que le ofrecieron 500 pesos por pegar unos volantes. La falta de trabajo lo llevó a tomar el dinero, pues no le venía mal, aunque a su vez utilizó a otra persona para hacer el trabajo a cambio de 50 pesos y así ganar 450 pesos de forma fácil. Su mamá cree que ésa fue su sentencia de muerte. "Dicen que a él le pagaron para que pusiera unos volantes de no sé qué de la (Policía) Estatal, por quinientos pesos. Pero después puso a un loquito, a quien le pagó

50 pesos. Entonces, primero agarraron al loquito y le preguntaron que quién lo había mandado a poner eso y él fue el que lo señaló."

El volante era realmente una fotocopia tamaño carta, en la que en el extremo inferior derecho estaba la fotografía de un comandante de la Policía Estatal de Veracruz. Textualmente, con todo y faltas de ortografía, decía lo siguiente:

> Este comandante de la policía estatal, que esta acargo de tu seguridad... "EL EJECUTOR" como el mismo se autodenomina, y sólo por el simple hecho de portar un arma y una placa que le da liberad para tratar al pueblo a su merced, rondando en la patrull 1500 y con apoyo de las patrullas 1035, 1230, 1579 y la patrulla 12-0906, y al momento de levantar, torturar, amenazar de muerte a todo aquel q se le haga sosprechoso o incluso hasta mujeres a las cuales viola con todos sus oficiales que tiene a su cargo, los remite al mp donde tambien estos son corruptos y extorcionan a las personas con grandes cantidades de dinero para dejarlos en libertad, por cargos falsos como portaciones de armas o drogas que en muchas ocasiones el mismo se las pone a los detenidos, pero peor aun a personas inocentes que al no aguantar las "calentadas" de estos sanguinarios muere y los desaparecen, sin que sus familias puedan decir algo ya que este "EJECUTOR" los amenaza de muerte y tanta es la impunidad con la que trabaja que para dar proteccion a cobra una cuota de 22mil pesos a locales y cantina, escuandandose al decir que pertenece al "CDG" (cartel del golfo) lo cual hace pensa que muchas de las desapariciones que se han sucitado en los municipios de Las Choapas donde denunciaron la desaparicion del joven Daniel V. G. por policías del estado. Su cuerpo fue encontrado 24 horas después en el municipio de Ixhuatlán del Sureste a cargo de la patrulla 1500, porque no es falso que tenga denuncias por

> desapariciones... al igual de la señora Olga L. S. G. que desaparecio a merced de los estatales en las patrullas 1500 y 12 0906, estando ella embarazada, ademas de tener denuncias previas desde cordova y orizaba junto al mp Adrian A. por extorcion y desapariciones de gente este ultimo procedente de San Andres Tuxtla y para evitar conflictos los mandaos a las choapas, donde han desatado una ola sangrienta detemor y sufrimiento a gente inocente. ¡esta es la seguridad que tienes a cargo de tu familia?

Pedro, supuestamente, ni siquiera leyó el texto. Tras delegar su trabajo a otra persona, siguió su camino, en el que encontró a viejos amigos que lo invitaron a beber, pero dijo que no quería, pues iba a ir a buscar trabajo al campo petrolero "Rabasa". En ese momento, tres hombres llegaron caminando en dirección a él, pero los ignoró porque no los conocía. Dispuesto a seguir su camino, notó que lo seguían de cerca hasta que lo sometieron por detrás. Con un poco de habilidad, se zafó de su captor y se escurrió dentro de la casa de un familiar que vivía en esa colonia, aunque para su desgracia, lo siguieron hasta el interior. Los hombres accionaron sus armas y los primeros balazos hicieron añicos los cristales de la ventana de la planta alta y otros se incrustaron en las paredes, pero uno alcanzó a herir a Pedro en el hombro.

Salió por el callejón hasta llegar a la calle principal de Agua Dulce, cruzó la vía y se refugió, herido y sangrando, en el consultorio de una Farmacia de Similares. Apenas iban a revisar si la bala se había alojado en los músculos o si había salido, cuando los hombres armados entraron, lo tomaron frente al médico, lo subieron a un coche y desaparecieron con él.

Un par de semanas más tarde apareció una "narcomanta" colgada afuera de una escuela secundaria, dedicada a "El Ejecutor", en la que con letras grandes lo señalaban: "Responsable de secuestros, extorsiones y desaparecidos de la zona sur en complicidad con los policías estatales de las patrullas 1500 y 1035."

La desaparición de Pedro no fue una excepción, formó parte de una ola de "levantones" que se extendió entre Las Choapas, el municipio más grande de Veracruz, y Agua Dulce, ciudad con fuerte actividad petrolera. Al menos una docena de personas desapareció entre el 11 y el 13 de febrero de ese 2014. Semanas después encontraron a ocho con vida en la carretera La Tinaja-Sayula de Alemán, un poco más al norte. Pedro no estaba entre ellos. A su mamá le contaron que recordaban a alguien herido del hombro, pero dieron la orden de no liberarlo y ella cree que se trataba de él, aunque no le pudieron brindar más características porque los tuvieron vendados la mayor parte del tiempo.

"No pierdo la esperanza de verlo vivo", clamó su madre, quien mantiene la foto de su hijo junto a una veladora. "Vivo o muerto", llegó a decir, ya resignada. "Nada más quiero que aparezca, para dejarlo «de perdida» donde está el otro [hijo fallecido] y que ya no ande vagando por el mundo."

Al año siguiente de su desaparición, su familia aún creía que estaba con vida, que quizá lo habían obligado a quedarse y trabajar y que por eso no podía volver. Esa incertidumbre es la que mata, la que permanecerá mientras no sepan si está vivo o muerto. "Mami, he soñado con mi tío Pedro. Soñé que nos lo encontrábamos en el camino y nos decía que había estado trabajando en Chiapas y que traía sus ahorritos", le dijo un pequeño a su madre, hermana de Pedro. Pero ella negó con la cabeza. Ya vio suficiente muerte y visitó depósitos de cadáveres, hasta llenarse con el olor de la tragedia sin tener aún un cuerpo al cual llorarle. Entonces, las dos mujeres más cercanas a Pedro al fin se resignaron y le dedicaron un adiós prematuro. El último adagio promete un poco de alivio para el alma: "Nos volveremos a ver un día, hermano, en el más allá."

Laura y Laura

Hay dos Lauras: una está muerta y la otra vivió meses buscándola y, luego, peleando para recuperar su cadáver.

Laura Soveira y Laura Adriana Muñoz Castor pasaron los primeros seis años de vida en una comunidad rural llamada Nopaltepec, Cosamaloapan, en Veracruz, justo en el centro cañero del estado, pues su papá se dedicaba a fumigar los cañales hasta que en 1993 murió en un accidente aéreo. Las dos niñas regresaron a su natal Coahuila. Cuando Laura Soveira tenía 13 años, apenas con la secundaria a medias, se casó y a los 15 años tuvo su primer hijo. Su hermana estudió hasta convertirse en maestra.

Luego de su segundo hijo (a los 20 años), Laura Soveira los dejó con sus suegros y, tras separarse de su pareja, llegó a Poza Rica, Veracruz, una ciudad del norte del estado donde la influencia huasteca se percibe a través de su gastronomía, con abundantes locales de comida en donde se sirve zacahuil, bocoles o enchiladas.

"A mi mamá se le acabaron los nombres", comenta Laura Adriana y ríe un poco al recordar que, a pesar de que una exnovia de su padre se llamaba Laura, a su mamá le gustó tanto el nombre que decidió nombrar así a las dos niñas. Pero sus vidas fueron diferentes: mientras una daba clases, la otra, "Chove", como le decían de cariño, atendía una sucursal de una cadena de carnicerías en Poza Rica, donde conoció a Alonso con quien entabló un noviazgo.

Se fue a vivir con sus nuevos suegros y tuvo un nuevo embarazo. Le preocupaba perder su empleo, pues era el que le daba Seguro Social, mientras su pareja (según se dedicaba a rentar maquinaria) no salía a trabajar y pasaba gran parte del día con el celular en la mano.

El 7 de enero de 2016, casi a las 4 de la tarde, sonó el teléfono en la casa de Coahuila: "Mamá, está haciendo «norte» y Fernanda anda malita y yo me siento muy cansada, pero la voy a ir a dormir para descansar yo. Más tarde te marco." Era el último año de Javier Duarte de Ochoa y la violencia en Veracruz ya se había instalado hasta la raíz. Poza Rica figuraba por sus desapariciones, secuestros y enfrentamientos armados en las calles principales.

Dos días más tarde, Laura y su madre estaban sorprendidas porque no habían recibido llamada alguna desde Poza Rica, pues no era normal que la otra Laura no se comunicara en tanto tiempo. Entonces, como si les hubieran leído la mente, llegó uno de sus primos para contarles que los padres de Alonso, la pareja de "Chove", llamaron y pedían con insistencia que les marcaran.

Pitido largo, silencio corto, otro pitido largo, silencio y descolgaron.

–¿Qué pasó? –preguntaron a la voz que saludó desde tierras veracruzanas.

–Ay señora, es que Laura no aparece –contestaron con prisa–. Laura y José Alonso están desaparecidos desde las 6 de la tarde. Fueron a una parcela juntos y nunca regresaron. Como estaba haciendo norte iban a meter los animales. Mi otro hijo les está marcando y no contestan.

Laura Adriana llegó como pudo hasta Poza Rica para interponer la denuncia por desaparición porque la familia de su cuñado no logró iniciarla al no ser familiares directos. Como ocurrió en otros casos de desaparecidos, la Fiscalía General del Estado (FGE), entonces dirigida por Luis Ángel Bravo Cortés, omitió solicitar a la compañía telefónica la sábana de llamadas del teléfono de la joven desaparecida. Más bien, les dijeron que sí, que la iban a pedir, pero no lo hicieron. En los siguientes meses, a veces encontraba el teléfono de su cuñado "en línea" o sus redes sociales activas y le escribía, en vano, preguntándole qué había pasado, con respuestas que nunca llegaron.

Así que se unió al colectivo Familiares en Búsqueda María Herrera, que le brindó auxilio no sólo en orientación y trámites, sino también apoyo moral que, muchas veces, es el que más necesitan. No había semana que no compartieran la ficha de búsqueda:

su hermana vestía una blusa azul y sonreía. Entonces, la noche del jueves 15 de diciembre de ese año, a 11 meses de búsqueda, la familia recibió una llamada de la Fiscalía de Veracruz donde les informaron que un cuerpo enviado a la fosa común del panteón de Palo Verde, Xalapa, tuvo resultados positivos en las pruebas de ADN. Por dentro, la maestra se partió en dos: esperaba que no fuera ella, pero también sintió paz por haberla encontrado.

Dos días más tarde estaban en Veracruz e identificaron a "Chove", su mamá y su hermana, por una cicatriz en la barbilla, la ropa interior y la forma de sus dientes, a través de fotos macabras. A Laura y su pareja los asesinaron días después de su desaparición. Encontraron sus cuerpos en un basurero ubicado en el municipio de Emiliano Zapata, a menos de medio kilómetro de la Academia de Policía de "El Lencero", gracias a los zopilotes que sobrevolaban ansiosos. El número oficial de cuerpos por parte de la Fiscalía fue de tres, pero según las fotos difundidas en los medios de información (todavía se pueden ver en Internet) se habló de unas 12 osamentas. En las imágenes, cuerpos inflados y negros por el proceso de descomposición estaban revueltos con tierra y ramas quebradas de árboles flacos que se confundían con fémures sueltos y otros cadáveres en donde la piel ya estaba pegada al hueso o había dejado limpio el cráneo ebúrneo. Algo así como un campo de exterminio. Apilada la muerte vieja con la muerte fresca. Entre esa pila estaba Laura Soveira con todo y sus seis meses de embarazo.

La familia descubrió con amargura que los resultados de los estudios genéticos estuvieron listos desde agosto, pero les avisaron hasta diciembre y venían las vacaciones. "¿Sabe qué? Se atraviesan festividades navideñas, Salubridad se va de vacaciones y regresan el 5 de enero. ¿Por qué no se da su vuelta para entonces?" Las trataron como si fueran a recoger pan y no restos humanos.

Pasaron los días. No podían regresar a Coahuila con el cuerpo por lo que no hubo más opción que retornar y contestar las preguntas de los hijos huérfanos sobre cuándo llegaría el cuerpo de mamá. Si bien la desaparición ocurrió con Duarte, la demora en la recuperación pasó en el Gobierno de Miguel Ángel Yunes Linares, con Jorge Winckler Ortiz como Visitador general.

Su muerte y traslado incluso fue presumida por el Gobierno del Estado. Veracruz participó en la Iniciativa para el Fortalecimiento de la Institucionalidad de los Programas Sociales del Programa de las Naciones Unidas para el Desarrollo (PNUD) que convoca a los gobiernos a registrar las ayudas sociales que otorgan. Aunque esto ocurrió entre el 2016 y 2017, el 22 de marzo del 2018 el Gobierno subió a la plataforma una lista de 1,070 beneficiarios de distintos apoyos, entre los que destaca el nombre de Laura Soveira Muñoz Castro bajo el concepto "gastos funerarios".

Laura y su mamá regresaron una última vez a Veracruz. El 5 de enero de 2017 estallaron las protestas por el aumento a la gasolina y tardaron más horas en arribar a un estado convulsivo en donde también se dieron los saqueos por montón. Tarde, pero llegaron a la exhumación para retornar con los restos de la otra Laura, la desaparecida, buscada y encontrada muerta en un basurero asaltado por buitres. Al menos ya tienen la certeza de que descansa en paz. La Laura que sobrevive añora la arena café y las aguas azul-plateadas del puerto, ese mar "bonito" que ya no corresponde al Veracruz que conoció. Si regresó aquí fue por su hermana, pero después de partir su respuesta fue lacónica: "No quiero regresar nunca más a Veracruz."

Destruyendo hogar

Perla Damián Marcial le echó una mirada recelosa a los policías estatales que aguardaban en contraesquina del "Tranvía del Recuerdo", frente al Parque Zamora, en el centro de Veracruz.

–No todos tienen la culpa –comenzó a decir, sin quitarles los ojos de encima–, pero en vez de haber cuidado a los ciudadanos, nos empezaron a "levantar".

Han pasado casi cinco Navidades desde que Víctor Álvarez Damián, su hijo, de entonces 16 años, fue desaparecido por elementos de Seguridad Pública de Veracruz bajo el mando del "Capitán Tormenta", Arturo Bermúdez Zurita.

Entre el 6 y 11 de diciembre de 2013, diez jóvenes fueron sacados de la colonia Formando Hogar (nombre irónico, porque desde entonces quedaron varias familias destruidas). Era el auge del operativo "Veracruz Seguro" que generó reacciones populares, frases que se volvieron parte de la vida del veracruzano como "ese operativo, de «seguro» no tiene nada" o "de «seguro» te levantan".

Meses atrás, entre agosto y octubre, se habían disparado los asaltos en la colonia Costa Verde, de Boca del Río, alrededor de los edificios de las facultades de Ingeniería, Educación Física y del campus Mocambo de la Universidad Veracruzana, donde la mayoría de las víctimas fueron estudiantes. La molestia de los jóvenes fue tal que terminaron presionando a las autoridades educativas y el 22 de octubre llegó Arturo Bermúdez, el Secretario de Seguridad Pública, al auditorio de la Facultad de Ingeniería de la UV. Al día siguiente, a pesar de que pusieron un desplegado de seguridad en las calles aledañas, un hábil ladrón robó las computadoras de cuatro alumnos dentro de las instalaciones.

En ese entonces, yo estaba en último semestre y todos los días caminaba hasta la Facultad de Comunicación. Los estudiantes estaban hartos porque los directores de las distintas carreras se quedaron de brazos cruzados, pese a los reclamos.

Entre los robos se llevaron un iPod y cuando lo trataron de conectar a la red de internet inalámbrico, el dispositivo se bloqueó y pudieron dar con la ubicación del aparato a través de una aplicación de búsqueda. Así los estudiantes de la UV descubrieron a la "Banda Icazo", llamada así por la calle Francisco de Icazo, de la colonia Formando Hogar. Circularon fotos de Metroflog y Facebook donde se veían muchachos que se identificaban como parte del grupo. Al parecer, a partir de ahí, la Policía se basó para realizar detenciones extrajudiciales. Entre las características de los jóvenes asaltantes se decía que vestían ropa tipo deportiva con grandes logotipos como "Nike" o "Adidas", eso provocó que muchos otros jóvenes (que nada tenían que ver con esa banda o los asaltos) por el hecho de vestir con ese estilo se convirtieran en blancos de detenciones y chivos expiatorios para una corporación que no daba resultados en materia de seguridad.

Un mes después llegaron Policías Estatales, "Avis" (Policías Ministeriales, entonces Agencia Veracruzana de Investigación, AVI), Policías Navales y camionetas tipo Suburban, sin logotipos, a la colonia Formando Hogar y se llevaron a más de una decena de jóvenes "todos parejo". Algunos sólo por aparecer en las fotos, aun cuando fuera una cuestión de amigos en una zona popular donde todavía el barrio conforma una identidad social. Se los llevaron sin investigación ni procedimiento judicial para determinar si eran responsables de un delito o no. Los padres no descartaron que la Policía levantó inocentes como parte del operativo. Sus hijos eran amigos de otros muchachos de la colonia, jugaban fútbol, tomaban los fines de semana y salir en las fotografías fue su sentencia.

Cinco días antes de se llevaran a Víctor Álvarez, el hijo de Perla, quien trabajaba en un taller mecánico realizando cambios de aceite, la Policía Estatal ya había hecho detenciones y desapariciones forzadas. Algunas incursiones ni siquiera fueron en la noche, apenas pasaba del mediodía cuando los uniformados entraban a las casas rompiendo puertas o se llevaban a jóvenes de sus trabajos, como le pasó a Víctor al filo de las 2 de la tarde.

Pareció más un secuestro que una detención policíaca, hasta ocultaron exprofeso los números de las patrullas. Algunos quedaron libres tras pagar su multa administrativa, pero otros desaparecieron después de tocar la cárcel. Los desapareció la Policía. Uno de los jóvenes levantados le aseguró a Perla que vio a Víctor en la batea de una de las patrullas. Él sí logró regresar, el otro no. Los que sobrevivieron, prefirieron quedarse callados o irse del barrio.

A raíz de aquel operativo, seis jóvenes son buscados hasta la fecha (Víctor Álvarez, Darío Miguel, Jonathan Mendoza, José Cortés, Marco Ramírez y José Cruz), pero sus casos sólo obtuvieron relevancia cuando Perla Damián se unió al Colectivo Solecito, que dirige Lucía Díaz. Ahí, Perla aportó todo lo que había investigado por cuenta propia, se preparó en cursos de antropología forense y terminó formando parte de la búsqueda en campo en Colinas de Santa Fe, el terreno que comprende la fosa clandestina más grande de América Latina. A través de El Solecito se acercaron abogados interesados en el tema de las desapariciones forzadas y el caso de Víctor llegó hasta la Organización de las Naciones Unidas (ONU) con otras investigaciones que expuso el colectivo en conjunto con Litigio Estratégico en Derechos Humanos (IDHEAS) en 2016. La ONU aceptó los casos y emitió las recomendaciones hacia las autoridades veracruzanas, pero no se reflejó algún avance o interés.

El 31 de mayo de 2018, a cinco años de búsqueda, IDHEAS anunció que se promovió un Juicio de Amparo por indebida investigación y logró que el Juzgado Tercero de Distrito con sede en Veracruz dictara una sentencia a favor de la víctima: según la resolución 952/2017 se ordenó al Fiscal que realizara "una investigación seria, imparcial y efectiva" y "disponer todas las diligencias pertinentes para identificar los restos encontrados en aquellos lugares que la autoridad reconozca como fosas clandestinas, tanto en el Estado de Veracruz, como en el resto del país, requiriendo la colaboración de las diversas procuradurías, para realizar una búsqueda e identificación exhaustiva atendiendo lo establecido por los estándares internacionales en la materia". Y aunque el juicio de amparo contra la Fiscalía se hizo en tiempos de Luis Angel Bravo, Jorge Winckler lo impugnó.

A estas alturas, Perla, una de las buscadoras más activas de El Solecito, ya no sólo busca a su hijo y a sus vecinos de Formando Hogar sino a cientos de personas más que han sido desaparecidas en la última década. "Ni yo misma lo sé", contestó a la pregunta de por qué se llevan a las personas en Veracruz, "pero nuestra causa es buscarlos" y le lanzó una última mirada a los policías vestidos de azul marino que esperan a que cientos de madres comiencen la marcha por el Día del Desaparecido. Una total ironía para ella: protestar por las calles céntricas de Veracruz escoltadas por una patrulla de la misma corporación que hace un lustro le arrebató a su primogénito.

La muerte bajo tierra

De la mano de las desapariciones surgieron las fosas clandestinas, sitios donde enterraban los cuerpos para ocultar el crimen o para que no se revelara la ubicación de la persona. De hecho, lo peor de la desaparición forzada o cometida por particulares es la incertidumbre, el no saber si está vivo o muerto, el no saber dónde está su cuerpo. La mayoría de las madres de los colectivos, que llevan años rastreando a sus familiares, busca un cadáver. Sólo quieren un cuerpo para enterrar, un lugar para llorar, la bendita certeza que borre las preguntas.

Las fosas son la consecuencia de la desaparición. En la noche más oscura de Veracruz, ya ni hablamos de entierros clandestinos, sino de hogueras o molinos para reducir los huesos a cenizas o triturarlos hasta hacerlos polvo.

Como sucede con las desapariciones, no hay un registro oficial de cuántas fosas hay en Veracruz. El Fiscal General Jorge Winckler Ortiz, en su comparecencia a finales de 2017 (video público en internet), dijo que "hasta 2017" se habían descubierto 343 fosas en 44 municipios. Se exhumaron 225 cuerpos, 335 cráneos y más de 30 mil restos óseos, esto último imposibilita saber el número exacto de seres humanos. Datos obtenidos de la CNDH por parte de las autoridades veracruzanas expusieron que entre 2007 y 2016 se localizaron 212 fosas clandestinas, la mayoría en Veracruz, Xalapa, Coatzacoalcos, Agua Dulce, Tres Valles y Pueblo Viejo.

Junto al fenómeno de las desapariciones, los hallazgos de fosas clandestinas tuvieron un auge tras el arribo de Javier Duarte al poder: en 2010 hubo una fosa; en 2011 aumentó a 31; en 2012, 37; en 2013, 26; en 2014, 48; en 2015, 39; y sólo en 2016 disminuyeron a 9, aunque ese año se reveló el caso del rancho "El Limón", un cementerio clandestino.

En 2017 el número casi se duplicó por el descubrimiento del entierro masivo en Colinas de Santa Fe, al norte del puerto de Veracruz. Es la fosa clandestina más grande de América: 154 fosas (y buscando), al menos 295 cráneos y más de 15 mil fragmentos óseos. Y no sólo está Santa Fe, también se documentaron lugares como el rancho "La Gallera", al norte del estado; las fosas de Arbolillo, en Alvarado, y otras ubicaciones de terror en donde ya no se encuentran cuerpos, ¡sino pedazos de seres humanos! Muchas de estas cifras son aproximaciones y es posible que, como en el registro de los desaparecidos, el número verdadero supere varias veces lo que hasta ahora se ha contabilizado. Por eso, el padre Alejandro Solalinde Guerra, activista de los Derechos de los Migrantes, no pierde la oportunidad de referirse a Veracruz como "un fosario".

La indolencia de las autoridades estatales es tal que, aún con el conocimiento de las ubicaciones, la búsqueda de desaparecidos y fosas no es prioridad. Erick Cadena cargaba a su hija cuando lo sacaron de su casa en medio de un mar de gritos, palabras altisonantes y amenazas. Fue el primer caso de 2014 para Agua Dulce, al sur del estado. Nueve meses después, desde afuera de la puerta de la casa gritaron que si querían saber dónde estaba el cuerpo, tenían que buscarlo en un rancho a las afueras de la ciudad y proveyeron datos exactos para localizarlo. La familia acudió al Ministerio Público. Una mañana antes de acabar noviembre, los agentes realizaron una tímida búsqueda con una triste pala en un terreno de varias hectáreas. Tras cavar al azar les dijeron que regresarían mañana con maquinaria, pero el agente ministerial nunca volvió ni ordenó seguir la búsqueda. Y ahí sigue el cuerpo y, sepa Dios, cuántos más.

El Gobierno de Javier Duarte ocultó el número exacto de fosas y desaparecidos. Miguel Ángel Yunes Linares repitió su ejemplo. Peor aún, el patiño que ocupa la Fiscalía azul, Jorge Winckler Ortiz, llegó al grado de apuntarse como un logro el descubrimiento masivo de fosas como en Alvarado, en septiembre de 2018. Todavía más cínico, no pasó la oportunidad de tomarse una foto con el "Equipo FGE", todos sonrientes, en el terreno lacustre que resultó ser un megacementerio clandestino donde se encontraron decenas de credenciales, identificaciones, ropa de niños y mamelucos de bebés.

Ahí radica la importancia documental que ejercen los periodistas veracruzanos. Sólo queda contabilizar cada uno de los casos, cuando se estima que muchos ni siquiera son denunciados y otras tantas decenas de fosas no han sido ubicadas. En algún lugar deben estar esos miles de desaparecidos aguardando a ser descubiertos. Sí, en algún lugar esperan, todos ellos, justo bajo nuestros pies.

En Veracruz la realidad supera cualquier ficción: hay más fosas que municipios y eso que el estado tiene 212. ¿Cómo desaparecen tantas personas? ¿Cómo se ocultan miles de cráneos, fémures y pelvis? No hace falta pensar en Auschwitz o alguno de los horrores de la Segunda Guerra Mundial, porque hemos visto estampas peores en las ciudades que creíamos conocer de toda la vida.

Hay fosas pequeñas, masivas, desapercibidas y famosas. Se han exhumado cuerpos putrefactos, "momificados", huesos y hasta fragmentos óseos reducidos en molinos de caña o incinerados antes de ser enterrados. Así termina un desaparecido en Veracruz. Éste es el menú de la muerte. Las pocas posibilidades de encontrar un cuerpo o una osamenta en los 71 mil kilómetros cuadrados del territorio estatal se diluyen hasta rozar a cero. Hallar a alguien resulta casi imposible. No sólo es acabar con la existencia, va más allá de la ejecución, en Veracruz la gente desaparece hasta el último milímetro de hueso.

"El Malo"

Hay cosas que no olvidaré nunca. El olor de un cadáver en la tierra húmeda es una de ellas. A finales de agosto de 2014, por WhatsApp me avisaron que tenía que regresar al lugar donde el día anterior habían buscado fosas sin encontrar nada, pero esta vez era positivo. Según el expediente del caso que consulté años después, la Policía Estatal dio con ellas después de una llamada anónima.

Para llegar al rancho "El Malo" atravesé la ciudad y tomé la carretera hacia la última playa del sur de Veracruz. En el único camino disponible me topé con patrullas de la Policía Estatal. Todos íbamos hacia el mismo destino por una brecha de terracería oculta bajo una arboleda que partía del lado derecho de la carretera Agua Dulce-Las Palmitas. Eran las cuatro y media de la tarde, el Sol comenzaba a bajar en el horizonte y el camino ya se veía algo oscuro. Decidí ir a pie, siguiendo la estela de patrullas que ingresaron al paraje. Caminé unos 10 minutos, pensando, de cuando en cuando, que quizá ya me había perdido. Llegué a una parte tan angosta que apenas pude pasar entre el cerco y la patrulla de la Estatal. Ahí, enfrente, había una cinta roja que advertía "Peligro".

En el lugar deambulaban el titular del Ministerio Público y policías estatales, municipales y ministeriales, estos últimos iban de civil con sus armas al cinto o con fusiles colgando en la espalda.

"Ahí vienen los sapos", gritaron entre sí los estatales al referirse a la llegada del Ejército Mexicano. "Esos no sirven para nada aquí, nada más son cuidaductos", se dijeron entre dientes, despectivos, mientras los de verde se acercaban hasta cruzar la línea policíaca.

Un perito de bata roja con letras blancas entró a un terreno tupido de maleza y platanares. Poco después el olor inundó la zona. Era el aroma de la muerte, agrio, que mezclado con el petricor penetró en las fosas nasales e impregnó hasta los bronquios. El olor a putrefacto nos aseguró que había un hallazgo positivo.

Un policía se acercó hasta el cordón y me ofreció agua; moría de sed, así que aspiré, aguanté el aire y bebí rápido. Luego, por mensaje, otro me iba informando cuántos iban. Uno, dos. Dos cuerpos y una osamenta. La tarde cayó y los mosquitos nos hicieron su botín. Un uniformado de azul oscuro llegó con el rostro tan cubierto que apenas se le veían los ojos. Me saludó con familiaridad y en seguida notó que no lo reconocí. "Mi nombre empieza con «D»", dijo y regresó al trabajo de las fosas. En cuanto se fue, el otro encapuchado que custodiaba el cintillo me confesó: "Es el delegado."

La tarde se fue muriendo. Sentía que la ropa, el cabello y las uñas apestaban a muerte. Para entonces ya me había acostumbrado un poco al olor, pero desde esa vez mi sentido del olfato se ha minado. Jamás he vuelto a sentir la muerte tan cerca y literal. Los peritos que llegaron desde Coatzacoalcos comenzaron a salir cuando la noche ya se había instalado. Para entonces, las fotos ya habían corrido por WhatsApp. Dos cuerpos sin cabeza: uno con las manos atadas a la espalda y otro maniatado hacia adelante. La tierra los había empanizado, estaban desnudos, parecían hombres de lodo. Las fosas no eran muy profundas, cerca de un metro y a la orilla del camino. Quienes lo hicieron, querían que los encontraran. Eran taxistas de Las Choapas. Una de las cabezas la colocaron sobre un plástico transparente; el cráneo todavía conservaba algo de cabello y aunque la piel ya estaba necrosada y no había ojos en las cuencas, la nariz aguileña era reconocible al compararla con la foto de uno de los taxistas en vida. Fue escalofriante notar cómo luce alguien en vida y cómo se ve su rostro exánime, descomponiéndose.

Todos comenzaron a abandonar el camino. Tenía que regresar un kilómetro sobre mis pasos, sola, de noche, hasta la carretera asfaltada que iba a la ciudad. El delegado, a quien por fin reconocí, me dijo que me subiera a la patrulla doble cabina, atrás, y me dejó en la carretera. Casi no hablamos en esos minutos; ya sin la capucha, su rostro lucía cansado, algo fastidiado. Ellos descubrieron la fosa, pero días después a él y todo su equipo los cambiaron de región por influencias de un cacique diputado iracundo (porque detuvieron a sus escoltas armados).

Fue la última vez que se buscó en ese rancho. De hecho, fue la última vez que se hizo una búsqueda de fosas en Agua Dulce (el tercer lugar estatal en fosas de una reñida competencia de municipios), donde hay más de una decena de personas desaparecidas y existen numerosas ubicaciones que quizá guarden restos humanos.

De regreso a la ciudad, mientras iba manejando, pensaba en cómo escribir la noticia. Ya eran las 8 de la noche y en la redacción me esperaban con la información que sería "la de ocho". Quise vomitar. Me recriminé por no haber llevado el "kit antifosas" que había ideado ante el aumento de estos hallazgos, con guantes, cubrebocas e inhalador de Vick Vaporub, pero no lo armé porque creí que ya no lo utilizaría. Todavía hoy sigo sin cargarlo porque quiero convencerme de que no lo necesitaré.

Al día siguiente, en medios nacionales apareció la noticia de que Luis Ángel Bravo Contreras, el "Fisculín" como lo bautizaron los periodistas, negó las fosas del rancho "El Malo" en Agua Dulce, dijo que era "rumorología". ¡¿Qué?! ¡Si aquella noche, antes de escribir, tuve que bañarme y frotar con fuerza sobre la piel para eliminar todo rastro del olor a muerte! ¡Si dormí con la idea de que todavía estaba presente en mí! ¡Y éste venía a decir que todo era falso! ¿Qué fue entonces lo que vi, lo que viví en ese lugar? Las autoridades acordonaron, entraron peritos, sacaron bolsas. Familias recibieron los cadáveres. Dos se identificaron, la osamenta nunca se aclaró de quién era, pero tenía más tiempo enterrado. Fue la estrategia del Gobierno de Duarte, el "aquí no pasa nada". La noticia se olvidó y fosas más grandes y con más cuerpos sustituyeron la atención de los medios. Cuando parece que no puede haber una más grande, surge otra peor. Si Elena Poniatowska escribió en *La piel del cielo* que "tal parecía que México era una inmensa garnacha friéndose al Sol", Veracruz más bien sería un queso gruyere por aquello de que ambos están llenos de huecos. Hay cosas que no se pueden olvidar. Yo nunca olvidaré ese día porque a mis 23 años comprendí que estábamos parados sobre una pesadilla. Una a la que apenas le arañábamos la superficie y pronto nos engulliría.

Amatlán de los Reyes

La prueba de fuego de la primera Brigada Nacional de Búsqueda ocurrió en 2016 y tuvo como base Amatlán de los Reyes, parte de la ruta del café veracruzano, ubicado en la zona de las Altas Montañas, entre Atoyac, Yanga, Fortín y Córdoba.

Entre el 11 y 21 de abril y el 18 y 28 de julio, integrantes de la Red de Enlaces Nacionales realizaron la primera y segunda Brigada Nacional de Búsqueda de Personas Desaparecidas en las que participaron colectivos de Coahuila (Grupo Vida), Chihuahua (Justicia para Nuestras Hijas), Guerrero (Los Otros Desaparecidos), Querétaro, Sinaloa (Voces Unidas por las Vida-Sabuesos), Baja California (Asociación Unidos por los Desaparecidos) y Veracruz (Colectivo de Familias en Búsqueda Orizaba-Córdoba). En la primera jornada encontraron 12 fosas con restos óseos, ropa y objetos personales. En la segunda se ubicaron 7 fosas con hallazgos de restos óseos.

Mario Vergara Hernández es de Guerrero y desde hace años busca a su hermano Tomás, "Tommy" Vergara, secuestrado el 5 de julio de 2012. Denunciaron a través de la SEIDO y solicitaron prueba de vida, que los secuestradores nunca mostraron, de modo que no se pagó el rescate. Al final, le mandaron un mensaje: "Te vas a arrepentir y nunca vas a encontrar a tu hermano." Mario no buscó al inicio por miedo, pero cuando en 2014 ocurrió la desaparición de los 43 normalistas en Iguala, los medios de comunicación voltearon hacia Guerrero y el fenómeno de las desapariciones. Así nació "Los otros desaparecidos". Comenzó a buscar, impulsado por el ejemplo de los papás de los 43 que encontraron fosas con cuerpos calcinados, un horror sembrado en la tierra que también mantiene oculta a Tommy.

Mario inició su participación en la búsqueda en campo. En los cerros de Iguala encontraron fosas con más de 200 cuerpos y 3 mil fragmentos óseos. Para este guerrerense las desapariciones no tienen un motivo concreto: "Te pueden desaparecer o levantar o secuestrar por cualquier cosa. Porque tienes dinero, porque le caes mal a alguien." Incluso, en una ocasión, gente de la PGR "explicó" que desaparecen personas porque usan un tipo específico de ropa o calzado: "Ya descubrimos que la gente desaparece aquí en Iguala porque usa tenis blancos y botas negras." Mario pensó que era una idiotez, "me encabroné y les dije cómo es posible que digas eso".

Un buen día, Mario y Juan Carlos Trujillo se conocieron, esto emocionó a Mario porque se dio cuenta de que en otros lugares también había personas buscando a sus desaparecidos, él no era el único. Para Juan Carlos, Veracruz tiene un lugar especial en su agenda, pues las desapariciones de dos de sus cuatro hermanos ocurrieron en el norte del estado. "Veracruz era un estado que venía de una gubernatura de Fidel Herrera que es una persona altamente relacionada con el crimen organizado y éste a su vez deja como heredero político a Javier Duarte; era importante trabajar dentro de Veracruz", me explicó Trujillo.

Organizar la Brigada no fue sencillo. Primero tuvieron que superar el miedo, eso resultó fácil, ya que en ellos fue más poderoso el deseo de generar una acción, de tener resultados que esperar a una solución que no llegaría de otra forma. La idea tuvo un buen recibimiento a nivel nacional y Juan Carlos confesó que, aunque la mayoría de las familias que participaron sabían que ahí no iban a encontrar a sus desaparecidos, estuvieron de acuerdo en compartir su amor y tiempo.

La primera Brigada fue un parteaguas en Veracruz porque fue el primer proceso de búsqueda directa por parte de ciudadanos. La trayectoria que Mario Vergara desarrolló como buscador también significó un aliciente para la actividad que se venía por delante. Él no era "gente de campo", pero aprendió de los compañeros que sabían diferenciar las áreas en donde el terreno había sido removido de forma reciente, "así te das cuenta que había gente enterrada". La PGR les prohibió que escarbaran porque "contaminarían la escena", pero no era por eso, sino porque no querían que México y el mundo se diera cuenta de la magnitud de la crisis, agregó Mario.

Los buscadores de Guerrero desarrollaron una técnica para encontrar los cadáveres: la varilla.

Donde creían que había fosas metían una varilla y cuando ésta salía con olor putrefacto sabían que habían dado con restos. Mario tomó el primer modelo de varilla que se usó en las búsquedas y la mejoró al ponerle una rueda en una punta para que pudiera ser golpeada con un marro y luego replicó más varillas porque no lo dejaban excavar. "Entonces el Gobierno dijo que no podían usar la varilla porque estaban dañando el cuerpo. Con el tiempo te das cuenta de que el Gobierno mexicano no quería desenterrar la verdad de este país; como decía el padre Solalinde, México es una gran fosa."

En abril de 2016 Mario, Juan Carlos Herrera y Aracely Salcedo, con un nutrido grupo de buscadores, llegaron a Amatlán de los Reyes, un pueblo veracruzano de poco más de 42 mil habitantes al pie de la Sierra de Zongolica. Las revistas de viajes presumen y aseguran que en esa ciudad se plantó la primera mata de café de México. También se sembraron cuerpos.

Hay que resaltar que el éxito de la primera Brigada dependió del apoyo de la Iglesia de los Santos Reyes, del padre Julián Verónica Fernández. Durante sus misas, le habló al pueblo y presentó a los buscadores que escarbaban en fosas clandestinas para encontrar a sus familiares, por lo que la figura del párroco les dio apoyo y respaldo ante la sociedad. En lugar de limosnas, comenzaron a llegar papeles con información, mapas dibujados a mano o historias de algún campesino que tiempo atrás encontró unos huesos, los volvió a enterrar, luego el crimen le quitó su tierra de trabajo y, al menos, quería que les dieran cristiana sepultura. La gente no se atrevió a hablar con los buscadores, pero sí con el sacerdote, al que le entregaron los croquis o le confesaron las ubicaciones. La Brigada no hubiera tenido éxito sin esta ayuda, porque esa parte de Veracruz es una ruta inapropiada y desgastante ya que, según Mario, no hay forma de localizar fosas porque siempre "está verde", hay demasiada maleza.

Liliana Jiménez, del colectivo Familias en Búsqueda Orizaba-Córdoba, participó en las primeras dos brigadas en tierras veracruzanas. Describió que en la primera jornada el grupo llegó a un predio conocido como La Pochota, atrás del ingenio "San Miguelito", en Córdoba. La avanzada peinó el campo y después se unió el resto de la brigada, unas 50 personas en total. En este lugar encontraron mucha ropa, algunas con rastros de sangre y otras casi intactas. "La ropa no llega sola a los cerros", opinó Mario, "es algo horrible, la ropa es como los huesos, nos dice lo que pasaba, lo que sucedía. Encontrar es como escribir lo que pasaba. Ropa rasgada, con orificios". Después les explicaron que no necesariamente era de personas ejecutadas. Mientras algunos revisaron en las inmediaciones de un pozo, Lilí y otros se acercaron al margen de un riachuelo, donde encontraron un aparato sexual, un arnés de metal para ensanchar el miembro. Triste, comentó que no sabía con certeza si en ese lugar alguna persona fue violada, aunque en el fondo tuvo esa amarga corazonada. Cerca de ahí dieron con un árbol grandísimo, uno en el que en los noventa encontraron personas colgadas, ejecutadas por "El Toro" Gargallo, el mismo pistolero que entrevistó el finado reportero Leobardo Vázquez. Un compañero de Iguala se metió a uno de los pozos, pero no encontraron indicios de cuerpos o restos. El primer hallazgo vino unos días más tarde, en una tierra de labor.

La Brigada recibió un mapa muy confuso, algo así: "en el cerro, en el árbol aquel hay dos caminos…" La gente hizo mapas a su entender, de buena voluntad, pero fue muy difícil descifrarlos para el grupo liderado por Juan Carlos Trujillo. Alentados por un punto de búsqueda, cruzaron información, luego llegó un mapa más preciso y testimonios que los acercaron a San Rafael Calería, en el territorio de Córdoba, un sembradío de caña marcado con sangre por Los Zetas. El 15 de abril, lo primero que notó Lilí fue el cambio de coloración de la tierra y la hierba que crecía distinto; su voz se cargó de rencor al recordar y contar esto. Hay varias maneras de desaparecer a una persona, enumeró Mario Vergara: "Enterrándolos, descuartizándolos o… echarlos en un tambo echarle combustible y prenderles fuego."

En el argot de las búsquedas en fosas, a esta acción se le conoce como "cocinar personas" y a los puntos en donde se les entierra se les dicen "cocinas".

Así pues, en ese predio los criminales mataron a sus víctimas, las redujeron a trozos para meterlos en tambos con diésel o gasolina y quemarlos para reducir al máximo posible la carne, los huesos y hasta el ADN. Luego los enterraron. En San Rafael Calería se encontraron 11 cocinas clandestinas de menos de un metro de profundidad. ¿Cómo las detectaron? "Lo que sucedió fue que el gran amor que tienen todas las madres para buscar a sus hijos ha hecho que la mayoría haga esfuerzos sobrehumanos para rastrear la tierra y buscar indicios para que la tierra hable. De forma superficial no se veía, un compañero localizó los primeros restos", mencionó Juan Carlos Trujillo.

Si Guerrero y Veracruz tienen la similitud de que las denuncias son menores al número real de desaparecidos, Mario Vergara consideró que en Veracruz se aplicó mayor crueldad: "Tenemos la dicha de que nuestro familiar haya desaparecido en Guerrero porque tenemos la esperanza de encontrarlo completo o identificarlo", pues el fuego destruye el ADN de la mayoría de los restos óseos, lo que hace casi imposible una identificación. Sólo en Coahuila y Tamaulipas se han destapado horrores idénticos a los del centro de Veracruz con estas "cocinas humanas". En los once huecos que aún apestaban a diésel se encontraron cerca de 10 mil fragmentos calcinados pertenecientes a un número de víctimas difícil de determinar.

De vuelta a la Iglesia del padre Julián Verónica, luego de varios días de trabajo, pusieron música y comieron con la gente. Por fin tenían resultados positivos que llevarían a la ubicación de personas desaparecidas. Pero un comunicado transmutó las sonrisas en muecas de indignación en el rostro de los buscadores. Luis Ángel Bravo Contreras, Fiscal General del Estado, salió a decir que no habían encontrado huesos de personas, sino pedazos de madera. "Yo te conozco ya los huesos, eso que se lo diga a su pinche madre", pensó Mario con ganas de recriminarle en la cara al Fiscal engreído. A pesar del desánimo que produjo la imprudente declaración de Bravo, después de San Rafael encontraron un punto de esperanza. La gente comenzó a dar más información sobre la zona. "Busquen en los pozos", insistieron los campesinos. Un anónimo profundizó con el dato de que los pozos utilizados para el riego de siembras de café y de caña eran utilizados por el crimen organizado, en especial por los "de la última letra".

El 20 de abril llegaron a "El Porvenir", un predio ubicado cerca de San Rafael Calería. En un área pequeña desenterraron cerca de 300 de pedazos de huesos, sobre todo vértebras seccionadas de forma inimaginable; terror hasta el tuétano. Esta vez se pidió que los restos pasaran a manos de la Policía Científica, pero a más de dos años y medio no conocen resultados sobre los análisis de las piezas, además de que el Gobierno de Veracruz retrasó la entrega de los indicios a las autoridades federales.

"En este pequeño inicio de la Brigada Nacional de Búsqueda encontramos restos de algunos de nuestros hermanos, hermanas, hijos o hijas, padres o madres, pero también encontramos esperanza en los ojos de muchas personas que se acercaron a nosotros, que nos han devuelto fuerzas para seguir buscando. Buscándolos nos encontramos", fue el comunicado que lanzó el grupo tras concluir la primera Brigada que resultó en el hallazgo de 12 fosas con más de 10 mil restos calcinados.

La segunda búsqueda encabezada por rastreadores de diversos estados de la República también tuvo al centro de Veracruz como escenario durante diez días a partir del 18 de julio de 2016. Tocó el turno al municipio Paso del Macho, una zona con un nivel más alto de zozobra e incertidumbre que Amatlán. Eso bloqueó el proceso de la conexión social, hubo mucho más temor, la gente fue más hermética y la información no fluyó como en la primera búsqueda.

Trataron de explorar los pocos indicios que tenían, pero esto llevó a incidentes de seguridad más fuertes conforme iban adentrándose hacia la zona de cocinas, al grado de que en una ocasión tuvieron que recular porque ya los estaban esperando. Tras obtener un dato que los llevó hasta un terreno en ese municipio, Lilí Jiménez y el grupo rodearon una laguna hasta que encontraron un chaleco de mujer como el que usan trabajadores de los casinos con ojivas de bala. Aunque era una zona despoblada, un taxista los vigiló a lo lejos. Cuando se fueron, el taxi también se movió y en el entronque de la carretera a Potrero (hacia Córdoba), unos motociclistas aparecieron detrás. Hasta entonces la Policía Federal alcanzó a la Brigada, pero no hallaron al taxi sospechoso.

En Potrero, los lugareños se dijeron acosados por los grupos delictivos que hasta tenían vigilada a la Iglesia. De vuelta entre los cañales, alguien voló un dron para reconocer mejor el terreno. Minutos después, en los radios de Seguridad Pública escucharon la conversación de los sicarios que usaban la misma frecuencia: "Ya van para allá las familias y estén al pendiente." Y después, vino la orden directa a los Policías: "Muévelos de ahí, te damos tiempo, porque si no, los vamos a ejecutar." La fuerte presencia del crimen complicó cualquier avance posible, pero al final siguieron la recomendación de los campesinos valientes que les insistieron en que no dejaran de buscar en los pozos, pues fue ahí donde localizaron restos de personas a dos metros de profundidad, tras escarbar entre piedras quemadas.

A más de dos años de esa experiencia, Juan Carlos Trujillo aseguró que hoy Veracruz es diferente al de ayer, pues se ganó la confianza, el cariño y el amor: "Que las familias nos hayan permitido participar con ellos desde un inicio, luego del Movimiento por La Paz, construir un trabajo honesto, responsable, de esperanza e ilusión, han permitido estar envueltos en procesos organizativos y jurídicos, y procesos directos de búsqueda ciudadana." Hoy, hay otras personas que buscan a sus hermanos y la esperanza se volvió una realidad después de ser una ilusión del narcogobierno. Las primeras brigadas de búsqueda en Veracruz precedieron a otras incursiones nacionales, pero fue aquí donde se materializó el temor.

Sí, en algún lado están escondidos los cuerpos de miles de personas desaparecidas y su labor se volvió descubrirlos porque nadie muere cuando desaparece, sino cuando se olvida; porque no son huesos, son personas.

"La Gallera"

El colectivo Familiares en Búsqueda María Herrera, de Poza Rica, destapó el horror a espaldas de esta ciudad petrolera. Los habitantes de las colonias al norte de la ciudad, junto al río Cazones, jamás hubieran imaginado que, a menos de un kilómetro de sus casas, en uno de los ranchos cercados con alambre de púas, existían no sólo fosas clandestinas, sino una "cocina humana": "La Gallera."

La Real Academia Española tiene tres acepciones para esta palabra: un gallinero donde se crían gallos de pelea, un edificio destinado a las peleas de gallos o una jaula para transportar gallos de pelea. La cuarta debería ser "sinónimo de infierno".

Hay una dolorosa coincidencia con el nombre. En Baja California, en una zona conocida como "La Gallera" la delincuencia organizada reducía a sus víctimas en ácido y ahí se formó la historia de El Pozolero. En "La Gallera" de Veracruz, dentro del municipio de Tihuatlán, pero más cerca de Poza Rica y del aeropuerto internacional de El Tajín, también se reducían a las personas hasta que los huesos se hacían cenizas.

La Fiscalía General del Estado de Veracruz (FGE), al mando de Jorge Winckler Ortiz, revisó el rancho "La Gallera" a inicios de 2017. Maricel Torres, del colectivo María Herrera, precisa que el predio fue incautado a Los Zetas desde 2011, quienes lo obtuvieron como pago por un secuestro al verdadero dueño del rancho. De hecho, tenían tiempo intentado revisar la zona, sólo que los permisos no habían prosperado.

La Fiscalía veracruzana intentó olvidar el lugar, pero en un segundo ingreso, en febrero, ya con el colectivo encontraron seis cuerpos: cinco hombres y una mujer, algunos desmembrados, con unos veinte días de estar en el lugar, los acababan de matar, recuerda Maricel. Sólo un hermano de una compañera del colectivo pudo ser identificado gracias a los tatuajes y la ropa, el resto permanece sin identificación.

Para ella, la primera vez que ingresó a "La Gallera" fue impactante: había marcas sanguinolentas de manos en la pared y trazos donde arrastraron cuerpos. En medio de una habitación descubrieron "un horno grandísimo donde quemaban a la gente". Pensaron que debía haber muchos restos óseos entre las acumulaciones de cenizas, pues habían encontrado demasiada ropa e indicios que apuntaban a que ahí no sólo murieron seis personas. En cambio, la Fiscalía insistió en que era todo lo que iban a hallar, pero el colectivo se opuso a que se descartara el sitio: habían dado en el clavo, tenía que haber más cuerpos, más restos.

Luis Tapia Olivares, Coordinador del área de Defensa del Centro de Derechos Humanos Miguel Agustín Pro Juárez (Centro Prodh), fue testigo de la ineptitud de las autoridades veracruzanas, cuyos peritos ni siquiera tuvieron la capacidad de distinguir entre huesos de humanos, animales, piedras o madera. "En las diligencias pudimos notar cómo los peritos del estado de Veracruz frente a los peritos de PGR no tienen preparación: ninguno tenía puestos los aditamentos para no manchar la escena del crimen."

Necesitaban volver. Así que los buscadores, con el apoyo del Centro Prodh, pidieron seguridad perimetral, peritos de diferentes disciplinas, uso de tecnologías y que participaran familiares, además los peritos tenían que explicar los procedimientos a seguir a los colectivos.

El 1 de marzo, durante la segunda diligencia con las familias y la tercera en el sitio con las autoridades, llegaron los expertos: la Brigada Nacional de Búsqueda, quienes tenían mejor capacidad que los mismos peritos veracruzanos. "No es cierto que la presencia de las familias obstaculiza las labores de la investigación", explica Tapia (porque la Fiscalía trató de sacar a los buscadores y abogados de un lugar en el que no habían encontrado nada).

En esa segunda ocasión, la lluvia ya había borrado algunas manchas de sangre, pero la imagen de las marcas de manos pequeñas en las paredes de la casa de dos pisos ubicada dentro del rancho "donde se ve que tallaban las manitas" es la que se quedó marcada en la memoria de Maricel. El sufrimiento se respiró en el ambiente de aquel lugar en donde la gente entró viva y terminó deshecha de forma literal.

Mario Vergara también participó en esa búsqueda, la más cruel que recuerda. Ya resulta difícil imaginar que alguien como él pueda impresionarse de un hallazgo, pues en los años de búsqueda ha visto huesos y muchas personas en fosas, "pero siempre de gente adulta". En "La Gallera" encontraron el cráneo de un niño: "Se me enchina la piel, ahí sí me pegó mucho." Su lógica fue simple: ¿Qué podía "deber" un niño? El Gobierno suele argumentar que quienes andaban en "malos pasos" terminan en fosas, pero, ¿un niño?

Maricel profundizó más en la descripción: además del cráneo del niño, encontraron fragmentos de huesos quemados. Dieron con otro cráneo, otro maxilar, más huesos, partes de costillas y muchísimas cenizas en el horno. A esto se refería Mario con tener "suerte" de desaparecer en otro estado: allá los inhuman, aquí los reducen a polvo. Un sólo cuerpo puede deshacerse en cientos, miles de fragmentos. Procesar todo requeriría años y recursos que se elevan a millones de pesos. Es como armar un rompecabezas genético, descubrir qué pedacito le pertenece a quién, si es que no está bastante calcinado como para extraer el ADN, de lo contrario es todavía más difícil.

A petición de los colectivos de búsqueda y con el apoyo del Centro Prodh, el Ministerio Público federal solicitó que se investigara a fondo este rancho y que las diligencias se hicieran entre la FGE y la PGR porque el Gobierno de Veracruz no tiene la capacidad tecnológica ni personal para procesar la cantidad de hallazgos que existen en el estado… ni las ganas de buscar a los desaparecidos. Luis Tapia constató la falta de capacidad de las autoridades veracruzanas, pero también el trato digno, la preparación, los insumos y el tratamiento de la cadena de custodia en los hallazgos de "La Gallera".

En este rancho del horror se levantaron restos humanos en las dos diligencias, pero no se sometieron a procesos de identificación. La Fiscalía los guardó hasta que la PGR los requirió. A pesar de que hubo hallazgos, se desconoce de quiénes son los cuerpos y no hay certeza para las familias. "Que no hay presupuesto, no hay reactivos, no hay ganas. Al Gobierno no le interesa la identificación y esa es la preocupación de nosotros. De qué sirve que busquemos si se están acumulando restos", agregó Maricel, del colectivo María Herrera.

En total, en "La Gallera" hallaron seis cuerpos completos y miles de restos óseos. Después de estas búsquedas, se hicieron otras en noviembre de 2017 y en mayo de 2018 con las que sumaron más de 200 fragmentos de huesos y mucha ropa: de mujeres adultas y jóvenes, de niños y hasta pañales. Mario exclamó que "ya habían sacado unos cuerpos y llegamos nosotros y encontramos más; y se vuelve a ir a «La Gallera» y vuelven a encontrar". "En la última se encontraron más restos humanos. Winckler dijo que no había nada, les dijo mentirosas a las mamás", lamentó Luis Tapia, el Coordinador del área de Defensa del Centro Prodh.

Éste es el rancho "La Gallera", el punto que el Gobierno veracruzano de Javier Duarte y de Miguel Ángel Yunes quiso ocultar. Un lugar ubicado del otro lado del río Cazones, a la sombra de una creciente Poza Rica, en donde los restos de muchos fueron "cocinados" en un horno de piedra, donde no sólo hombres y mujeres pasaron sus últimas horas entre la tortura y el sufrimiento de la incertidumbre, también niños pequeños. Tras aquella experiencia en Tihuatlán, Mario sintetizó lo que vio y vivió; no necesita muchas palabras para describir este sitio: "Es el infierno; yo lo catalogo como el infierno."

Ixtaczoquitlán y Río Blanco

En julio de 2016, gracias a un mensaje anónimo, las mujeres del Colectivo Familias en Búsqueda de Desparecidos Orizaba-Córdoba (lideradas por Aracely Salcedo) llegaron a Moyoapan, municipio de Ixtaczoquitlán. Lejos del camino principal, el reducido grupo exploró cañales surcados de un paisaje montañoso, rodearon un cerro y se abrieron camino a machetazos hasta llegar a un terreno que hace tiempo funcionó como banco de arena, pero que la delincuencia vio atractivo para sus entierros clandestinos.

"La práctica de ellos era hacer fogatas y eso nos daba indicios de que pudiera haber restos", contó Lilí Jiménez, quien también participó en esta búsqueda y así encontraron los primeros fragmentos carbonizados. De la tierra brotaron unas esposas derretidas por el calor del fuego, que provocó que las mujeres se imaginaran el dolor y horror de las personas asesinadas ahí. De pronto, se supieron vulnerables... como si ojos invisibles las observaran desde el cerro al que miraron con miedo. Pensaron en halcones y no los que surcan los cielos, sino los que husmean a ras de piso para la delincuencia.

Después de la incursión, supieron que el predio era de un exalcalde de Ixtaczoquitlán, quien las increpó hasta que dijo que estaba en disposición de dar el acceso. El grupo de búsqueda brindó las coordenadas a la Fiscalía General del Estado, pero éstos no encontraron ni siquiera el camino para entrar y tuvieron que guiarlos hasta el lugar. Ya con seguridad de la Policía Estatal y Ministerial, el 9 de agosto hallaron rastros de bolsas negras, cinta, casquillos percutidos y piedras que evidenciaron que ahí practicaban tiro al blanco. Encontraron un número considerable de restos humanos, la mayoría carbonizados, y la PGR atrajo el caso para comenzar a procesar los fragmentos de huesos y cráneos partidos, pero la lluvia de la temporada estival provocó la pausa de las inhumaciones y no se volvieron a retomar. La belleza de las montañas y praderas que formaron parte del paisaje cotidiano para los pobladores de esa región se deformó, pues los cerros se convirtieron en enormes tumbas silentes de una masacre.

En octubre regresaron por otro mensaje anónimo que las condujo hasta un terreno que fue de un excomandante de la Policía Municipal. Les dijeron que ahí ejecutaron y enterraron a mucha gente, además de que ahí llevaban a lavar las patrullas para borrar cualquier rastro. A pesar del dato, no encontraron nada, pero les resultó sospechoso ver que había una casa nueva y creyeron que los cimientos se edificaron sobre personas muertas, pues los lugareños les contaron que después de las matanzas se construyó la vivienda.

En 2017 comenzaron otras búsquedas en Río Blanco, cerca del fraccionamiento Las Haciendas, hacia la reserva del Cerro del Borrego, donde la orografía se alza hasta mezclarse con las nubes. El 7 de septiembre desenterraron 3 cuerpos completos y 2 mutilados.

En abril de 2018, dieron con un hallazgo positivo por un plano que les marcó el punto exacto donde tenían que buscar. El croquis fue tan preciso que casi contaron los metros que debían caminar en el cerro. Llegaron con un binomio canino y Servicios Periciales. Subieron por la montaña 350 metros y los perros se echaron para marcar un sitio positivo, cinco veces en total. En dos días de excavación sacaron cuerpos cercenados que todavía conservaban tejido humano descompuesto, parte de un cuerpo masculino con ropa, cabezas cercenadas, restos, un brazo completo de mujer (lo que dedujeron gracias a la cuidada manicura). Se enteraron de que los obligaron a cavar su propia tumba y los crímenes no tenían más de seis meses, así que ya correspondían al tiempo de Miguel Ángel Yunes Linares. "No entendemos cuál es la práctica de estas personas o qué es lo que pasa por su cabeza, no conformes de quitarles la vida todavía se atreven a mutilarlas, a cercenarlas." El olor hizo llorar a las mujeres del colectivo porque imaginaron que respiraban a alguno de sus hijos o que sus seres queridos habían pasado por un horror similar. Víctimas de una doble desaparición: primero la del asesinato, después, la de la identidad.

En las búsquedas, Lilí llegó a formar coladores con ramas de cafetos y tela para ayudar a Servicios Periciales, cuyo personal no está acostumbrado a trabajar arduamente. Mientras observaba a un perito recogía fragmentos, compartió con otra mujer el análisis en voz alta de lo que veía:

"Mira, creo que a ese sí le van a dar identidad, es un fragmento grande, yo creo que sí va a dar positivo todavía tiene color a tierra." Dijo Lilí ante la posibilidad de que hubiera ADN en el hueso. Luego sacaron otro pedazo: "No, ese yo creo que no, está muy quemado."

–¿No te afecta verlo?

–No. Me afecta más no saber quiénes son los que están ahí.

Lilí lleva seis años buscando a su hijo, Yael Zuriel Monterrosas Jiménez. Cuando le pregunté por el tiempo, mencionó la cantidad de años, meses y días exactos que transcurrieron desde el 1 de septiembre de 2012. "Ay, solamente tuve la gracia de celebrarle los 15 años en la casa con mi familia y han pasado tantos cumpleaños ya sin celebrar." El 29 de noviembre de 2018, el joven cumpliría 22 años. Su mamá lloró al recordar esto, sin duda, una herida incurable que supura dolor. El caso ocurrió unos días antes de otras dos desapariciones y negó que haya alguna conexión, más bien consideró el reclutamiento de jóvenes por parte de Los Zetas, que entonces dominaban la zona de Orizaba. Decidió quedarse sola después de que le desviaron el tabique nasal por buscar a su hijo; rompió toda relación personal por seguridad de sus seres queridos y exilió a su hija para continuar la búsqueda en tierras veracruzanas. Su salud mental también estuvo en riesgo y fue declarada no apta para seguir trabajando. "Se pierde la vida buscando a un hijo" comentó al contar cómo se recriminó un poco cuando su otra hija le pidió que se fuera, que descansara de todo esto.

Su caso está detenido; en algún momento llegó a dar con un cuerpo que creyó el de su hijo, pero otra persona lo reclamó y entonces fue consciente de la práctica común de la delincuencia de robarse los cuerpos hasta del Semefo. Su choque con las autoridades se hizo constante por la falta de compromiso de éstas, como cuando no pudieron procesar una computadora portátil porque no iba con el cable de alimentación eléctrica. "No sé si reírme, quejarme o mentarles la madre." Por eso recorre la zona centro del estado buscando a su hijo y los de sus hermanas del Colectivo. Algunas ya encontraron a sus hijos en fosas, pero eso no calmó su dolor porque no lograron entender el porqué de una muerte así.

En noviembre volvieron al mismo punto cerca de Las Haciendas donde trabajaron en abril de 2018. Enterraron una varilla de 1.60 metros, se fue toda y cuando la sacaron, de inmediato se sintió el olor. Por la hora no lograron sacar el cuerpo en una jornada, así que regresaron al día siguiente. Los familiares recuperaron los restos de un joven cuya ubicación obtuvieron luego de que un testigo contara que estaba enterrado a lado de los que ya habían sacado meses atrás. Fue un día duro tanto para la familia como para el colectivo, pero al menos tuvieron la paz de que alguien regresaría con sus seres queridos, aunque estuviera muerto.

Hollywood y los pozos de Omealca

Según el blog "Senderos y Montañas de Veracruz", Chicahuaxtla significa "sonaja" y proviene de la palabra náhuatl "chicahuaxtli" (un bastón usado por sacerdotes prehispánicos). Al pie de tan majestuoso cerro, se encuentra una comunidad llamada Cuautlalpan, en el municipio de Ixtaczoquitlán, entre Córdoba y Orizaba.

El cerro Chicahuaxtla ofrece vistas nocturnas maravillosas. La delincuencia nombró "Hollywood" al predio donde cavaron las tumbas clandestinas porque cuando levantaban a alguien le decían que lo llevarían a ver "las estrellas". Pues bien, pese a la majestuosa imagen que pudo brindarles el cielo, en definitiva, el destino de esas personas fue espantoso.

Marcela Zurita forma parte del Colectivo El Solecito Córdoba, que pertenece al Solecito de Veracruz. Las buscadoras llegaron al predio "Hollywood" en junio de 2017 por un mapa anónimo, en el que detallaron el camino a tomar y señalaron el tesoro que buscaban con un montón de crucesitas. Al principio investigaron la zona, pero no hallaron nada.

Cuando caminaron en el predio a las faldas del cerro y subieron un poco encontraron al menos 20 indicios de la muerte. Resultó que en febrero de ese mismo año el lugar había sido judicializado y estuvo bajo resguardo de la Unidad Especializada en Combate al Secuestro (UECS) porque encontraron cinco cuerpos, pero lo abandonaron. Así que las "solecitas" entraron, buscaron y exigieron ante el dato de que podría haber muchas más fosas ahí, pero les negaron el derecho a ingresar porque había una carpeta de investigación de por medio y una persona detenida por el hallazgo de aquellos cuerpos.

En octubre de ese año, tras lograr las órdenes judiciales correspondientes, consiguieron que las autoridades retomaran las investigaciones en el predio y El Solecito Córdoba fungió como observador. Marcela reveló que, a pesar de que tuvieron conocimiento de cuando menos 20 puntos de posibles inhumaciones clandestinas, no las dejaron entrar a buscar. Por ello, no saben cuántos restos recuperó la Fiscalía o cuántas fosas se abrieron. El argumento de la Fiscalía para no investigar más fue que no tenían la capacidad para recibir más cuerpos o restos humanos en sus instalaciones forenses. Por eso dejaron abandonado el lugar desde febrero. En solicitudes de información, la FGE sólo indicó dos sitios de hallazgo de fosas para Ixtaczoquitlán (las encontradas en febrero por la UECS y otra en septiembre en el ejido El Sumidero), pero no incluyó datos sobre lo hallado en junio en las faldas del Chicahuaxtla.

En septiembre, poco después de que descubrieran "Hollywood" y un mes antes de la reintervención de las autoridades, El Solecito Córdoba dio con otro punto fructífero. El sitio se ubicó en Omealca, al sureste de Córdoba y cerca del límite con Oaxaca.

Los resultados fueron tales que hasta un año después continuaban las labores de reconocimiento y búsqueda. Este lugar tuvo una característica única en todo el estado, incluso en el país: aquí no enterraron personas, las echaron a los pozos.

Son siete pozos artesianos en total, de los cuales cuatro ya se trabajaron. Se construyeron para proveer de agua a los cañales, pero los grupos criminales los utilizaron para tirar cuerpos y eso ahuyentó a los campesinos. Marcela ubicó el primero gracias a una denuncia anónima y desde entonces la gente se le acercó para darle más ubicaciones de otros que también se convirtieron en panteones clandestinos.

El primero se registró en el rancho "El Nanche", el 1 de septiembre de 2017. El 25 del mismo mes se revisaron otros dos pozos dentro de la propiedad número 107 Z-1 P3/4. El cuarto se encontró en los primeros meses de 2018. En total sacaron 12 cuerpos, pero en el último pozo sólo encontraron dos cabezas sin tronco y restos que no correspondían a esos cráneos. En noviembre de 2018 buscaban en el quinto emplazamiento con la certeza de que encontrarían, cuando menos, cinco cuerpos más, pero tuvieron dificultades porque "ese pozo lo taparon de tal manera, le echaron muchas cosas".

Pareciera que la maldad hecha persona en esta zona de Veracruz tuvo una obsesión con los pozos. O que le pareció mucho más fácil aventar cuerpos que cavar fosas en la tierra.

Le pregunté a Marcela por qué en Omealca se deshicieron de los cuerpos en pozos. Se remontó a las historias que cuentan los lugareños sobre Toribio Gargallo, aquel matón que asesinó a sus contrarios (familias enteras, sin piedad) y que fue el primero en usar los pozos de sus terrenos como tumbas. "Entonces creo que de ahí agarraron [la idea], se prestaba para sus fechorías porque ya estaba el pozo, el miedo de la gente de no denunciar y pues echaban ahí los cuerpos y cal y piedras", remató la buscadora. Sin duda, en esta región, la forma de ocultar a las personas asesinadas fue muy distinta a la común (fosas o barrancas). La delincuencia aquí fue muy brutal.

La lluvia ha sido el principal enemigo de las buscadoras en este tipo de estructuras. Los pozos artesianos son construcciones que tienen una profundidad de hasta 25 metros bajo tierra. Aunque no están conectados a un manto acuífero de forma directa, con las precipitaciones se llenan de agua y en períodos de estiaje se secan por completo (en esa época echaron los cuerpos con piedras para que no flotaran cuando volviera a llenarse). Es decir, los pozos sí tienen fondo, pero eso no los hizo menos peligrosos. De acuerdo con Marcela Zurita, no fue lo mismo trabajar en una fosa en terreno firme que entrar en un hueco de 25 metros de profundidad y apenas 70 centímetros de diámetro. Todo el trabajo para descender fue manual: bajó con cuerdas y armada con una cubeta para sacar la tierra "y cosa y media del pozo", un trabajo muy cansado y riesgoso por la presencia de gases o animales y la falta de aire. Incluso han usado bombas sumergibles para drenar el agua. Además bajaron sin equipo de protección porque era pesado y estorboso. Este trabajo deberían realizarlo expertos, pero lo hacen mujeres como Marcela, a quienes la necesidad de encontrar a sus hijos las orilló a hacer hasta lo inimaginable: "Como ama de casa jamás imaginé que iba a bajar a un pozo a buscar y menos a buscar a mi hijo."

Los campesinos prefirieron sellar los pozos artesianos de forma permanente, no "vaya a ser" que vuelvan a tirar personas ahí. En ningún lugar de un estado se ha trabajado como el Solecito Córdoba lo ha hecho en el centro de Veracruz. El reto más reciente es un pozo para el que esperan apoyo del Gobierno. Tiene 40 metros de profundidad y prevén que haya muchísimos restos. Más que pozos, son tubos de fierro de apenas 40 centímetros de diámetro en el que no cabe una persona.

Aunque los descubrimientos tanto en Ixtaczoquitlán como en Omealca son recientes, el colectivo estimó que la mayoría de los restos datan de 2011. En uno de los pozos, una familia identificó una credencial de elector y unos tenis; en otro, un papá reconoció algunos objetos que sacaron de los huecos y las desapariciones son de esas fechas. En esa zona se encontraron restos calcinados, pero les dijeron que va a ser imposible la identificación por la destrucción molecular.

Ya pasaron más de seis años de búsqueda en los alrededores de Córdoba y Orizaba, pero Marcela Zurita no se ha rendido ni planea hacerlo. El 11 de octubre de 2012, desaparecieron a Dorian Javier Rivera Zurita, su hijo de 30 años.

Como muchas madres, los primeros días, semanas, meses, el primer año "se perdió" en el ir y venir con las autoridades creyendo que hacían su trabajo, cosa que no sucedió. "[Si] en el primer momento que pones la denuncia cumplieran con el protocolo, todo lo que ellos saben y nosotros no sabemos o no sabíamos, se pudiera haber dado con nuestros hijos." En ese primer año se perdió todo: investigación, datos, muchos indicios que ayudarían a encontrarlos, incluso vivos. Javier estudiaba Derecho y trabajaba en el negocio de bienes raíces con su madre. Al joven de 1.77 metros de altura y tez clara lo desaparecieron con un amigo a plena luz del día, frente a una gasolinera. Los primeros indicios apuntaron a una desaparición forzada a manos de personal de la Marina (SEMAR).

Marcela aseguró saber "perfectamente que mi hijo no andaba en malos pasos" e hizo tal aclaración porque reconoció que "habrá algunas ocasiones que posiblemente algunos chicos hubieran agarrado el camino fácil o malo, pero no todos". Y entonces, frente a la criminalización del Gobierno, habló sobre el reclutamiento forzado en una época en la que los grupos criminales se llevaban a la gente para forzarla a trabajar como sicarios, halcones o en la siembra. Muchos profesionistas veracruzanos desaparecieron en ese período. Aunque los desaparecidos no quisieran dedicarse a una actividad delictiva, eran obligados bajo la amenaza de dañar a sus familias, y después las madres se volcaron en su búsqueda, muchas veces volviéndose blanco de las amenazas por ese motivo. Cree que eso pudo pasar con numerosos casos, incluso con el de su hijo, por lo que recriminó las acusaciones de las autoridades contra los desaparecidos: "Ni modo que todos, absolutamente todos los miles de jóvenes, mujeres, hombres y hasta adultos mayores tuvieran que ver con la delincuencia", lo que llevó a la sentencia espantosa, cruel y verdadera de que nadie está exento de tener un familiar desaparecido. El tono se hizo más sombrío, casi inaudible, al mencionar que también hay otros "negocios" negros como la trata o el tráfico de órganos. "Es horrible, a uno se le vienen las cosas a la mente de hasta dónde puede llegar el ser humano por dinero."

Marcela se dedicó más a la búsqueda en campo porque hacer las cosas con sus manos, pies y ojos (frente a la desconfianza hacia las autoridades) la tranquiliza. Durante años les fue mal con Duarte y peor con Yunes; sobre el Gobierno panista que significó la alternancia en Veracruz, sentenció: "Creíamos que eran buenos y resultaron peores." Ahora existe una Ley que establece que en todas las búsquedas debe haber familiares de desaparecidos. En su opinión, confía en que la situación cambiará con Cuitláhuac García, de Morena, porque antes de tomar posesión tuvieron cuatro mesas de trabajo y se comprometió a signar acuerdos, lo que para ella representó más intensión de la que hubo en años anteriores. "Estamos esperanzados en que va a ir de la mano con nosotros", confió.

Arbolillo, Alvarado

Alvarado, un municipio ubicado al sur del puerto de Veracruz, es famoso por considerarse la ciudad con el lenguaje más florido de México. Con Duarte y Yunes, la localidad situada junto a la bocana del Papaloapan en el Golfo de México, se convirtió en un referente de las fosas clandestinas.

Hasta 2013, la ribereña ciudad de pescadores se mantuvo libre de la lista de fosas, pero el 3 de agosto se rompió el encanto. Según la solicitud de información 02173318, en la colonia Lomas del Rosario se exhumó un cuerpo; el 9 de agosto hubo otro en la colonia Luz del Carmen y el 19 de diciembre se descubrió una fosa con siete cuerpos en la colonia El Pescador; todos los restos se fueron al Instituto de Medicina Forense de Boca del Río.

El prefacio del recrudecimiento de la violencia en Alvarado ocurrió el 10 de septiembre de 2015 cuando en un islote ubicado frente a la colonia El Almendro se hallaron 3 fosas con restos de cuando menos 38 personas. La Fiscalía General del Estado lo negó y anunció que se trataba de excremento de vaca o caballo, aunque días más tarde aceptó el hallazgo, minimizando el número real de cuerpos. Ésta y otras fosas y sus contenidos salieron a la luz pública hasta que se hicieron solicitudes de información oficial.

Pero la "joya de la corona" en Alvarado fue Arbolillo, una localidad partida en dos por la carretera Costera del Golfo: con las aguas del Golfo de México al este y la laguna de Alvarado al oeste. Las estadísticas oficiales arrojaron que el 15 de marzo de 2017 en una parcela denominada El Médano o Punta Arena, en la localidad de Arbolillo, Alvarado, se inhumaron 47 cráneos y 736 restos humanos. Este hallazgo se logró por la búsqueda que emprendió la Marina para encontrar a tres de sus elementos que habían desaparecido en Veracruz, pero en ese panteón ilegal también tuvieron su fin algunos jóvenes cuyo único delito fue acudir a una fiesta en un taxi que, según, fue confundido por el crimen.

Los hermanos Mario y Felipe Piña Martínez y Maribel Valdivia Hernández (novia de Felipe) salieron de casa el domingo 10 de diciembre de 2016 para ir a una boda. Mario pasó en su taxi a recoger a la joven pareja, pero nunca llegaron a su destino. El taxi fue abandonado cerca de una tienda Chedraui, en el norte de la ciudad. María Rosales, prima de los muchachos, inició una búsqueda en redes sociales con la frase: "¿Dónde están? Los extrañamos mucho. ¡Dios, que regresen con bien! Señor, nos está matando esta agonía." Tras el primer hallazgo de Arbolillo, la familia identificó por fotografías el brazo de Maribel, gracias a un tatuaje. Después hubo restos que dieron positivo (uno en 2017 y otro hasta 2018) al comparar su ADN con el de los cordones umbilicales que la madre conservaba de sus hijos.

Para el colectivo Solecito de Veracruz fue evidente que había más restos enterrados en Arbolillo, en el terreno junto a la cuenca lacustre. Hicieron solicitudes, pero se las negaron. En ese ínterin, también supieron que la Marina sólo buscó a los suyos y "por accidente" encontraron más cuerpos, pero después de localizar lo que querían abandonaron los trabajos. Rosalía Castro Toss, una de las líderes del Solecito, cuenta: "Fuimos porque antes se encontraron 9 cuerpos, luego en 2016 la Marina encontró a unos marinos secuestrados. Hubo un detenido y dijo dónde estaban, pero el detenido se equivocó y empezaron a escarbar más. Encontraron a los marinos y dejaron todo botado." Solecito siguió investigando y cuando estaban a punto de revisar el predio de Arbolillo, Jorge Winckler, el Fiscal yunista, "se agarró la información", mandó un equipo a exhumar los restos y dio a conocer (como si fuera el máximo logro de la administración) el descubrimiento de una megafosa que estuvo cerca de competir con Colinas de Santa Fe, la más grande de América Latina.

Cuando Winckler atajó con el hallazgo el 6 de septiembre de 2018, no quiso revelar el lugar y la Fiscalía mencionó que era una fosa "en la zona centro del estado". La corazonada de que se trataba de Arbolillo se hizo más fuerte. El 7 de septiembre por la tarde, me enviaron la ubicación exacta por WhatsApp del lugar donde desde hace meses excavaba la FGE, "es el punto exacto donde están sacando las calaquitas, ya van como 200", escribieron. Al abrir el mapa confirmé que era Alvarado. Aunque Miguel Ángel Yunes salió a decir que no era el mismo predio (por una separación de apenas unos metros) y que era una fosa independiente a aquella donde ya se habían sacado decenas de cuerpos y cientos de restos un año atrás; para los colectivos fue evidente que se trataba del mismo lugar. "Tuvimos que volver a enterrar; dejaron partes de cuerpos tirados ahí como si nada. Es el mismo lugar, pero no lo quieren aceptar", acotó Rosalía Castro. De hecho, los colectivos no pudieron entrar sino hasta después del 18 de septiembre, aunque hubo disputas entre algunos grupos de buscadores porque unos iban acompañados por diputados locales, entre ellos la panista Marijose Gamboa, mientras que a otros colectivos les restringieron el ingreso con acompañantes de Derechos Humanos.

En la dirección de Periciales, en Xalapa, la Fiscalía proyectó un catálogo fotográfico de la ropa y otros objetos encontrados en el predio judicializado. Camisas, calcetines, trusas, bermudas o tenis (colocados sobre lonas azules y junto a reglas) de marcas populares, imitaciones y hasta algunas piezas Calvin Klein o Tommy Hilfiger originales formaron un desfile de texturas, colores, tamaños y patrones en imágenes que pasaron frente a los ojos de decenas de familiares de desaparecidos con la esperanza de que alguien reconociera algo. La ropa, como mamelucos y zapatos diminutos que sólo podrían ser de niños pequeños, causó conmoción: "Mostraron ropa de niño, era ropa limpia. Imagínate cómo están trabajando, que lavaron toda la ropa", cuestionó Rosalía. Mucha de la ropa, aunque percudida, se miraba con poco uso ante los ojos de la experimentada rastreadora; otras sí estaban hechas jirones, aunque también lucían como lavadas. Quedaron en ese punto intermedio como cuando algo se guarda mucho tiempo, se lava y no se termina de limpiar, pero deja de verse tan sucio: bastó con mirar las suelas de los zapatos, sin un gramo de tierra, para darse cuenta del proceso. El director de Periciales les dijo que era ropa encontrada en la superficie, pero cuando Rosalía le cuestionó por qué la habían lavado, no hubo respuesta. Además de las prendas encontraron muchas credenciales, tarjetas de bancos y sobre todo de crédito de Coppel. Aquella vez, los más de 120 familiares pasaron en dos grupos a ver el catálogo y una mamá reconoció en una foto pertenencias de su hija.

En Periciales había un olor insoportable y Solecito intuyó que los restos no estaban en refrigeración. Las expertas también aclararon que la existencia de ropa de niños no asegura (esperan) que haya víctimas menores, ya que por el tipo de terreno existe la posibilidad de que muchas prendas llegaran desde el lago. El catálogo está disponible para su visualización en la siguiente liga: https://www.gob.mx/segob/documentos/catalogo-de-prendas-de-las-fosas-clandestinas-halladas-en-veracruz-septiembre-2018?idiom=es.

Para Solecito, la Fiscalía de Yunes hizo de esta fosa "un *show* mediático". Hasta septiembre de 2018 se estimó el descubrimiento de, cuando menos, 174 cráneos (adicionales a los 47 de 2017), por lo que Arbolillo se convirtió en el segundo panteón clandestino más grande de Veracruz y, quizá, del país.

Colinas de Santa fe

Las mamás del colectivo El Solecito de Veracruz se acomodaron junto al "Tranvía del recuerdo", en el puerto de Veracruz, frente al parque Zamora, listas para la marcha del 10 de mayo de 2016. Lucía repartió mano a mano una oración a sus hijos que ella escribió. Unos tipos aparecieron, discretos entre la muchedumbre y entregaron hojas tamaño carta dobladas en cuatro. Rosalía Castro la guardó, pensando que era la oración de Lucy, pero en realidad se trataba de un mapa que las conduciría a la mayor fosa clandestina de la historia de México y la más grande de América Latina. Lucía sí previó lo que vería al abrir la hoja en cuanto el sujeto la tomó de la mano. Se acercó a las demás compañeras y les quitó las hojas para metérselas a los bolsillos, sabía que eran fosas y "el mapa decía muchos cuerpos, muchas cruces y eso iba a acabar con nosotras en ese mismo momento".

Al día siguiente, un poco más recompuesta, Lucía se dirigió a las "solecitas" y les anunció que ya tenían un lugar para empezar a buscar.

El mapa, hecho a mano en papel bond, volvió a circular a final de mes vía Twitter a través de una cuenta recién creada que cabeceó la foto como "un regalo para las madres de los desaparecidos en Veracruz". En la hoja se dibujó la carretera Veracruz-Cardel hasta el puente a Colinas de Santa Fe, un desarrollo inmobiliario de casitas dúplex de interés social con fachadas en rojo con blanco al que le pusieron un nombre que inspiraba todo menos muerte. Perpendicular a once calles con nombres de santos se pavimentó el bulevar Lomas de Santa Fe. Al final de esa calle, en la intersección con la calle San Leonardo, patrono de las parturientas, pero también de los prisioneros, señalaron una tranca azul que advertía el inicio de una propiedad privada. El camino de terracería se extiende más de cien metros, cruza las vías del tren y luego, unos 800 metros hacia adentro, tras cruzar otro portón de fierro, a la izquierda se ve un depósito de agua y, a la derecha, las fosas frente a los médanos de arena. Cientos. Marcadas con cruces compulsivas que, como para que no quedara duda, todavía las rotularon con una flecha y una palabra que definiría la historia contemporánea de Veracruz: "Muertos".

"Ahí se encontrarán los cuerpos de todos los desaparecidos en Veracruz, apoyados por el MP y el Gobierno de Duarte", escribió a mano la fuente anónima al calce. Estas ejecuciones fueron atribuidas, según el mapa, a "El Quino", Ricardo Arturo Pacheco Tello, líder del Cártel Jalisco Nueva Generación (CJNG) en Veracruz. Vale la pena hacer una pequeña acotación para entender cómo se tejieron las redes de la violencia en el estado.

En una publicación de julio de 2017, *La Silla Rota* documentó que hace muchos años, "El Quino" era un joven tranquilo, que atendía una carnicería familiar en el mercado "Hidalgo", en el centro de Veracruz. Pues un mal día, allá por 2010, Los Zetas secuestraron y asesinaron a su papá (también carnicero). El muchacho juró venganza y se unió al Cártel Jalisco Nueva Generación en Veracruz, la contra de los de la "última letra". En ese entonces, el CJNG era liderado por Carlos Carranza Saavedra "El Ñaca", aquel exoficial de Tránsito que fue involucrado con los asesinatos de varios periodistas en 2012 en Veracruz y Boca del Río, y que luego se fue a Jalisco en donde murió acribillado.

Tras la salida de "El Ñaca" del estado, "El Quino" tomó el control de la plaza de Veracruz. El Gobierno de Yunes señaló a Ricardo Pacheco por el asesinato del coordinador de la Policía Federal en Veracruz, Juan Camilo Castagné Velasco, el 24 de junio de 2017 (como represalia por los espectaculares donde ofrecían 1 millón de pesos a cambio de información para capturarlo). No pasó ni una semana, pues el 30 de junio, "El Quino" fue abatido en Chipilo, Puebla, en un enfrentamiento con elementos de la Marina.

Ante el anuncio de que podría contener hasta 500 cuerpos, todo el mundo peleó por entrar a Colinas de Santa Fe (lugar usado por policías y por el crimen organizado). El Solecito de Veracruz inició los trabajos para tener el permiso de entrar al predio, pero antes de obtenerlo, Rosalía Castro y otras buscadoras se aventuraron a explorar el lugar furtivamente. Después recapacitaron sobre el peligro al que se expusieron, pues las huellas de tortura y muerte todavía estaban frescas en el sitio. Así lo contó: "Cuando nos llegó el mapa, unas mamás valientes nos metimos como día de campo, a buscar y ver. Una cosa es saber buscar y otra cosa es ir a buscar y pues nadie te va a decir «sácame, aquí estoy»."

Al notar lo que se venía de frente, Rosalía, Lucía y otro grupo viajaron a Iguala, Guerrero, con los experimentados buscadores de fosas, para aprender cómo encontrar indicios. Mientras tanto, para sorpresa de El Solecito, el entonces Fiscal, Luis Ángel Bravo Contreras no opuso demasiada resistencia y agilizó los permisos, aunque les pidió que entraran y no hicieran mayores preguntas sobre quién era el dueño del terreno.

Las buscadoras solicitaron el apoyo de la Policía Científica para procesar las pruebas y de la Policía Federal para el resguardo y así ingresaron por primera ocasión el 3 de agosto de 2016.

La primera semana las acompañaron tres expertos de Guerrero, pero la Fiscalía los tenía limitados, les decía dónde buscar (el colectivo ya tenía hasta las coordenadas). Al tercer día las varillas se hundieron y brotaron los primeros indicios de cientos que desenterrarían. La Fiscalía alegó que iban a contaminar la escena, pero "¿cuál escena? Si eso es de años", respondieron las madres. Entonces empezó la búsqueda real. Durante la administración de Miguel Ángel Yunes se retiró el apoyo de la Fiscalía, refrigerios, seguridad, maquinaria y el lugar sólo quedó en manos de las mujeres de distintas profesiones y oficios obligadas, por el caprichoso destino, a convertirse en expertas forenses.

A dos años de labores en Colinas, Solecito encontró 295 cráneos, 4 cuerpos y más de 22 mil fragmentos óseos en 154 fosas. Una de las sorpresas más desagradables fue el hallazgo de la "piscina", una megafosa en la que había 15 cuerpos juntos. Aunque sí encontraron cuerpos enteros, la mayoría fueron seccionados e inhumados en bolsas de plástico negro. "Por fortuna" no hubo indicios de que se les sometiera al fuego o que fueran triturados, incluso a algunos les dejaron la credencial de elector. Rosalía Castro aseguró que todos los asesinados correspondieron a la administración de Javier Duarte, mientras que el costo de la búsqueda en esos dos años, fácil rebasó el millón de pesos.

Cuando creyeron que estaban a punto de terminar el trabajo, a mediados de octubre de 2018, hallaron una fosa más, lo que les hizo pensar si aún habría vestigios ocultos entre la tierra cercana a la franja costera.

A pesar del gran número de hallazgos, muy pocos han sido identificados, apenas unos 16. Entre algunos de los cuerpos que regresaron con sus familiares están los de Pedro Huesca Barradas (agente del Ministerio Público de Cardel, desaparecido en 2013 con su secretario, Gerardo Montiel Hernández) y el de Mario Manuel Espinosa Llina (único hijo de Cinthia Llina Romero, del colectivo Red de Madres Veracruz). Su voz cargada de dolor, es casi electrizante al relatar cómo se llevaron al muchacho el 12 de enero de 2014, cuando tenía cinco días de trabajar en un restaurante bar llamado "Estela". Considera que ahí inició su calvario, que tal vez se confrontó con algún hombre malo que luego decidió llevárselo porque es Veracruz y rebosa impunidad. Esta mujer descubrió que su hijo fue dejado en una fosa olvidada dentro de colinas de Santa Fe, bastante cerca de donde vivía: "Nunca imaginé tenerlo tan cerca, es mucho dolor."

En 2017 encontraron el cuerpo de Gerson Quevedo Orozco, cuya historia demuestra el grado de descomposición social que se vivió en Veracruz: el 15 de marzo de 2014, Gerson, un joven de 19 años, estudiante de Arquitectura en la Universidad Veracruzana, fue secuestrado en el fraccionamiento de Arboledas San Ramón, en Medellín de Bravo (zona conurbada Veracruz-Boca del Río) y aunque pagaron los 50 mil pesos del rescate no devolvieron al estudiante. Casi un mes después, su hermano, Alan, un joven arquero, promesa en la Sub 17 de los Tiburones de Veracruz, y su cuñado, Miguel, tuvieron una pista sobre una casa de seguridad en el mismo conjunto habitacional donde vivían. Se dirigieron al lugar, tuvieron una confrontación de palabras con los sujetos de la casa y, cuando se alejaban, los persiguieron y abrieron fuego contra los dos muchachos. La familia se devastó. Un hijo asesinado al intentar rescatar a su hermano secuestrado. No volvieron a saber de los plagiarios ni del universitario hasta casi 45 meses después, cuando su osamenta apareció en estas fosas.

En noviembre de 2018, la Agencia de Investigación Criminal (AIC) de la PGR anunció que sumaron la identificación de otras siete personas luego del análisis del perfil genético de una treintena de cráneos.

La Universidad de Notre Dame, Francia, otorgó al colectivo El Solecito de Veracruz el premio Notre Dame Award. En octubre, las buscadoras se congregaron en los terrenos de las fosas de Colinas de Santa Fe para oficiar una misa y sembrar un poco de paz a la tierra que parece traída del mismísimo infierno.

El Solecito apuntó a un nuevo terreno ubicado a un costado de Colinas de Santa Fe, perfilado como un reto igual o mayor al que vivieron: le llaman kilómetro 13.5, por la carretera iniciada en el sexenio de Felipe Calderón Hinojosa (y concluida hasta 2016), es una vialidad para unidades pesadas que conecta la carretera Veracruz-Xalapa con la zona portuaria de Veracruz. El colectivo tuvo conocimiento de este predio en 2014, antes del mismo de Santa Fe, cuando "los malos nos mandaron ese mapa por Internet" con coordenadas y ubicación de las fosas. En esos momentos, Duarte no quería que se encontraran ni que se diera a conocer nada del tema. Además, no contaban con organización, apoyo de la sociedad, instituciones, recursos ni conocimiento para buscar en terreno. En noviembre de 2018 al fin ingresaron al lugar y con la experiencia a cuestas estuvieron listas para desenterrar a sus tesoros, como ellas refieren, en un predio que podría pelear los primeros puestos de las fosas clandestinas más grandes de México y América.

Un fosario llamado Veracruz

En una pollería de Sayula de Alemán, el padre Alejandro Solalinde Guerra, activista de los Derechos de los Migrantes, se detuvo para desayunar antes de visitar un municipio de la cuenca piñera ante reportes de una violenta redada. El tono suave de su voz contrastó con las palabras que a continuación pronunció: "México es un fosario, pero aquí en Veracruz, sobre todo, es donde hay más fosas." En otra ocasión, Miguel Ángel León, un colega periodista de Xalapa, sentenció que en Veracruz "se siembran cuerpos como se siembra maíz".

Veracruz está lleno de fosas, a estas alturas el estado costero es una megafosa. Panteón clandestino, narcocementerio, inhumación ilegal... Nombres diversos que son lo mismo; cuestión de semántica.

Otras fosas impactantes fueron:

- Rancho "El Diamante" (2014), del municipio de Tres Valles, en la región del Papaloapan, donde se localizaron 11 fosas con 31 cuerpos.
- Rancho "El Limón" (2016), en Tlalixcoyan, al sur, una especie de campo de ejecución del CJNG al que la misma Policía Estatal suministró de víctimas (inocentes incluidos) y relacionado con el caso de los cinco jóvenes desaparecidos en Tierra Blanca. El municipio sureño de Chinameca pasó de ser conocido por su deliciosa carne ahumada y enchilada de lomo que lleva su nombre a convertirse en asiduo punto de entierros ilegales.
- En el puerto de Coatzacoalcos, cuna de Salma Hayek, la Policía Estatal convirtió una vieja bodega de Marinela en un lugar para llevar personas detenidas, ejecutarlas y enterrarlas en el traspatio donde guardaban las patrullas.
- La revelada por la PGR en la solicitud de información 01597217 realizada por el periodista Ignacio Carvajal. Se descubrió que el Gobierno de Javier Duarte exhumó 59 cuerpos en 27 fosas en el rancho "El Renacimiento", al norte de Veracruz, días antes de la matanza y hallazgo de 35 cuerpos frente al WTC de Boca del Río en 2011.

- La solicitud 1700100052418, que realicé ante la PGR, informó que en ese año también ubicaron 2 fosas con 28 cuerpos en el municipio de Manlio Fabio Altamirano, al poniente de Veracruz puerto.
- En 2016 se reveló el horror de "La Barranca", un terreno ubicado a pocos minutos de la Academia de Policía El Lencero, en el municipio de Emiliano Zapata, cerca de Xalapa. Ahí, Victoria Delgadillo, del colectivo Enlaces Xalapa, refirió que los policías entregaban a las personas detenidas para que fueran asesinadas y luego las arrojaban desde helicópteros o camionetas al barranco. Se rescataron 6 cuerpos, sólo 4 fueron identificados. Siguen pidiendo la entrada al lugar porque en enero de 2018 encontraron otros tres cráneos.

Dato relevante: se habla de "cuerpos" cuando se obtienen todas las partes de una persona (completa o desmembrada), cuando el estado de descomposición todavía no es avanzado. Cuando sólo quedan huesos (osamentas) los colectivos se centran en el conteo de cráneos porque así tienen la certeza de saber, mínimo, cuántas personas fueron inhumadas.

La geografía veracruzana se tiñó de sangre en la última década. Como ocurrió en el caso de las desapariciones forzadas y por particulares, es confuso señalar con exactitud cuántas fosas y cuerpos se han exhumado en los últimos años de Fidel Herrera, el sexenio de Duarte y el bienio de Yunes.

Hay cifras, como las que aportó el Fiscal Jorge Winckler durante su comparecencia ante el Congreso del Estado a finales del 2017: 343 fosas en 102 sitios (incluidas las de Santa Fe) repartidas en 44 ciudades con un hallazgo de 225 cuerpos (111 cuerpos identificados y 114 cuerpos sin identificar), 335 cráneos y más de 30 mil fragmentos óseos. Sólo que se le "pasó" explicar desde qué año, pues en el informe dijo que tal cifra era "hasta el año 2017". Esto provocó una gran confusión, pues muchos medios de información entendieron que tal cifra era exclusiva de 2017 cuando se trató de un resumen de varios años sin especificar el período exacto. Me di cuenta porque Agua Dulce, mi ciudad, aparecía con 16 casos que en realidad era el total de los últimos años, pues en el 2017 "solamente" hubo una fosa. La falta de esta aclaración llevó a que varias investigaciones periodísticas terminaran con datos alterados y al final se profundizara todavía más la brecha de incertidumbre. No hay forma de ponerse de acuerdo en cuanto al número exacto de fosas y cuerpos de estos años negros.

Ante la falta de certeza, realicé las solicitudes de información 02173318 y 02173118 por medio de InfoMex Veracruz a la Fiscalía General del Estado (FGE). Casi en el tiempo límite, la Fiscalía respondió a una, la 318, mientras que no contestaron la 118 en la que pedí el desglose de incidencia de fosas separadas por año, municipios, número de fosas y cuerpos. La 318 era una pregunta más general: "Entre el 2010 y el 2018 ¿cuáles municipios de Veracruz han tenido fosas o inhumaciones clandestinas, cuántas se han registrado por municipio y cuántos cuerpos se han encontrado?" La respuesta fue un documento de 32 páginas, copias de oficios donde la unidad de Transparencia de la FGE le pidió a las diferentes Unidades y Subunidades de Procuración de Justicia que les remitieran la información (¡como si ellos no tuvieran los datos!). Hubo reportes que llegaron bien detallados con fechas, sitios, municipio, año, número de fosas y cuerpos o restos encontrados, y otros que eran una burda tabla de 3 por 3 en la que ni siquiera se dignaron a señalar el año de las fosas.

Como en la respuesta noté que no mencionaban las fosas de Colinas de Santa Fe, además de que la región de Xalapa negó tener fosas, armé la base de datos con un cotejo a la solicitud

01597217 del periodista Ignacio Carvajal y así sumé 32 registros. Observé que en las respuestas que le dieron a este reportero también faltaban fosas que en mi solicitud sí aparecían, a pesar de que ambas fueron dirigidas a la misma dependencia. Completé los datos con lo obtenido por los colectivos como los casos de Colinas de Santa Fe, Arbolillo, Omealca o Río Blanco, además de la experiencia personal en la zona sur, notas periodísticas e información que proveyó la PGR como respuesta a la solicitud 0001700287018 que realicé y con la que sumé otras cuatro fosas.

La cifra es aproximada porque está basada en información conformada por datos oficiales de una Fiscalía que revolvió sus propios registros, datos de los colectivos y registros hemerográficos. De cualquier manera, el resultado fue estremecedor:

De 2010 a 2018, en Veracruz, se han descubierto, al menos, 460 fosas y 5 pozos con 993 cuerpos y cráneos además de decenas de miles de fragmentos óseos distribuidos en 58 municipios: Poza Rica, Álamo, Pánuco, Tampico Alto, Pueblo Viejo, Perote, Ixmatlahuacan, Oluta, Veracruz, Manlio Fabio Altamirano, Tuxpan, Papantla, Acayucan, Chinameca, Jáltipan, Nanchital, Minatitlán, Coatzacoalcos, Agua Dulce, Juan Rodríguez Clara, Ciudad Isla, Lerdo de Tejada, Ixhuacán, Teocelo, Coatepec, Perote, Yecuatla, Emiliano Zapata, Tantoyuca, Cosoleacaque, Moloacán, Oteapan, Carlos A. Carrillo, Tres Valles, Alvarado, Tihuatlán, Las Choapas, Mecayapan, Cosamaloapan, Alto Lucero, Castillo de Teayo, Texistepec, Sayula de Alemán, Tlacotalpan, Chacaltianguis, Córdoba, Ixtaczoquitlán, Tlalixcoyan, Tlapacoyan, Coatzintla, Misantla, Atzacan, Yanga, Río Blanco, Omealca, Ixhuatlán del Sureste, Cuitláhuac y Martínez de la Torre.

Por años, según la información que recopilé:

2010.	5 fosas con 7 cuerpos, cuatro localizadas en municipios del norte y una en las Altas Montañas, lo que también demostró cómo la violencia ingresó por esa zona y se extendió hacia el sur.
2011.	6 emplazamientos con 32 fosas y 91 cuerpos, con casos ya en la zona centro.
2012.	En 19 municipios se descubrieron 47 fosas con 55 cuerpos y se registraron las primeras fosas de la cuenca y del sur.
2013.	En 13 municipios se descubrieron 25 fosas con 59 cuerpos.
2014.	Se recrudeció la violencia, pues en 18 ciudades se hallaron 55 fosas con 87 cuerpos a todo lo largo del estado.
2015.	16 municipios concentraron 36 fosas y 1 pozo con un total de 87 cuerpos.
2016.	Empezaron las búsquedas de los colectivos y se dio el descubrimiento de Santa Fe, así que la cifra se disparó hasta abarcar 13 ciudades con 186 fosas y 320 cuerpos o cráneos.
2017.	19 ciudades se repartieron 33 fosas y 4 pozos con 100 cuerpos.
2018	(Hasta noviembre). Se encontraron 43 fosas con 187 cuerpos en 10 municipios.

Si las 460 fosas contabilizadas hasta 2018 se repartieran entre los 212 municipios, a cada ciudad le tocarían, mínimo, dos huecos. De hecho, 34% de los ayuntamientos veracruzanos vivió esta situación y la mayoría fueron emplazamientos frecuentes del crimen organizado.

Sí, Veracruz tiene más fosas que municipios… Y las que faltan por descubrir.

Se han encontrado casi un millar de personas, pero hay muchas más que aguardan a que los valientes colectivos las encuentren. El número es pequeño cuando se habla de que en Veracruz hay más de 10 mil personas desaparecidas. La lección final para todos nosotros fue clara: no, no todos los que desaparecen son "delincuentes". En este lugar por el sólo hecho de ser joven, mujer, periodista, fuerte, bien parecido, porque te le quedaste viendo feo al capo en turno o porque te detuvo la Policía por error, vaya, por cualquier nimiedad, eres candidato a la desaparición. Por vivir en esta rica tierra custodiada por volcanes, regada con agua de mar y coloreada con exuberante vegetación cuya frágil belleza fue cercenada y pulverizada como los huesos de sus habitantes ahora convertidos en una parte de Veracruz, clavados en él, en lo más profundo de sus playas, montañas, pozos, cafetales y cañales, mientras valientes mujeres se lamentan con sus cánticos por las calles del puerto jarocho: "¿Dónde están, dónde están, nuestros hijos dónde están?"

Siempre sale el Sol

Me conmueve la actividad de los colectivos porque no deberían existir. Están formados, sobre todo, por mujeres arrancadas de sus profesiones u oficios. Madres que se volvieron expertas rastreadoras de la muerte, casi forenses, que saben distinguir una tibia de un peroné, identificar si son restos óseos de adultos o niños. Mirarlas es entender la muerte en vida: sus ojos perdieron el brillo, las arrugas endurecieron la expresión de sus rostros, la voz se cargó de coraje y por las noches no pueden conciliar el sueño. Te hablan de fosas, ubicaciones, protocolos, números que son nombres de hijos, sobrinos, la mamá de un huérfano, la luz de los ojos de alguien, que se gritan, se pegan en el pecho y marchan con ellos.

Estas personas son victimizadas todo el tiempo. Primero, por la desaparición de su ser querido, luego por la indolencia de las autoridades y, al final, por los señalamientos de la sociedad. "Se lo llevaron porque era malo", han escuchado esa frase hasta el hartazgo. Y luego reciben con los brazos abiertos a los que creyeron que nunca les iba a pasar. Juntos buscan en la tierra, hasta con las uñas, miden huesos y hallan ropa, destapan el horror fétido de

Veracruz y abacoran a las autoridades por su corrupción, hasta evidenciarlas como inútiles, nefastas y asesinas.

En el fondo, como periodista y más con Javier Duarte, llegué a pensar que si me desaparecían, mi madre me buscaría con la misma rabia que ellas. Son mujeres que dominan el lenguaje de la muerte y sólo piden al Cielo más tiempo de vida y mucha salud para bajar al Infierno y encontrar a sus "tesoros". A lo largo de la historia, la alegoría de traer con vida a un ser amado que muere se ha manifestado en formas similares: *La divina comedia* o el mito de Orfeo y Eurídice. Y ahora, en el Siglo XXI, en Veracruz, ellas protagonizan su viaje al Averno con las correspondientes escenas dantescas, el Cerbero o el desvanecimiento eterno del ser querido, pero versión tropical, con su dosis de palmeras y calor. Lo peor que puede pasar es que cierren los ojos para siempre, porque sólo así dejarán de buscar, pero mientras vivan lo seguirán haciendo. Porque ellos existen, no están olvidados. Sólo están desaparecidos.

Colectivo Por la Paz Xalapa (Xalapa, 2011)

La historia de los colectivos de Veracruz marcó la escena nacional y ayudó a que se conformaran otras asociaciones en estados vecinos. Los colectivos de Veracruz han participado de forma activa en los Foros de Pacificación del nuevo Gobierno Federal encabezado por Andrés Manuel López Obrador, incluso fueron decisivos para que en Veracruz se aprobara una Ley en materia de Desaparición Forzada y por Particulares. Si bien no fueron ni los primeros ni los únicos, en pocos estados hay tantos colectivos en activo como en Veracruz. De hecho, aquí se realizó la primera Brigada Nacional de Búsqueda de Desaparecidos. Pero para llegar a la actualidad, debemos remontarnos hasta 2011, cuando se originó el primer colectivo de Veracruz, del que se desprendieron los demás.

En septiembre de ese año llegó a Xalapa la Caravana por La

Paz con Justicia y Dignidad, liderada por el poeta y activista Javier Sicilia. Ahí se apareció Javier Duarte, quien ya llevaba un año en el poder, y hasta "llamó" a los presentes a que cuidaran a Sicilia. Para recibirlo y coordinar las actividades que se realizarían con la llegada de la Caravana, las organizaciones no gubernamentales de la capital relacionadas con los Derechos Humanos formaron el Colectivo Por La Paz Región Xalapa, que nada tenía que ver en sus inicios con los casos de desapariciones, pues no había ningún familiar de estos, más bien se integraba por académicos, activistas, abogados y representantes de la sociedad civil.

Pero tras los primeros casos, el aumento alarmante de las desapariciones, la impunidad y el desdén de las autoridades, empezaron a acercarse personas que no sabían qué hacer. Activistas en situación de solidaridad con Sicilia acogieron a las familias, doce al principio, entre ellas a Sara González Rodríguez, cuyo hijo, Ivanhoe Mass González, de 31 años, fue desaparecido con su novia el 14 de marzo de 2010 en Boca del Río, Veracruz, a manos de la entonces Policía Intermunicipal de Veracruz-Boca del Río.

En la experiencia, los colectivos demostraron que, muchas veces, sólo a través de la presión lograban que la Fiscalía atrajera los casos de los desaparecidos. Por ejemplo, Por la Paz Xalapa logró presionar para que en 2014 la Fiscalía Especializada en Atención a Denuncias por Personas No Localizadas pasara a llamarse Fiscalía Especializada en Atención a Denuncias por Personas Desaparecidas. También encabezó las primeras mesas de trabajo en conjunto con las autoridades para la revisión de expedientes, aunque en la práctica éstas no atrajeron resultados y, tras unos meses, se fracturó la relación con Javier Duarte y los Fiscales.

Pero no todo fue miel sobre hojuelas con el nuevo colectivo. Con el tiempo hubo algunas diferencias y claroscuros que derivarían en la ruptura y diversificación de los grupos de búsqueda en el estado. En los primeros años, buena parte de las integrantes de la capital también se deslindarían por no estar de acuerdo con la forma en la que se realizaban las declaraciones, sobre todo contra Javier Duarte. Comentaban que a veces eran "regañadas" o sentían que no eran críticas contra el sistema; por eso salió Lucía de los Ángeles Díaz Genao y se fue a Veracruz.

Otra salida se dio porque Por la Paz Xalapa ya reunía a muchas personas tanto de Xalapa como de Veracruz y alrededores. De forma amable, explicaron a sus compañeras que sería buena idea formar un grupo aparte ya que había discrepancias al momento de organizarse y asistir a las reuniones como las que impartía Servicios y Asesorías para la Paz A.C. (Serapaz). Esto derivó en la creación de otro colectivo, en el puerto de Veracruz.

Luego llegaron las diferencias entre quienes fundaron Por la Paz y las madres de los desaparecidos. Se propuso volver al colectivo una asociación civil lo que ocasionó una ríspida situación con las ONGs, pues las organizaciones aclararon que el origen era apoyar a la Caravana de Sicilia y no trataban sólo casos de desapariciones en Veracruz. Entonces María Elena Gutiérrez avisó que se iba y otros miembros la siguieron para formar otro grupo en la capital, ya que "fue difícil entender que el Colectivo Por La Paz de las organizaciones que estaban apoyando a las familias, no era de nosotros, no nos pertenecía".

Sara González quedó al frente del colectivo Por la Paz. El 9 de enero de 2017 lograron constituirse legalmente como una asociación civil que sólo realiza labores de búsqueda y que trata el tema de las desapariciones. Sara estima que hay casi 20 mil desaparecidos en el estado y cree que a las personas se las llevan para esclavizarlas, usarlas en campos, laboratorios o como sicarios y, en el caso de las mujeres, dentro de la prostitución y trata de personas en el mercado del comercio sexual. "Es un fenómeno que se sigue dando porque las autoridades lo permiten", apunta. En la actualidad, Por la Paz Xalapa integra a unas 90 familias de la capital, Veracruz y Tierra Blanca, que buscan a más de un centenar de personas y sumando; hay casos en los que una sola familia busca a cuatro: una mamá y tres hermanos. No sólo tienen casos de 2010, como el de Sara, sino también de años recientes, tras la alternancia de poder. Por la Paz Xalapa, además de ser el primer colectivo veracruzano, fue el origen de cuando menos otros cuatro. Su importancia radica en las aportaciones y las presiones que realizaron, en haber encabezado los primeros acercamientos y expresar de forma pública los casos del fenómeno de las desapariciones en el estado.

Pero después de la bifurcación también quedó en evidencia la delicada relación entre los colectivos: los que se apoyan, los neutrales o más pasivos, los que condenan enérgicamente a las autoridades y los que buscan un acercamiento con ellas. No faltan las declaraciones de un grupo contra otro, como el "por qué nada más a uno le llegan mapas" o hasta acusaciones de amenazas de muerte entre ellos. Los representantes políticos del PAN han tratado de sacar beneficio con el tema o manipular a ciertos grupos (a cambio de ayuda) para tener control y, a su vez, beneficiar a sus superiores. Por eso hay quienes ven una esperanza en Cuitláhuac Jiménez García (quien Gobierna Veracruz de 2018 al 2024 con Morena) y quienes ven una "transformación de cuarta".

Al final, se trata del extremo más doloroso y grave de la desesperación. Obvio, están dispuestas a todo con tal de encontrar a sus hijos y, en ese tenor, no han faltado los políticos aprovechados. Pero, esta situación no debe desvirtuar su movimiento, porque no incluye a todos, son más bien las excepciones y no la regla, algunas individualidades y no los grupos enteros. Si bien estas situaciones existen, los colectivos en general han realizado una labor gigante, desafiado al poder y asaltado la tierra para desenterrar a sus seres amados. Han sufrido y mucho. Y al final, desde distintos puntos y con todas sus diferencias personales e ideológicas, cada uno de ellos realiza una lucha a su manera para dar con lo mismo: una señal de vida o un cuerpo al cual darle sepultura y descanso. Me pregunto: ¿Qué haríamos nosotros en su lugar? ¿Que acaso no nos volveríamos locos, enfrentándonos al mismísimo Diablo o Hades con tal de regresar de la mano del ser amado y dejar atrás el Infierno?

Colectivo de Familias de Desaparecidos Orizaba-Córdoba (Zona centro, 2012)

Aracely Salcedo Jiménez se dio a conocer ante el público como "la mujer que encaró a Javier Duarte", la que le dijo de frente: "Aquí está su pueblo mágico, donde nos desaparecen a nuestros hijos." Era octubre de 2015 y su hija Fernanda Rubí, para entonces, tenía tres años de desaparecida. El video en el que increpa al cordobés se hizo viral gracias a la publicación del periódico *El Mundo de Orizaba*, al grado de que, un mes después, Carmen Aristegui la entrevistó para CNN en español.

Siempre quise conocer a Aracely, a aquella mujer menudita con un rostro tan expresivo que representaba la tristeza con sus cejas curvadas hacia abajo, la ira con el ceño fruncido y mostrando los dientes o la conmiseración con sus ojos entrecerrados. Pero el mejor regalo al conocerla en persona fue verla sonreír, algo que casi nunca se ve en las fotos. En su momento, el vídeo de su reclamo me hizo llorar y me evocó las siguientes preguntas: ¿Qué diablos está pasando aquí? ¿Y qué tan grande es esto, que no lo estamos viendo?

En persona, Aracely tiene una voz dulce, aún más melosa al saludar de forma afectuosa. A las mujeres jóvenes les dice "mi niña", las mismas palabras que ya no le puede decir a su hija. Pero cuando habla del tema de la desaparición de su hija y del colectivo que dirige adquiere un tono agudo y un poco metálico, como una guitarra eléctrica. Estamos en la Casa del Lago de la UV, en Xalapa, justo antes de la presentación de una exposición fotográfica del colectivo de Familias de Desaparecidos Orizaba-Córdoba.

La miel pronto se deshace cuando Aracely, de 45 años, evoca el 7 de septiembre de 2012. Esa tarde llamó a Fernanda Rubí Salcedo Jiménez, su hija, quien le contó que saldría con unas amigas. Aracely era auxiliar médico y llegó a casa como a las 10:25 de la noche. Cinco minutos después recibió otra llamada de Rubí: "Pasaremos a un antro llamado Bull Dog." Para entonces, la madre ya conocía los rumores de lo que pasaba en Orizaba, la ciudad coronada por la figura del Citlaltépetl en su horizonte. Le comentó que no le gustaban esos lugares, pero la joven de 21 años dijo que sólo iba un ratito. Quince minutos después, se llevaron a Fernanda contra su voluntad y así comenzó el calvario de esta madre veracruzana.

A las 11:30 de la noche, Aracely, aún sin saber qué le había ocurrido a su hija, recibió llamadas del teléfono de Ruby: escuchó mucho bullicio, voces de hombre, vasos chocando y muchas risas. Cada 25 o 30 minutos le marcaban y lo mismo. Aracely ya estaba preocupada e insistió en llamarle de vuelta, pero no hubo respuesta. Al final, a las 3 de la mañana, con el corazón desbocado, se le cortó la respiración cuando alguien habló al otro lado de la línea. "¿Eres tú, negrita?" Titubeó y casi le da un síncope de la desesperación. "No, no soy Ruby", le dijo una voz masculina. A las 4:20 de la mañana le volvieron a marcar y cuando la voz se identificó, le dio el apellido de un personaje de la delincuencia.

Aracely y su hijo, buscaron entre las cosas del cuarto de Ruby y encontraron en su teléfono de Hello Kitty un mensaje de una de sus amigas, preocupada, que le preguntaba: "¿Qué pasó güera? ¿Cómo estás?" Decidida, salió hacia el antro cuando ya estaban limpiando los estragos de la noche de fiesta anterior. Al mostrar la foto de su hija le dijeron que no sabían nada. Se fue a la comandancia de Policía y les dijo desesperada que a su hija le había pasado algo, pero le contestaron, como si fuera normal, que no se preocupara, "ha de andar de fiesta, con un chico o se encontró un hombre rico y se fue". "Señorita, algo le pasó" , insistió, pero no le hicieron caso. Aracely volvió al antro y el gerente se compadeció de ella, la miró y le dijo en voz baja "no pudimos hacer nada".

A Fernanda Rubí, que iba vestida toda de rosa, se la llevaron en un Seat Ibiza amarillo, en el que iban cuatro sujetos, dos hombres y dos mujeres. La cargaron de donde estaba sentada platicando con otra amiga, la sacaron del antro y la subieron al vehículo. El resto del sábado su mamá recorrió hospitales y la Cruz Roja. Ya casi al final de ese día, marcó al número de Ruby y le contestó un hombre. "Nunca voy a olvidar el tono de su voz, un tono feo, grotesco", recuerda con repugnancia. Ella se alteró y le exigió que le dijera por qué tenía el teléfono de su hija y dónde estaba ella. "Yo no tengo a ninguna Ruby y deja de estar..." Nunca volvieron a contestar.

Aracely se contactó con una de las amigas de Ruby y volvieron juntas al "Bull Dog", quizá había alguna pista. Caminaron dentro y se separaron hasta que llegaron a unas mesas cerca de los sanitarios, allí se volvieron a ver de frente. De repente alguien tomó a Aracely de los hombros y ella, sin voltear, sólo pudo ver los ojos de la amiga de su hija, abiertos como platos, que con la mirada le dijo que no hiciera nada. "Sabemos lo que busca: o se va o pasa otra cosa", le advirtió la voz desconocida, mientras la otra chica le rogó que dejaran el lugar.

Pocos días más tarde Aracely descubrió que una amistad sufrió el secuestro de dos familiares, pagaron y no los regresaron; así fue conociendo más historias, de algo verdaderamente podrido en Orizaba. Acudió con la Marina, le sacaron toda la información, pero no la ayudaron. "Veía pasar a la Marina y decía: «Andan buscando a mi hija.» Mucho tiempo después me di cuenta de que fue una simulación." También pegó fotos y volantes, aunque como no tenía permiso, la Policía iba detrás de ella quitando las imágenes. El peor trato lo recibió de la Agencia Veracruzana de Investigaciones (AVI), pues cuando interpuso la denuncia, Tomás Espinosa, un comandante le "explicó": "Señora, viendo la foto, viendo estas indagaciones, lo qué pasa es que a su hija se la llevaron por bonita, es que así le gustan a esos cabrones." ¡Por bonita! Y lejos de ayudarla, todavía la expusieron. La mandaron a que se plantara frente a la casa de un tipo pesado de la delincuencia, casi a "halconear", aprovechándose de su dolor. Siguió protestando y haciendo ruido y pronto la respuesta vino por teléfono: "Mira, perra, te dijimos que te callaras, como no te vas a callar no te vamos a regresar a tu hija." Al aumentar la difusión del caso de Fernanda Ruby, Aracely recibió amenazas y hasta fotos de sus otros hijos, como una advertencia de que la tenían ubicada. Espantada, regresó a la AVI en donde recibió una regañiza que la hizo sentirse culpable: "Me dijeron, usted tuvo la culpa porque dio difusión de todo eso y los hizo enojar." Y luego el Ayuntamiento de Orizaba le negó el permiso para exhibir las lonas donde aparecía la foto de Ruby. ¿Y es que, quién querría invertir en una ciudad donde la gente desaparece? Como si evitando la difusión, se resolviera el problema.

Esta mujer llegó a un momento de gran desesperación porque le pidieron dinero en la AVI para las investigaciones, así que en ese punto ofreció darles su casa a los agentes, si le regresaban a su hija, más no hubo línea de investigación, videos o sábanas de llamadas. En Orizaba "no pasaba nada", como achacaban a Javier Duarte, pero ella no lo creía así: "Yo decía en ese momento, no soy la única madre, debe haber más personas que están en la misma situación que yo", de modo que se dio a la tarea de ubicar a otras familias de desaparecidos.

Para diciembre de 2012 ya eran un grupo de tres mamás que a donde fueran las identificaban como "las mamás de los desaparecidos de Orizaba", así que de ahí surgió el nombre: Colectivo de Familias de Desaparecidos Orizaba-Córdoba. Para 2013 se duplicó el número a 6 familias, entre las que incluían el caso de una chica con 5 meses de embarazo, un profesor, un trabajador de bienes raíces y dos menores de edad. El grupo hacía marchas y plantones en el Palacio Municipal o el panteón, pero fue en su primera marcha abierta en marzo de 2013 cuando llegaron cerca de 50 personas de la zona, de poblaciones como Huatusco y Coscomatepec, y caminaron de la caseta de cobro de Fortín hasta Córdoba. "Recuerdo que llegaron unas personas muy humildes que venían con las fotos de sus hijos con impresiones de fotocopia, con palitos, mamá de dos hijos desaparecidos" y de esa forma el colectivo fue tomando fuerza.

El 5 de junio de 2013 fue la primera vez que Duarte supo de ella, pero hasta la segunda confrontación se hizo viral el caso de Aracely. Aquel primer encuentro, del que pocos están enterados, ocurrió en Las Trancas, Córdoba, en el marco del Día del Medio Ambiente. Javier Duarte llegó al lugar para participar en un lujoso evento porque él era nativo de esa ciudad. Aracely con otras seis o siete personas se enteraron de la llegada y planearon infiltrarse al acto, aunque resultó que entrar fue más fácil de lo que imaginaron, quizá porque encima de las camisas con las fotos de sus desaparecidos llevaban unas blusas floreadas y bordadas muy bonitas. Cuando Duarte subió al estrado, ellas se levantaron de sus asientos y se quitaron la blusa descubriendo los rostros de quienes buscaban. El entonces gobernador se quedó trabado. Los escoltas corrieron para quitarlas, pero las trataron un poco más delicadamente porque había medios de comunicación. La gente comenzó a criminalizarlas, a gritarles que no tenían respeto ni dignidad, mientras Javier trataba de parecer el buen estadista que les anunciaba "ahorita las voy a atender". Ahí, fue la primera vez que Duarte supo quién era Aracely Salcedo. El caso salió nada más en un medio de comunicación, pues el resto de la prensa estaba comprada por la autoridad.

La segunda vez, sus rostros dieron la vuelta a México y al mundo. La madre llena de rabia se enfrenta a un gobernador que ríe cínico y nunca se detiene a escucharla. Desde ahí ya podíamos notar quién era Duarte en realidad, aunque muchos todavía no se daban cuenta. Eso ocurrió el viernes 21 de octubre de 2016, cuando el gobernador asistió a Orizaba (recientemente nombrado Pueblo mágico) con Karime Macías Tubilla, su esposa (ahora divorciada de él y exiliada en el extranjero) y sus dos hijos, para hacer unas tomas promocionales para su quinto informe de Gobierno. Aracely le salió al paso para reclamarle la falta de avance en las investigaciones y la corrupción de las mismas autoridades, pero él no se detuvo a atenderla, siguió su camino esbozando una cínica sonrisa y ahí fue cuando ella estalló.

–No se vale, usted viene con su familia ¿y la mía dónde está?– se puso enfrente de él mientras subían unas escaleras y le gritó entre la desesperación y casi el llanto, al tiempo que sostenía un cartel de la PGR con la foto de Ruby y la recompensa por su información.

–Lo veo –respondió en seco Duarte, con su característica voz nasal, sin detenerse un segundo.

–¿Lo veo? ¿Lo veo, cuándo? –Aracely luchó para caminar de espaldas y mantener el paso del gobernador que seguía su camino–. No, permítame.

–Te estoy escuchando –mintió Javier.

–Pues párese.

No se detuvo.

–Yo te estoy escuchando –insistió Duarte, mientras sonrió como si le estuvieran diciendo, oiga gober, qué buen trabajo ha hecho en estos años, usted merece abundancia.

–Ah no, señor gobernador, no se escude –lo señaló con la mano–, sus Fiscalías no sirven de nada, no nos ayudan en nada, señor, ¿sí?

–Muy bien.

–¡Aquí está su pueblo mágico, donde nos desaparecen a nuestros hijos!

–Ok.

–Usted como si nada.

Seguían subiendo escalaras.

–No.

–No, claro que sí señor.

–No.

–Y no se burle, quite su sonrisa, porque yo no vivo desde ese tiempo, señor.

Aracely iba a su izquierda y Duarte comenzaba a sacarle ventaja en el paso.

–Ok –la misma respuesta.

–¿Sí? Ah sí, muy bien ¿Cuándo nos puede recibir, señor?

–Le voy a decir al Fiscal General –fue la primera respuesta larga. Para entonces, la cara de Duarte había cambiado un poco, aunque sonreía, apretaba la boca y se veía molesto.

–¡Ay, por favor! ¿El Fiscal? El Fiscal es lo mismo que ustedes, ¡pura corrupción señor!

–Muy bien –en este punto ya caminaban en un pasillo y llegó un hombre a "apapachar" al gobernador, mientras Aracely se había quedado atrás.

–Sí, y ríase –gritó Aracely con más rabia, pues Javier parecía burlarse de ella mientras intercambiaba miradas con Karime, que también sonreía al tiempo que Duarte le pasaba un brazo para jalarla hacia adelante de él en el camino y un policía se interponía entre la pareja y la madre de Ruby–. ¡Ríase! ¡Que no le toque a su familia! –Se le desgarró el alma–. Porque el día que le toque, en este Pueblo mágico, va a ver lo que se siente sufrir, no ver a su hija desde hace tres años con dos meses señor, eh, lo felicito por su Pueblo mágico.

Dos días más tarde, *El Buen Tono* sacó una nota titulada "Fernanda Rubí, ligada a Los Zetas" (aún disponible en internet). El dueño del periódico, José Abella, es un polémico empresario que se ha lucido en fotos tanto con Javier Duarte como con Andrés Manuel López Obrador; en 2016 amenazó al periodista veracruzano Noé Zavaleta; fue candidato a la alcaldía de Córdoba por el

PAN; en 2018 buscó una diputación local por el PRI (por suerte perdió en ambas elecciones) y sus escoltas agredieron a golpes a ciudadanos en un mitin y hasta desenfundaron un arma de fuego. La nota criminaliza a la hija de Aracely porque asegura que "tenía nexos con la delincuencia organizada, pues era novia del fundador de la banda criminal de Los Zetas, Raúl Lucio Hernández Lechuga, «El Lucky»", quien fue detenido en Córdoba en diciembre de 2011, casi un año antes de la desaparición de Ruby. La nota de "ocho columnas", sin fuentes comprobables, remata editorializando que "ninguna madre de una hija normal, se iba a esperar tres años para irle a gritar al Gobernador. Obvio que es mandada por los adversarios políticos de Duarte. Pero, el Gobernador es el principal responsable en garantizar la seguridad de sus ciudadanos, pero si la hija era la amante del líder de plaza de los delincuentes, que ahora no exija justicia" (sic). Después, José Abella, quien concentró los ataques negativos hacia su periódico, librando así a Javier Duarte de su actuación frente a Aracely Salcedo, escribió en Facebook su postura sobre el caso de Ruby y otros desaparecidos: "Qué bueno que las desaparezcan." Por tal motivo, Aracely interpuso una demanda a nivel federal y, desde entonces, cuando en ruedas de prensa en la zona asiste gente de *El Buen Tono*, le pide que se retire, aunque los reporteros le han contestado, apenados: "Yo vengo a hacer mi trabajo, si no sale (publicado) es porque tengo jefe." Al ataque contra la imagen de Fernanda Ruby sobrevino, en abril de 2016, un intento de detención de Aracely en un falso operativo entre la Policía Municipal y la Policía Estatal.

El camino hasta entonces ha sido duro. A seis años del secuestro y la desaparición de Fernanda Ruby, Aracely sabe muy poco sobre su paradero. En agosto de 2018, Ruby, quien quería convertirse en Chef, habría cumplido 27 años; su mamá partió un pastel y encendió una vela "mágica" frente a la foto enmarcada en madera negra que carga todo el tiempo en donde se retrató Aracely sosteniendo una "selfie" de su hija. La fotografía que lleva consigo se presentó con otra veintena más en una exposición titulada "Una madre nunca olvida" por el fotógrafo Daniel Gm, inaugurada el 31 de agosto de 2018 en la Casa del Lago de la UV, en Xalapa. La participación del Colectivo de Familias de Desaparecidos Orizaba-Córdoba ha sido fundamental en México y Veracruz, por ejemplo, en el impulso para que se generara la Ley General de Desaparecidos, a nivel nacional, y la Ley de Desaparición Forzada y por Particulares para el Estado de Veracruz. En la actualidad, este colectivo integra a poco más de 260 familias víctimas de la desaparición que buscan a sus seres queridos en la zona centro del estado.

Al echar la mirada años atrás, Aracely ironizó en qué deben imaginar ahora las personas que defendieron al priista en el primer encuentro, cuando a ella le gritaron y respaldaron a Duarte. ¿Lo apoyarán todavía o pasarán a recriminarle y avergonzarse de él como todos? ¿Pensarán en aquella vez que callaron a la mujer que buscaba a su hija, luego de saber que Veracruz está lleno de fosas? "Para ellos, todo desaparecido era un criminal y, hoy, los verdaderos criminales están presos", repuso Aracely, un poco más serena. Al final, sobre la lucha de su "tesoro", así resumió: "Porque la lucha por un hijo no termina y una madre nunca olvida; hasta encontrarla, te amo, mi niña."

Colectivo El Solecito de Veracruz (Veracruz, Cardel y Córdoba, 2013)

En apenas una hora de entrevista, Lucía de los Ángeles Díaz Genao citó de memoria a Noam Chomsky y se refirió a *Alicia en el País de las maravillas*, de Lewis Carroll. Licenciada en lenguas modernas, por años fungió como traductora e intérprete en Petróleos Mexicanos (Pemex) y fue catedrática de inglés. Pero la conversación no versó sobre literatura o lingüística, sino sobre las desapariciones de Veracruz.

Hoy, Lucía es la dirigente del colectivo más representativo e importante de la entidad y uno de los principales a nivel nacional, El Solecito de Veracruz, cuyo inocente nombre atribuido al astro rey, dador de luz, calor y vida, es el epítome de la lucha contra la oscuridad que han emprendido en los últimos años. Cómo una intérprete y maestra llegó a liderar las voces de cientos de familias de desaparecidos en una historia ligada a su tragedia personal.

El 28 de junio de 2013 su hijo, de entonces 29 años, desapareció. Luis Guillermo Lagunes Díaz, conocido como "DJ Patas" (calzaba más del 30), ganó el primer lugar en un certamen de Los 40 Principales. Pasó de mezclar en los mejores clubes del puerto a tener un reconocimiento nacional, sus servicios musicales se solicitaban en bodas y diversos eventos sociales en todo el Golfo de México, desde Yucatán hasta Veracruz. Para aquella aciaga fecha, Guillermo tenía 17 contratos pendientes en Mérida, muestra de su éxito. Hasta la fecha, Lucía desconoce la razón exacta por la que se lo llevaron. Por la madrugada, sujetos armados sacaron al "DJ Patas" de su casa en el fraccionamiento Reforma, del puerto de Veracruz. Dos empleados que lo ayudaban a conectar su equipo encubrieron la situación durante varios días, hecho por el que fueron involucrados. Los únicos detenidos sobre este caso cubrieron una condena con libertad bajo fianza. "Todavía no damos exactamente. Hay un móvil del dinero. Por 17 eventos tenía anticipos en el banco, unos 300 mil pesos, que junto a una moto y camioneta entre todo eran 500 mil pesos. Pero luego descubrimos en la UECS (Unidad Especializada en Combate al Secuestro) que hay casos de secuestro por hasta 10 mil pesos."

El hecho fue por completo inesperado para Lucía, lo sería para cualquier madre. Que de un día para otro desaparezca alguien, sin dejar huella alguna, sin un posible paradero, no es algo para lo que se esté listo. Decidida a encontrarlo, pero consciente de que no podría hacerlo sola, se unió al primer colectivo, Por la Paz Xalapa. "No me sirvió de gran cosa" porque su actividad era lábil, dice Lucía, pues no pasaban de la marcha del Día de la Madres. Cuando ella y otras mujeres querían reclamar a las autoridades u obligarlas a cumplir sus promesas de búsquedas y mesas de trabajo, las dirigentes del grupo las contenían.

"Esta gente nunca en la vida va a encontrar a mi hijo, no tiene voluntad y aparte es corrupta; no lo llevará a casa", pensó Lucía sobre las autoridades y la falta de movimiento del colectivo. Así que lo abandonó y, para mediados de 2014, más de 40 personas la acompañaban. Primero, El Solecito se organizó como un grupo de WhatsApp, algo informal, ajeno a ella que gusta de tener todo bien organizado. Como no le agradaba que la imagen del perfil del grupo se viera vacía, pensó en buscar algo para que se identificara de entre las demás conversaciones. Y llegó el Sol. Fue "la cosa más espontánea del planeta Tierra". Cuando su hijo desapareció, Lucía cayó en una depresión brutal, en un inframundo, necesitó psicólogos y psiquiatras; pero aún en el peor momento, no cesó de buscar. Todo fue tan oscuro, de un negro tan absoluto, que pensó que jamás volvería a ver la luz.

–¿Qué es lo mío? –Se cuestionó mientras miraba el ícono circular vacío del grupo de madres en búsqueda– ¡La oscuridad, Dios Santo! –Dijo con amargura–. Quiero ver la luz. Quiero sentir vida y encontrar a mi hijo. Quiero ver la luz porque la oscuridad me tiene atrapada por completo –entre el soliloquio reflexionó un momento y frente a su pabilosa realidad encontró su luz– ¡El Sol!

Lucía escribió la palabra en el buscador de imágenes de Google y tras un pestañeo identificó un amanecer en el mar con el horizonte encuadrado a la mitad, todo teñido bajo la luz cálida del astro. Con grandes letras decía: "Solamente ten fe." Pensó que era una imagen bonita y la puso en el grupo para identificarlo, mientras se repetía que el Sol volvería a brillar, que debía tener confianza. Era todo lo que le quedaba o se moriría.

Cuando le pedía a alguna de sus compañeras que le mandara "un whats", sin notarlo, se hizo recurrente la pregunta "¿a tu privado o al del «solecito»?" Luego, el grupo creció hasta superar las 60 personas y Lucía les planteó que ya era hora de tener un nombre. "¿Cómo que un nombre? ¡Pues si ya tienes uno!" le respondieron. Sí, era El Solecito. "No me imagino un nombre mejor y con ese nombre tan inocente (el colectivo) se ha vuelto un «pateador» de primera. Winckler, Duarte... Nos odian con Odio Jarocho", dice orgullosa.

Se basó en Chomsky por aquello de que las palabras son las que dan forma al pensamiento. Necesitaban una palabra positiva y fue su Solecito incandescente el que surgió, de una de las noches más oscuras y tristes de Veracruz, para conformar una identidad colectiva, una ideología y una filosofía.

Como líder, Lucía de los Ángeles aprendió mucho observando lo que no funcionaba en otros colectivos, como la estática y el estancamiento, punto en el que coincidió en el camino con quien se volvería la segunda líder moral del Solecito: Rosalía Castro Toss.

Las dos mujeres siempre tienen un micrófono en la mano, van al frente en las marchas o dan las declaraciones a la prensa. Lucía se distingue por usar lentes para el Sol y Rosalía gafas oftálmicas.

Por fuera, Rosalía tiene un aspecto de dulzura, como una abuela cariñosa: su piel es muy blanca; los ojos grises azulados, como el mar de Veracruz; lleva el pelo corto, ya con canas entre su tono claro natural; pero su nariz angulosa contrasta con las arrugas de años de risas, años lejanos, largos y cansados.

La última vez que supo de su hijo fue el 24 de diciembre de 2011. Roberto Carlos Casso Castro, de 38 años, era profesor de bachillerato y dueño de una tienda de artículos deportivos. Viajó con su novia de Veracruz a Huatusco (cerca de Orizaba) para pasar la Nochebuena con Rosalía, pero en la carretera Veracruz-Cardel-Tamarindo desapareció con todo y camioneta. Siete años después no se sabe nada sobre el paradero de la pareja o el verdadero móvil. Al principio creyó que era un secuestro porque recibió llamadas donde le pedían dinero a cambio de la vida de su hijo, pero no proveyeron la prueba de vida ni lograron responder cómo le decía Rosalía a Roberto cuando era pequeño, así notó que en realidad eran extorsionadores que se aprovecharon de la búsqueda de la mujer desesperada.

Antes de llegar a El Solecito, Rosalía pasó por dos colectivos y los abandonó por su pasividad. También porque en una ocasión, una de las dirigentes la amenazó: "No me busques; por las buenas soy buena, por las malas soy muy mala." Con estas palabras, la silenció delante de un Fiscal e impidió que reclamara. "No quería sentarme a esperar", expresó la dentista. Dejó su consultorio por la carga emocional que representaba, por la falta de satisfacción en su profesión y ahora nada más vive para encontrar a su hijo. Decepcionada de los grupos y de las autoridades (primero confió y luego descubrió que no sabían ni integrar una carpeta de investigación), supo de Lucía y le envió un correo después de que una compañera le platicó que esa mujer enviaba las fotos de los desaparecidos a "todo el mundo".

"Llegaste al lugar indicado", le dijo Lucy, quien se convertiría en su entrañable compañera de lucha. Se conocieron en persona en la marcha del 10 de mayo de 2014 y coincidieron sobre la falta de movilización de los colectivos, por lo que decidieron formalizar un grupo en el que la libertad y las ganas de no callarse fueran sus bases.

Juntas llegaron hasta la Procuraduría General de la República (PGR) y Rosalía puso la denuncia por la desaparición de su hijo ante las instancias federales. Fueron a Iguala, después de Ayotzinapa, durante un mes para tomar talleres de antropología forense y aprender de las buscadoras con experiencia. También se prepararon en sistemas de terreno y en la parte psicológica. Pero una cosa son los cursos y otra es la realidad. Encontraron las primeras fosas y cuando menos se dieron cuenta, estaban escarbando restos humanos del panteón clandestino más grande de América Latina.

La vida había perdido todo sentido para Rosalía, sobre todo, al notar la inactividad de las autoridades y la carencia de avances. El Solecito se convirtió en su familia, la apoyó en la búsqueda, incluso cuando ha peligrado su vida por las amenazas. "Nosotras pensamos y confiamos que un día el Sol volverá a brillar porque vivimos en la oscuridad de saber dónde están nuestros hijos. El día que los encontremos el Sol brillará para nosotros."

Para mantener sus actividades, El Solecito comenzó a recaudar dinero entre los miembros (50-100 pesos de acuerdo a las posibilidades). Frieron botanas y garnachas para vender y montaron un bazar de ropa que, en un inicio, era la de Lucía. Blusas, zapatos y bolsas cambiaron de manos por dinero para apoyar su causa. Incluso rifaron electrodomésticos que Lucy compró para un departamento en la Ciudad de México, el cual al final ya no adquirió porque le tuvo animadversión. Luego consiguieron ropa donada de otras personas y Rosalía se encargó del bazar, que se volvió la principal fuente de ingresos del grupo. Un día llegaron tres tipos, Rosalía les preguntó qué buscaban, creyendo que querían ropa. Mientras la mujer empezó a sacar algunas prendas de caballero para mostrárselas, los tipos en seco se identificaron como Zetas y sentenciaron que iban por el cobro de piso. Sin tensión, Rosalía les dijo que el bazar era para obtener fondos para las búsquedas de los desaparecidos, que así se ayudaban a cubrir sus gastos, por lo que no estaba en posibilidades de pagarles cuota. "Si quieres llévate todo el bazar, ahorita lo pongo en bolsas o cierro", les espetó Rosalía con una frialdad en los ojos que removió a los delincuentes.

–¿Cómo la podemos ayudar? –Le preguntaron los tres tipos (¡oh! ¡Vaya ironía!) conmovidos.

–Pues dejándome vender –contestó Rosalía con hastío. Luego se sorprendería de que los delincuentes se tocaran el corazón poco más que las autoridades, quizá porque sabían que también podían terminar en una fosa.

–Disculpe, señora.

Solecito encabezó manifestaciones, tomaron la Fiscalía, marcharon el Día de la Madre, el Día Internacional del Desaparecido y en Navidad hicieron árboles que llenaron de esferas con los nombres de todos lo que no están. Ser "Solecita" es ser parte de una sororidad (solidaridad entre mujeres), de una familia que sale al "quite" cuando hay un problema, que apoya a la que está desamparada; es identidad y característica, un "quítenme lo que quieran, pero no me quiten al Solecito" explica Lucía, para diferenciar su movimiento de los demás y también para exponer el por qué la mayoría de las que buscan son mujeres. "Es la necesidad de una madre. Funciona a distintos niveles. El papá puede simular a una mamá, pero no será una mamá." Luego repasa unas líneas que escribió en una carta llamada Promesa a mi hijo: "Hijo amado, sé que me escuchas porque, en mi vientre, el latir de mi corazón te sirvió de arrullo. El tuyo y el mío laten para siempre."

Cuando El Solecito estuvo listo, compraron herramientas y hurgaron entre la tierra. Todas se enfrentaron por primera vez con un cadáver, con restos de huesos y prendas sucias. En la actualidad, el colectivo congrega a casi 250 personas que buscan a más de 300 personas. Se ha regionalizado en tres grupos: Solecito Veracruz, Solecito Córdoba y Solecito Cardel.

El Solecito es el grupo más numeroso del estado y encabeza las declaraciones contra el Sistema de Justicia veracruzano, contra sus mandatarios, funcionarios y autoridades, así como las búsquedas en fosas clandestinas. Su particular forma de trabajar también ha generado roces con otros grupos de búsqueda, aunque al final Lucía aclaró que respeta el actuar de los demás colectivos.

Este posicionamiento crítico las llevó a choques con personajes políticos, llámese Javier Duarte de Ochoa, Miguel Ángel Yunes Linares, Jorge Winckler Ortiz o María Josefina Gamboa Torrales (experiodista emanada del PAN, diputada entre 2016 y 2018, reelegida en el cargo para 2018-2021).

Resulta que el fenómeno de las desapariciones y el trabajo de los colectivos, al final, tuvieron un peso político, aunque sin premeditación. Durante las elecciones federales y locales de 2018, Lucía se pasó meses temblando ante la idea de que fueran a quedar los mismos (el PAN). Ya habían sufrido con Duarte y, para ellas, Yunes fue igual de malo. Dos semanas antes de las elecciones del 1 de julio, en donde compitió el hijo del gobernador, Miguel Ángel Yunes Márquez, "Chiquiyunes", comenzaron los ataques contra El Solecito desde la mismísima FGE al mando del rácano Jorge Winckler Ortiz. A la ofensiva se unió la diputada Marijose Gamboa, conocida porque atropelló a una persona en el bulevar de Boca del Río y terminó en la cárcel por homicidio culposo, volviéndose presa política en los tiempos de Duarte ya que fue su constante crítica.

"Comenzaron duro a tirarnos «cosas». Marijose me dijo cosas directamente y entonces sonreí como el gato de Cheshire y pensé, ah, estos están asustados porque están perdiendo." Al notar la debilidad, El Solecito reforzó sus pronunciamientos. Lucy aclaró que no se trató de una cuestión de influir en la política por razones personales, sino que "era por no tenerlos ahí". De modo que cuando Marijose Gamboa la agredió en la Fiscalía, Lucía sintió gusto porque descubrió que no estaban confiados en conseguir que Veracruz se volviera un mirreinato. Por eso "cuando ganó Cuitláhuac dije, tenía razón, no me sorprendió para nada".

Meses después de las elecciones ya no hubo golpes, "fue venganza". El viernes 28 de septiembre de 2018, el periodista Carlos Loret de Mola publicó en *El Universal* una columna titulada "Duarte tenía su propio DJ... está desaparecido." Mencionó que Luis Guillermo Lagunes Díaz, "DJ Patas", "amenizaba siempre las fiestas del gobernador Javier Duarte", que convivían "cotidianamente" y que Duarte "le abrazaba y le mostraba que le tenía cariño". Aquella noche, Lucía me confesó que el artículo la destempló. Aunque ya veía venir la venganza, no pensó que fueran a utilizar a su hijo de esta forma artera: "Mi hijo no era amigo de Duarte; quisieron implicar a mi hijo en asuntos de otro tipo. Mi hijo le prestaba un servicio a Duarte. Loret no sabe nada del caso de mi hijo." La dirigente de El Solecito advirtió que cuando Luis desapareció, Duarte no era el esbirro que ahora todos conocen (nadie lo imaginó) y que su hijo prestó un servicio como cualquier otro proveedor profesional. Puesto que horas antes le envié un tuit a Carlos Loret diciéndole si sabía que "DJ Patas" era hijo de Lucía y éste me contestó defendiéndose, Lucía me pidió que le escribiera de nuevo, con la posibilidad de que viera el mensaje: "Dile a Loret que primero indague sobre el caso, que me hubiera preguntado a mí y yo le hubiera dicho quién era mi hijo y que mi hijo le estaba dando un servicio a Duarte como se lo daba a muchísima gente en Veracruz. Entre mi hijo y Duarte, eso de amigos íntimos es una falsedad." El reportero matutino de Televisa jamás contestó.

Los años las enseñaron a templar el carácter. Sigue doliendo, eso es indudable, pero estas Solecitas aprendieron a sobreponerse a la adversidad. Son mujeres que consideran la desaparición como un acto perverso y cobarde que realizan personas inseguras, enfermas e ignorantes. "México es disfuncional porque el PRI no lo dejó crecer, es como un adolescente maleducado", opinó Lucy.

¿Por qué desaparecieron tantas personas en Veracruz? Rosalía contestó que vivimos en un narcogobierno y Lucía atisbó a las raíces de un México en donde la ignorancia en manos de delincuentes (entre los que incluye al Gobierno) sacó lo peor de una sociedad sumida en la desigualdad de oportunidades y la pobreza. Por ejemplo, aunque atajó que no aprueba las razones, hay muchas mamás que confesaron saber que a su hijo se le ocurrió entrar de "chapulín" (volverse narcomenudista) para sacar adelante a su familia, cosas que existen, pero que no representan la totalidad ni la mayoría de los casos de desaparecidos en Veracruz.

No, la verdad de las desapariciones en Veracruz es variada y, en los casos más sorprendentes, extraordinariamente simple.

En cuanto a las mujeres, hay trata, daño y perversión. También hay casos documentados, los más antiguos y en plena "Guerra contra el Narco", de cómo se llevaron a un joven recién egresado de la universidad porque salió a celebrar su logro y el Ejército lo confundió, pero fue más fácil desaparecerlo que devolverlo. O el caso de la colonia Formando Hogar, donde en un operativo policíaco barrieron con jóvenes señalados por redes sociales de pertenecer a una banda que robaba universitarios, por el hecho de salir en unas fotos. O cuando el Ejército entró con 18 hombres a buscar una persona en específico y se llevó a un muchacho por traer una credencial. O el de la señora a la que le arrebataron sus dos hijos y su nuera porque iban en un taxi que fue confundido y sus cuerpos aparecieron en una fosa en Alvarado, identificaron a uno gracias al cordón umbilical que ella guardó y tenía muestras de su ADN. O como el caso de Luis Guillermo, hijo de Lucía de los Ángeles. ¿Por qué se lo llevaron? "Se lo llevan porque pueden, porque la impunidad es muy grande." Y a pesar de tal panorama, de tantos años negros, de ataques y caídas, de criminalización y búsqueda, confían (tienen fe) en que el Sol volverá a brillar para cada una de ellas.

Red de Madres Veracruz (Veracruz, 2015)

Los integrantes del colectivo Red de Madres Veracruz se distinguen por hacer búsquedas en vida, visitan cárceles, hospitales o centros psiquiátricos. Hasta ahora no han encontrado a nadie vivo, aunque sí han logrado paliar un poco el dolor al hallar un cuerpo para brindarle sepultura.

Mario Roiz Pinzón coordina este colectivo desde el puerto de Veracruz. Cuenta que los primeros integrantes se conocieron en marchas cuando identificaron que compartían el mismo problema y que la Fiscalía era indolente con ellos. Él, como otras integrantes, iniciaron en el colectivo Por la Paz Xalapa, cuando todavía las ONGs lo encabezaban, pero después de la salida de Anahís Palacios, una activista de Derechos Humanos, sintieron que su lugar ya no estaba ahí. Además, eran del puerto y casi todas las reuniones se hacían en la capital.

En 2014 se organizaron. Contactaron a Leticia Mora, de Red de Madres Buscando a sus Hijos, un colectivo nacional, y formaron el grupo de Veracruz. Así, en 2015, nació Red de Madres Veracruz con Lourdes, Cinthia, Yolanda, René y Mario. En la actualidad, cuentan con 21 miembros que buscan a 19 personas.

La mayoría tiene más de cinco años buscando, como Mario, cuyo hermano, Francisco, desapareció el 1 de agosto de 2013 después de ir a una reunión de Transporte Público en la delegación de Veracruz. Al transportista lo bajaron de su auto y su teléfono siguió recibiendo llamadas hasta 2014 (descolgaban, pero no decían ni una palabra). A la fecha, desconocen su paradero y las razones por las que se lo llevaron.

Lourdes es buscadora de fosas, estuvo en colinas de Santa Fe y en Arbolillo. Recuerda que se enteraron de Santa Fe porque, en una marcha del 10 de mayo, un hombre les dio un mapa con muchas cruces que representaban las fosas. Cuando abrieron el permiso para explorar el lugar, logró ingresar una vez: "Es triste, muy triste, se siente un ambiente triste y feo y huele a muerte." Ella busca a su hijo Jonathan Celma Rosales, secuestrado con su novia en Veracruz el 29 de julio de 2013. Hasta ahora no sabe qué sucedió. Aunque las investigaciones condujeron a la detención de una persona, ésta se niega a hablar. Lourdes no sabe por qué la gente desaparece, pero cree que todo empezó con los policías "que se llevaban a quien sea" cuando Duarte estaba en el Gobierno y tenía a Arturo Bermúdez como Secretario de Seguridad Pública.

Mario Roiz y su colectivo están esperanzados en que Cuitláhuac García haga un trabajo digno y no traicione su palabra.

Luego resulta que cuando llegan al poder se olvidan de ellos y nada más utilizaron la bandera de los colectivos como una plataforma política. Mario casi ruega para que no salga como Yunes, quien al inicio también hacía foros, "pero cuando llegó al poder, sólo una vez se sentó con nosotros".

El colectivo Red de Madres Veracruz mantiene la esperanza de que sus familiares estén vivos, a diferencia de otros grupos que se han vuelto expertos rastreadores de la muerte. Por desgracia, han tenido que confrontar la noticia de que uno de los suyos sí estaba inhumado en un panteón clandestino. Sobre eso, Cinthia Llina Romero, integrante de este grupo, reveló algo que contraviene a lo que cree la mayoría de las madres buscadoras: no encontró paz.

Existe la idea de que encontrar familiares, aunque sea muertos, proporcionará tranquilidad. Para Cinthia no fue el caso. En su corazón hay mucha tristeza, pero también odio y rencor contra el Gobierno, en especial contra Javier Duarte, el mismo que purga una condena de 9 años con opción a salir antes por "buena conducta" y multa de 58 mil pesos, el mismo que nunca fue juzgado por las desapariciones de Veracruz. Cinthia se carga de coraje cuando se refiere el exgobernador y sentencia "ojalá que pague ese Duarte. ¿Por qué mi hijo terminó en una fosa? No es posible que Duarte se burle de un pueblo tan dolido y lastimado". Cinthia Llina quiere justicia y verdad. Aún si logra saber quién le hizo eso a su hijo, no cree volver a sentirse completa jamás en su vida. "Me imaginaba que iba a encontrar la paz, pero creo que nunca encuentras la paz después de que ya te aniquilan con toda esa atrocidad porque es una maldad tan grande. La paz nunca regresa, aún con los culpables." A pesar de su estado, cree que su labor en el colectivo Red de Madres Veracruz no ha terminado. Sí, pensó en separarse porque estaba cansada de la corrupción, pero sólo entre quienes tienen un dolor de esta magnitud pueden sentirse comprendidos. "Estaré con ellos hasta que encuentren a su familia, quién más para entender el dolor", cuenta, decidida. Así que aquí sigue, en las marchas y reuniones ayudando a sus compañeros porque son amigos de dolor, una red bajo una misma causa que enarbola la posibilidad de encontrar, al menos, un caso en el que el buscado no esté en un hoyo de la tierra, sino que respire, sueñe, que esté todavía entre nosotros.

Familiares Enlaces Xalapa (Xalapa, 2015)

Yunery Citlally Hernández Delgadillo se pintó el cabello de rojo y dejó una caja de tinte de color idéntico para su madre. El 28 de noviembre de 2011 salió de Xalapa con otras 13 jóvenes contratadas como edecanes para un evento político en Actopan. Yunery, de 26 años, 1.75 metros de altura y un físico que llamaba la atención en cualquier lugar, nunca regresó de aquel evento. Y desde entonces, Victoria Delgadillo Romero comenzó una búsqueda que derivó en la formación de su propio colectivo.

Cuando puso la denuncia, el Fiscal vio la foto y le espetó: "Se la llevaron por ser bonita, por ser guapa." Eso no es un porqué, sentencia ella. En estos años, Victoria ha descubierto que el evento era con funcionarios y gente del cártel que tenía relaciones con el Gobierno de Fidel Herrera y de Javier Duarte, pero la Fiscalía no hizo las averiguaciones debidas, la sábana de llamadas la obtuvieron hasta después de año y medio y "muchas cosas se quedaron sin investigar".

Primero estuvo en Por la Paz Xalapa, entre 2014 y 2015. Salió por los conflictos que surgieron: "El protagonismo fue lo que nos hizo separarnos como colectivo; cuando estaba Luis Ángel Bravo toda esa gente les aplaudía y a nosotras nos decían no exijan, no griten." Entonces, las personas con casos más antiguos (como el de ella) formaron el colectivo Familiares Enlaces Xalapa. Se llaman así porque pertenecen a la Red de Enlaces Nacionales y están conectados con otros grupos de todo el país.

Ahora Familiares Enlaces Xalapa se conforma por 17 familias que buscan a 22 personas y han participado en la Brigada Nacional de Búsqueda. Siguieron de cerca casos como el de La Barranca, un terreno cerca de Xalapa donde, al parecer, aventaron cuerpos desde helicópteros. Victoria cree que hay desapariciones porque "el Gobierno permitió que entraran todas esas bandas delincuenciales, les dio el acceso para que ellos estuvieran trabajando aquí y después se les fue de las manos controlar todo lo que estaba pasando y más si tanto funcionario estaba metido en todo esto".

Considera que no está en el camino sólo para ver por su hija o los 22 casos de su grupo, sino que comparte el objetivo con los otros colectivos. Aquí formaron una familia de dolor y todas buscan a todos en un caminar donde pasan autoridades de uno u otro "color", pero que demuestran la misma insensibilidad, las revictimizan y criminalizan. Y a pesar de las amenazas que ha recibido por teléfono, donde le dicen "ya no busques", no puede dejarlo. En cualquier momento del día, todos los días, se descubre pensando en Yunery. "Somos luchadoras y grandes guerreras y no vamos a dejar de buscar a nuestros hijos", dice sin vacilar.

En este colectivo, como en todos los demás de Veracruz, hay más mujeres que hombres. ¿La razón? Victoria explica que el dolor de una madre es algo muy fuerte, "algo que no te puedo explicar porque estamos vivas, pero por dentro nos hace falta algo, por dentro nos arrancaron un pedazo de nuestro corazón, seguimos vivas y caminando y buscando porque una madre nunca va a olvidar a un hijo y nuestro dolor es más intenso".

Lo más duro para Victoria no sólo ha sido el plano económico, pues ha gastado casi todos sus ahorros para cubrir los gastos de la búsqueda de su hija, sino el encarar a sus nietos con la crudeza de qué significa vivir en Veracruz. Pensó en decirles que Yunery se había ido a los Estados Unidos, pero no quiso que la odiaran por algo que no era cierto, así que les habló con la verdad. "Les dije que aquí en Veracruz se llevan a la gente, les dije lo que estamos pasando. Ahora lo entienden más, ven en redes lo de los desaparecidos o gente que aparece ya muerta o descuartizada. Entienden que su mamá estuvo en un mal momento y en un mal lugar. Son niños que saben lo que es un colectivo, que su abuela hace marchas y exige a las autoridades que les devuelvan a su mamá."

Además de la búsqueda vive con el temor de que sus nietos sean víctimas de desaparición. No hay fiestas ni salidas por el miedo a que vuelva a pasar. Porque hay quienes no entienden el dolor de ver salir a un hijo y que no regrese, no saber qué fue de él, qué le hicieron, dónde lo vas a encontrar. Puedes encontrarlo en Colinas, en Arbolillo, en Córdoba, en muchísimos lados, se excusa. Claro que no desean encontrar a sus hijos así y a pesar de tantos años de búsqueda de lucha, no se han cansado. "Por un hijo jamás te cansas y una madre nunca olvida."

Buscando a Nuestros Desaparecidos y Desaparecidas Veracruz (Xalapa-Veracruz, 2016)

Es 30 de agosto, Día del Desaparecido, y María Elena Gutiérrez Domínguez me recibe en su hogar conocido como "la casa de la abuela". Alrededor de la acogedora vivienda de la maestra jubilada de 66 años, hay un secreto doloroso que representa en lo que se ha convertido Xalapa. Bajo la mañana fresca de la capital, "Mayabuela", como le dicen de cariño, dibuja un arco invisible y me explica que en 300 metros a la redonda en una población urbana hay siete desaparecidos. "Me da cosa", se estremece y llora.

María Elena encabeza el colectivo Buscando a Nuestros Desaparecidos y Desaparecidas Veracruz. Se formó el 6 de abril de 2016, cuando se presentaron en el café Tierra Luna con dos estudiantes de Ayotzinapa y el Comité Cerezo. Hoy integran a más de 22 personas que buscan a 30 desaparecidos de ciudades como Xalapa, Jáltipan, Actopan, Veracruz y Medellín.

Éste fue uno de los primeros colectivos de Xalapa y, como los otros, también se desprendió de Por la Paz Xalapa. Sin saber que algún día formaría parte de un grupo de desaparecidos, la profesora acudió a la caravana de Sicilia como observadora ciudadana, pues siempre se visualizó como una mujer de oposición, que apoya movimientos sociales. Pero luego, en agosto de 2013, desapareció su sobrino, un abogado de 37 años con dos maestrías y una prominente carrera en el Tribunal Electoral de Veracruz. Su auto, en el que se lo llevaron cuando iba llegando a casa, apareció quemado en Actopan y con el número de motor borrado, por lo que no tienen certeza de que sea el mismo vehículo.

De repente, entre la plática, Elena se queda de pie agarrando la silla de madera y viendo sobre la mesa las siluetas de cartón negro que servirán para la protesta en la Plaza Regina. Reacciona, sonríe con dulzura y agrega melancólica: "Se me olvidan las cosas y creo que se me va a olvidar qué hacía yo. A veces creo que me voy a quedar como viejita con esta obsesión. Que lo único que recordaré es que estoy buscando."

Cuando se enteró del caso de su sobrino, sacó copias a la ficha de búsqueda y fue a pegar hojas por las calles de Xalapa "como si fueran las fotografías de los perros". Al llegar a casa, descubrió que la esposa de su sobrino no quería que se hiciera nada. A pesar de eso fue a protestar a la Plaza Regina, frente al Palacio de Gobierno, en donde después de un rato un funcionario salió para atenderlas bajo la condición de que ya se quitaran. Mayabuela se acordó del colectivo Por la Paz porque una de sus hermanas (no la mamá de su sobrino) una vez le contó que bordaba con las mamás de los desaparecidos. En aquel entonces, pensaba que esas cosas pasaban en otros estados, pero su hermana les hizo notar la dimensión de la violencia que se acercaba: "Hay familias aquí, también en Xalapa." Finalmente, con ese recuerdo se unió.

Unos años más tarde, cuando las organizaciones no gubernamentales les recordaron que Por la Paz Xalapa no les pertenecía a los desaparecidos, María Elena se salió y fundó su colectivo bajo el lema: "Por la justicia y la paz." Para entonces, la mujer de pelo plateado, cano y rulo, ya había enfrentado lo peor de la burocracia duartiana, la de los Policías ministeriales que les aseguraban que no era su obligación ir a buscar desaparecidos.

A la fecha, María Elena no cree en la cifra oficial de desaparecidos que expone la Fiscalía, "pero sé que hay un chingo", asegura. Pone como ejemplo el caso del descubrimiento de documentos que revelan la desaparición forzada de 15 jóvenes por la Policía Estatal, pues en la Academia de El Lencero se encontraron oficios sellados y firmados de cómo los muchachos fueron entregados y de ahí no se supo más. "Encuentran los oficios en cajas. De esos 15, cinco tenían denuncia de desaparición y diez no, es decir, 70% de los casos no se denuncian." Sólo en la manzana de su casa hay desaparecidos y "no es que sea una colonia de maleantes, no hay una justificación del entorno por sí mismo. La explicación de la desaparición forzada obedece a otras circunstancias".

Mientras se sirven picadas veracruzanas para el desayuno antes de salir al centro para la manifestación, llega Elda, desde Veracruz, una mujer cuyo hijo desapareció en el puerto a inicios de 2018, con Yunes hijo gobernando la ciudad y Yunes padre, el estado. "La mayoría de las compañeras creyeron que iba a parar después de Duarte, yo no. En la casa de campaña de Yunes estaba María Josefina Gamboa [a la cual se refiere como insoportablemente autoritaria] y Fernando Yunes, pero no me gustó su discurso. De un grupo de derecha no podía esperar demasiado."

Para María Elena las desapariciones ocurren en Veracruz por una política de valemadrismo mexicano en donde en la conveniencia de hacerse rico no importa la forma. Considera que la violencia es un distractor que le permitió al Gobierno hacer cambios estructurales en cosas importantes. "Al estado le conviene la violencia, le vale a las instituciones encargadas de la seguridad. La falta de justicia favorece el enriquecimiento de otros grupos:

extorsiones, cobro de piso, amenazas por denuncias. Dejaron crecer la violencia y se benefician con ese estado de caos."

Y aunque el Estado ha sido el principal en fomentar la criminalización contra las víctimas, la idea (errónea) de que el dinero de los impuestos de "ciudadanos de bien" se va a las madres que no supieron educar a sus "hijos malhechores", Mayabuela se mantiene firme al frente de su colectivo, conformado por mujeres y hombres que consideran que ser amigos del Fiscal no sirve de nada, porque es un "vende patrias". Tras acabar las picadas, carga sus siluetas y sale a protestar como lo ha hecho en los últimos cinco años hasta que sea lo único y lo último que pueda recordar.

Familiares en Búsqueda María Herrera, Poza Rica (Poza Rica, 2016)

En medio de una y otra desgracia, quienes sufren la desaparición de un familiar a veces se encuentran, se unen y se vuelven más fuertes. Al colectivo Familiares en Búsqueda María Herrera también lo amalgama el dolor, pero lo define la esperanza.

Hubo una María Herrera, allá por los primeros años de lucha independiente en México, que incendió su propia hacienda para no proporcionarle recursos al Ejército Realista. Entre nosotros, más de doscientos años después, hay otra María Herrera, de Michoacán, que se convirtió en inspiración de lucha en el tema de las desapariciones, que busca a su familia en Guerrero y en Veracruz al mismo tiempo.

La historia de María Elena Herrera Magdaleno remueve la sangre más fría. En 2008, dos de sus hijos, Jesús y Raúl, fueron desaparecidos en Atoyac de Álvarez, Guerrero, cuando volvían de un viaje. Esta familia se dedicaba a la recuperación de metales y para 2010, otros dos hijos de María, Gustavo y Luis Armando, y dos familiares más, viajaron a Veracruz para seguir con el negocio con tal de conseguir recursos para la búsqueda de los otros hermanos, pero fueron desaparecidos en un retén policíaco de Poza Rica, en la zona norte. El esposo de María murió durante estos años, de modo que sólo quedaron María Herrera y sus hijos Miguel y Juan Carlos Trujillo. Los tres buscan a cuatro en dos entidades marcadas por las desapariciones, tan distintas y similares. Estos seres humanos inspiraron un movimiento que le brindó luz a cientos de familias en condiciones muy parecidas.

Aunque su caso es triste, la relación que guarda con Veracruz se volvió un punto de inflexión para decenas de personas cuyos familiares desaparecieron en Poza Rica y que, ante el miedo de un Duarte tirano y la falta de colectivos propios, encontraron en el nombre de María Herrera lo que necesitaban para organizarse.

Maricel Torres Melo conoce muy bien la zona rural alrededor de Poza Rica porque, durante años, todos los días salió a recorrer "como una loca", dice ella, cada una de las rancherías con la foto de su hijo en mano, preguntando a todos si lo habían visto. El 25 de mayo de 2011, Iván Eduardo Castillo Torres salió a pasear con dos muchachas y otro joven a la feria CANACO que se celebra cada año; después de la diversión, fueron a cenar tacos a la avenida 20 de noviembre, de la colonia Cazones. A la 1 de la mañana, desde la taquería, se comunicó por última vez con su familia y les dijo que ya casi iba a casa. Dieron las 2 y no respondía. Tras siete años de investigaciones propias (porque la Fiscalía no tiene avances), Maricel descubrió que a su hijo y sus amigos los detuvo la Policía Intermunicipal (en contubernio con la delincuencia organizada) por el hecho de ser jóvenes, en un episodio de esclavitud moderna: trata de personas.

Las semanas posteriores a la desaparición, su familia se volvió blanco de la extorsión. Les hicieron creer que era un secuestro, así que les sacaron dinero y más dinero, pero en realidad el extorsionador era un jefe de plaza local. Hasta mediados de 2012, Maricel entregó dinero con la idea de que estaba comprando a su hijo, pues le dijeron que casi tenían que pagar por su vida en el mercado de la trata porque ya estaba en la frontera. En total, le sacaron casi un millón de pesos, hasta que quedó quebrada de forma emocional y económica. Luego se cortó la comunicación.

Abogados de Derechos Humanos le contaron a Maricel que es bastante común que jóvenes sean levantados, "escogidos", según las aptitudes que tengan. De hecho, investigando, el colectivo encontró en Tihuatlán un lugar donde el crimen entrenaba jóvenes. Tienen varios casos de grupos de muchachos de buena posición, estudiantes y bien parecidos a los que se llevaron a lugares retirados para tenerlos en laboratorios o en la cosecha. Otros fueron desaparecidos por la policía Intermunicipal (los detenía y se los entregaba al crimen). Incluso en la misma taquería donde se llevaron a su hijo, documentaron que hubo desapariciones antes y después de su caso.

De 2011 al 2016, Maricel caminó sola. "Yo decía, si aquí desaparecen muchos ¿por qué la gente se queda callada, por qué la gente no hace nada por buscar a sus hijos, si no son muebles que se puedan reemplazar?" Iba a todas las marchas, pero no sabía qué era un colectivo hasta que acudió a la protesta del 10 de mayo de 2016 y contactó a Juan Carlos Trujillo Herrera y su madre, quienes "nos enseñaron el camino". Juan Carlos la invitó a una reunión y ella invitó a las otras familias de desaparecidos de Poza Rica que había contactado por redes sociales.

También asistió José de Jesús Jiménez Gaona, papá de Jenny Isabel Jiménez Vázquez, quien fue a la feria con el hijo de Maricel la noche de la desaparición. José de Jesús ya pertenecía a la Brigada Nacional de Búsqueda de Personas Desaparecidas. Con Maricel y Juan Carlos Trujillo comenzaron a moldear el primer colectivo del norte del estado. Dispuestos a buscar a hijos y hermanos, iniciaron con 20 casos de la zona. El 15 de junio de 2016, José de Jesús representó al colectivo en una reunión en el WTC de Boca del Río. Ahí participaron otros grupos de búsqueda y autoridades estatales y federales entre las que destacó la Subsecretaría de Derechos Humanos, la Fiscalía General del Estado y la Fiscalía Especializada de Búsqueda de Personas Desaparecidas de la PGR. De la reunión, José de Jesús salió con el nombramiento de observador de las actuaciones de la FGE sobre la investigación y búsqueda de personas desaparecidas en la zona de Poza Rica. Se podría decir que ahí nació el colectivo Familiares en Búsqueda María Herrera de Poza Rica.

La alegría de este hombre duró poco. Tras años de oscuridad, había encontrado la fuerza para buscar a su hija y a otros muchachos desaparecidos. Se preparó para asistir a la primera Brigada Nacional de Búsqueda que se estrenaría en Amatlán de los Reyes, el anfiteatro que los dotaría de experiencia para descubrir los horrores de su propia región.

Una semana después, el 22 de junio, lo asesinaron. Por poco y Maricel también muere en el ataque.

Ese día, ella, José de Jesús y Francisca, su esposa, viajaban en auto para preparar el lugar donde se reunirían con el Fiscal general, Luis Ángel Bravo Contreras, al día siguiente. Era la primera vez que el Fiscal iba a Poza Rica para hacer una revisión de los casos, luego de que le exigieran respuestas tras la reunión en el WTC. Maricel se bajó 20 minutos antes porque Jesús tenía hambre y ella prefirió quedarse en la Iglesia. Cinco cuadras adelante, frente a la Fiscalía de Poza Rica, abrieron fuego contra la pareja. José de Jesús murió en el acto y su esposa quedó gravemente herida.

Después del atentado, presionaron a Maricel para dejar la búsqueda de su hijo. Pero al contar la historia y muerte de su compañero a los periodistas decidió que seguiría. "De ahí, pensando las cosas dije, no, ahora me siento más comprometida para la lucha porque ya no busco nada más a mi hijo sino también a Jenny", además de Andrés Cázares, hijo de una mujer que en la búsqueda murió de tristeza, literalmente. Entonces, Maricel comenzó a dirigir el colectivo.

Primero eran reuniones que se hacían para distraerse, platicar y sentirse comprendidos en una situación donde todo el que se acercaba para "ayudar" les pedía dinero o información. Sólo entre ellos se sentían en confianza, a salvo, seguros, pues entre sus investigaciones llegaron a "saber demasiado" del mundo de la delincuencia, a identificar quiénes eran los jefes de plaza que regían la violencia en Poza Rica, quiénes ya estaban en la cárcel o terminaron muertos en enfrentamientos. Jamás podrían volver a mirar su ciudad con los mismos ojos. "No nos podemos quedar así porque son nuestros hijos", les decía Maricel y poco a poco la gente se fue uniendo. En dos años, pasaron de ser cuatro familias a integrar 73 familiares que buscan a 87 desaparecidos. En el colectivo hay de todo, pero no juzgan, porque, fueran delincuentes o no, acota la dirigente, una madre sufre y el sufrimiento es idéntico para todas.

Los integrantes del colectivo no imaginaron que algún día entenderían de leyes, antropología forense o investigaciones ministeriales. Abrieron fosas buscando a sus hijos. Observaron cuerpos descompuestos, huesos, osamentas, cráneos y hasta restos quemados. Descubrieron el horror de "La Gallera", un rancho en el que se "cocinaba" a la gente para reducirla y en donde se halló, por primera vez en Veracruz, el cráneo de un niño.

El problema es que esto sigue. "Para mí, ya estamos rebasados en maldad", sentencia Maricel. Pero entre la maldad, también han tenido historias felices, de gente que regresó viva, como el joven veracruzano que terminó en la frontera, fue encontrado y regresó a su hogar. Y "cuando son encontrados y los encuentras muertos es muy duro", pero al menos hay certeza.

A veces, es triste porque hallan a otros, pero a su hijo todavía no. Dentro de su ser sabe que él ya no está aquí, pero tras siete años quiere encontrarlo como sea, así como a otros jóvenes, así como los han identificado entre los restos, así siquiera desea encontrar a Iván para descansar un poco. "Los utilizaron por su juventud.

No es justo que le hayan robado su vida y nos hayan destruido la nuestra. Él merece un lugar donde podamos ir a verlo." Antes de desaparecer, Iván llegaba a casa después del gimnasio, todo sudado y corría abrazar a su mamá, quien en broma lo rechazaba alegando que estaba sucio. Ahora lo que más añora es un abrazo. Su cuarto permanece igual al día que se fue. Iván, desde donde sea que estés, tu mamá te ama y te dice que te va a encontrar. Ya no le tiene miedo a nada, excepto a una cosa: morirse y no encontrarte. Ya no conoce otra vida. Ahora sabe que unos huesos duran años y tu búsqueda se ha convertido en su meta, para lo que está dedicada.

Es curioso y doloroso que Maricel haya aprendido de antropología forense. Cuando Iván desapareció estaba en tercer semestre de preparatoria y quería ser antropólogo... sólo tenía 17 años.

Colectivo Madres en Búsqueda Coatzacoalcos (Coatzacoalcos, 2016) y Madres en búsqueda Belem González (Coatzacoalcos, 2017)

A Rosa de Belem González Medrano nunca le han gustado las injusticias. Años antes de que las desapariciones se volvieran comunes en Veracruz y en Coatzacoalcos, una de las ciudades más importantes del estado y ubicada en el sur, veía los casos en la televisión sin imaginar cómo sería vivirlo en carne propia. Porque no habría por qué. "Nunca me imaginé estar aquí. Nunca se imagina uno que le va a pasar."

La mujer de 54 años, entra a una tienda de conveniencia ubicada en una céntrica colonia de Coatzacoalcos y pasa primero por un refresco sabor sangría antes de sentarse frente a una mesita de plástico azul. Se disculpa por no haber podido quedar en otro lugar, pues tiene que acompañar a una madre a la Fiscalía.

Su hijo, Jacob Vicente Jimenez González, de 27 años, desapareció el 25 de septiembre de 2015, dos meses antes de su cumpleaños. La desaparición ocurrió en medio del operativo Blindaje Coatzacoalcos con la de otros tres jóvenes que viajaban en el taxi que él manejaba. En ese operativo desaparecieron más de 30 personas, pero sólo hay once denuncias. "Lo levantó la Policía Estatal en la avenida Universidad, en el retorno que está frente al ITESCO, entre las 4 y las 5 de la tarde", sentencia. Al dueño del taxi 4594 le pagaron el seguro, pero a ella nunca le devolvieron a su hijo.

Cuando le ocurrió eso a su familia, ya había decenas de casos de desapariciones en Coatzacoalcos y la región, pero todavía no se fundaba ningún colectivo o grupo. Empezó a caminar sola y en un mismo día llegó a conocer a otras madres en búsqueda de jóvenes desaparecidos entre mayo de 2015 y febrero de 2016; en uno de los casos fueron cinco muchachos en una misma jornada. Así formaron su primera reunión y un plantón cuando iniciaba el Carnaval de Coatzacoalcos. El entonces presidente municipal, Joaquín Caballero Rosiñol, las vio "y nos ayudó a llegar a Xalapa con Luis Ángel Bravo y así los comenzaron a atender". Así nació el primer Colectivo de Coatzacoalcos: Madres en Búsqueda Coatzacoalcos.

Ese colectivo es dirigido por Lenit Enríquez Orozco, quien busca a su hermano Jhonit Enríquez, el cual desapareció con una decena de jóvenes el 11 de mayo de 2015. Madres en Búsqueda Coatzacoalcos empezó con cuatro familias y al inicio se manifestaban para presionar a las autoridades, además de hacer búsquedas en cárceles u hospitales, pero a raíz del operativo de septiembre y la segunda oleada de desapariciones forzadas, cuando ocurrió el caso del hijo de Belem, el colectivo creció y se formalizó como uno de búsqueda de desaparecidos en el sur de Veracruz y estados vecinos. Hoy suman 23 familias, de los cuales sólo un caso corresponde a la administración de Miguel Ángel Yunes Linares y el resto datan del sexenio de Javier Duarte. En su labor han ubicado fosas en la región, entre ellas una vieja bodega de pan en Coatzacoalcos, en donde los policías tenían un cuartel y enterraban a las personas que detenían.

Debido a cuestiones de organización y de pensamiento, en 2017 una compañera se separó de ese primer grupo y fundó su propio colectivo, el de Búsqueda Colectiva Coatzacoalcos zona sur, y a mediados de ese mismo año, Belem formó el suyo, Madres en Búsqueda Belem González.

En el camino, Belem descubrió que hay demasiadas familias con desaparecidos, pero sin apoyo, que sobre todo es notorio durante las tomas de muestras de ADN. Además de esto, deben enfrentarse con la criminalización de las autoridades y de la sociedad civil, pues cuando desaparecen o matan a alguien "lo primero que dicen es en algo andaban. Sólo uno que lo está viviendo sabe cómo realmente andaban". Actualmente su colectivo incluye a 24 personas que buscan a 25 jóvenes, entre ellos destaca una familia que busca al esposo y al hijo o el caso de una madre que tenía tres niños. También tiene registros de un menor de edad, de 17 años.

"Amo mi ciudad, pero duele mucho lo que está pasando, en lo que se ha convertido. Antes sí sabíamos que pasaban cosas, pero no a plena luz del día. No contra inocentes. Niños con una vida por delante", relata Belem mientras se le quiebra la voz por segunda vez; la primera fue cuando contó sobre su hijo.

Ella considera que las desapariciones se dieron en Coatzacoalcos por la ineficacia del Gobierno que sí sabía cómo trabajaba la delincuencia y por jóvenes que tenían amistades equivocadas o por estar "en el lugar equivocado en el momento equivocado".

A la fecha han tenido poco avance en los 25 expedientes, pero esperan que haya resoluciones. El cambio de Gobierno estatal representa un retraso en las investigaciones, pero también han encontrado solidaridad en Cuitláhuac, pues han tenido un par de reuniones y mesas de trabajo mensuales.

Belem es una mujer de aspecto fuerte, pero su mirada ya luce quebrada y cansada. Antes de que su hijo desapareciera, no sabía lo que era una fosa y ahora se ha vuelto experta, ha tomado cursos en la Cruz Roja y ha encontrado hasta una osamenta de mujer en Guillermo Prieto, cerca de Coatzacoalcos, además de participar en las diligencias de otros predios en 2016. La primera fosa, de hecho, la dejó muda, llena de dolor y tristeza. "¿Por qué tenemos que buscar así?"

Como en el resto de los colectivos, el suyo está integrado sólo por mujeres porque dice que a las madres les duelen más sus hijos. Esposa o hermana, siempre el dolor de una madre no tiene comparación. "Hay quienes no supieron ser padres y uno los levantó solos. ¿Quién más para buscar un hijo que una madre?" relata mientras se suena la nariz por el llanto.

Lo único que le interesa en la vida es recuperar a su hijo o lo que pueda conseguir de él. Aunque se restregó los ojos para limpiarse las lágrimas de nuevo, es inevitable que se escapan de la prisión de su mirada. Confesó que no sabe si seguir, pues tiene más hijos y es difícil combinar la vida de una buscadora y de una madre de familia. "He dejado todo por buscar a mi hijo he descuidado mi casa a mi otro hijo que me necesita." Pero ellos la entendieron y Belem les juró que algún día los va a recompensar por el tiempo que les ha "abandonado".

Con limitaciones y carencias, el colectivo Madres en Búsqueda Belem González ha salido adelante. A veces quisieran tener los medios para ayudar a todos, pero no siempre alcanza. Y ninguna de estas mujeres se imaginó estar ahí, en la ciudad en donde nacieron, el bello puerto de Coatzacoalcos, escarbando a la orilla de la playa no para recoger conchas, sino para encontrar huesos.

3
En Veracruz no pasa nada

La plenitud del pinche poder

El aprendiz de político

Mayo de 2010. Campañas electorales en Veracruz. Por ochenta años el PRI prolongó su poder, más tiempo del que estuvo al frente de la República, así que no pensaban perder en esa ocasión. Además de la gubernatura, también se jugaron las 212 alcaldías y los 50 escaños del Congreso local (30 de elección popular y 20 plurinominales). El delfín tricolor fue Javier Duarte de Ochoa, originario de Córdoba, exsecretario de Finanzas y Planeación con Fidel Herrera Beltrán y exdiputado local. Su alianza integrada por el PRI, el Partido Verde y el Partido Revolucionario Veracruzano (PRV) se llamó "Veracruz para adelante".

Los otros en la pugna por la gubernatura fueron un desangelado Dante Delgado Rannauro por la coalición "Para Cambiar Veracruz" (PRD-PT-Convergencia) y Miguel Ángel Yunes Linares con "Viva Veracruz" (PAN-PANAL), en aquel entonces, vendido como la representación del mal en persona, el represor (con un pasado como Secretario de Gobierno priista) y casi todo lo malo del mundo, obviamente con la complicidad de buena parte de los medios informativos en un tiempo en el que las redes sociales no eran ni la sombra de que lo que son ahora. Por ejemplo, daba risa la manipulación de la información en extintos periódicos como *El Centinela*, "el periódico que no se vende" (porque se regalaba a la gente, pero era financiado por el Gobierno) que colocó en su portada "El Universal anticipa amarga derrota del PAN." La gacetilla oficial del priismo para su campaña, *El buzón de Veracruz*, mostró una encuesta de Consulta Mitofsky donde la ventaja era evidente para un sonriente y regordete Duarte con el 41%, mientras que Dante apenas tenía un 3.6% junto a una triste foto y el neopanista Miguel Ángel Yunes, uy, todo terror con aquella sombría mirada, contaba con un 18.7%.

Qué escenas aquellas de 2010 cuando Veracruz todavía no conocía a fondo los levantones, desapariciones, balaceras y cobros de piso al por mayor. Oh, curioso destino, pues entonces tampoco sabíamos que los tres hombres terminarían compartiendo una historia en común: dos de ellos encarcelados después de gobernar Veracruz y sus casos se relacionarían con el tercero de los candidatos. Pero nos estamos adelantando.

Aquel sábado 15 de mayo fue la primera vez que vi a Duarte. Qué changazo. De lejos, el tipo parecía el ser más inofensivo. Con su edad, entonces 37 años, y preparación académica fue vendido como parte del "nuevo PRI". Durante la campaña estatal salió a relucir una entrevista que le habían hecho a Javier cuando aún era funcionario. En ella dejó entrever parte de su naturaleza al revelar que se identificaba con "el generalísimo Francisco Franco" y no nada más por aquello del timbre de voz, sino por su "fortaleza, entusiasmo y energía", no así, aclaró, en la dictadura como forma de gobernar.

Pues bien, en ese año el maestro Luis Velázquez, de Taller de Crónica de la UV, nos envió a cubrir algún arranque de campaña y hacer la crónica, bajo la premisa de que el periodismo no se enseña dentro de cuatro paredes. A las tres y media de la tarde llegué hasta la calle Ocho de la colonia Carranza, en Boca del Río, para toparme con una vialidad larguísima tapizada por cinco mil personas que llegaron (acarreadas y por voluntad propia) vestidas con playeras rojas. El PRI rechazó que hubiera acarreados, porque según el mismo Duarte pidió que sólo asistieran pobladores de la región (ajá).

Primero me topé con un grupo de jóvenes que se identificaron como el PUES (Proyecto de Participación Universitaria Estudiantil). Elizabeth Meza, una estudiante de octavo semestre de Medicina me dijo que una amiga del PUES la invitó a ir al arranque de campaña y "pues" fue. Tal agrupación nació en la UV años atrás durante el fidelismo, con lo que a cambio de apoyo político sus integrantes se ganaron becas y microcréditos, además de la oportunidad para algunos lidercillos de aspirar a incursionar en el partido oficial. Este grupo estuvo tan ligado a Herrera Beltrán, que su logo a tonos rojizos fue muy similar al de Fidel cuando fue senador y gobernador: en sus redes sociales (ahora inactivas) todavía hay fotos de estudiantes con camisas coloradas posando a lado del exgobernador. Al término de la administración de Fidel, el PUES ya aceptaba a estudiantes de cualquier universidad.

En eso, al más puro estilo priista, inició la repartición de latas rellenas con piedras para "hacer bulla", sombrillas, banderas, panfletos, pulseritas de tela, camisetas rojas con frases impresas como "Ruta al 2010 Duarte" y gorras del mismo color. Estas últimas, despertaron verdaderas batallas campales de hasta ocho pares de manos por una sola pieza para que el más afortunado, o más fuerte, se la quedara y así se protegiera del calor que ahogaba esa tarde. También se dispusieron juegos inflables para los niños, servicio médico y baños. La gama del entretenimiento previo a la llegada del candidato para hacer la espera más amena fue curiosa: por un lado, se paseaba un imitador de Vicente Fernández mientras que en otro extremo de la calle alternaban bandas de punk y reguetoneros, además de varias bocinas con canciones de ritmo pegajoso que coreaban "Duarte, Duarte, kikiriki", al tiempo que una botarga de gallo rojo bailoteaba por el entarimado. Regados se colocaron algunos módulos de "afielación", tan ignorados por la gente porque, pues claro, todos según ya eran priistas. En uno de los módulos apenas hubo 14 "afielados" en la jornada, aunque el joven le echó la culpa a la impresora defectuosa que no permitía imprimir las credenciales a pesar de los golpes que le dio para arreglarla.

De repente, como poseídos por alguna fuerza invisible, la ola roja de priistas y acarreados se revolvió con grupos de ferrocarrileros, maestros, taxistas, representantes sindicales de la CTM o el STPRM y los estudiantes del PUES. A las seis y media de la tarde y con el sol todavía quemándonos la coronilla llegó Javier Duarte con hora y media de retraso. "Duarte, Duarte" gritó con una fuerza impresionante el típico animador que se desgarra la garganta en aras del candidato en turno y que nunca puede faltar en los eventos priistas. Creo que debe haber uno así en cada rincón de México donde el PRI monta una presentación pública.

De una de las cuatro oficinas de gestión móvil que recibían las peticiones para entregarlas al candidato, salió Alejo Aguilar Morales, un hombre que perdió la pierna por gangrena y luchaba por avanzar entre la muchedumbre sobre una desgastada silla de ruedas para llegar hasta el candidato y entregarle una hoja en la que le pedía una silla de ruedas nueva. Otro hombre de camisa roja y sombrero, mucho más ágil que el pobre Alejo, escaló la tarima para acercarse al aspirante a Gobernador, aunque le salieron al paso los de seguridad. "Déjenlo pasar", comenzó a gritar la muchedumbre, que minutos antes animaba a Duarte y ahora era toda rechiflas y abucheos. Sólo así el hombre le pudo entregar el papel.

Duarte de Ochoa, de camisa a rayas rojas y blancas, fue recibido por la multitud que levantó sombrillas y pañuelos mientras coreaba su nombre. De repente, de manera "inesperada", un niño de camiseta y bermudas blancas corrió por el entarimado y le jaló la camisa a Javier un par de ocasiones hasta que volteó y cargó al pequeño para posar frente a los reporteros. "Queremos agua", gritó una señora, voz que terminó ahogada entre el barullo de la gente. Javier se regodeó entre el clamor, rodeado de priistas como los candidatos Salvador Manzur y Carolina Gudiño, el entonces alcalde porteño Jon Rementería Sempé o Héctor Yunes Landa, que estaba por terminar el cargo como diputado local y quien llegó desde temprano en su camioneta (seis años más tarde, desconocería a Javier y trataría de romper políticamente con él).

El candidato, de abultado vientre, comenzó a interactuar con la gente, de vez en cuando agachándose a saludar, luego cruzó las manos en el pecho y, al iniciar su discurso, levantó el puño cerrado que movió con energía tratando de mostrar una imagen fuerte que su voz trató de emular en vano, pues en lugar de hablar con firmeza, gritó: "Hoy, aquí en Boca del Río, donde el PRI ganará de manera contundente, iniciamos una campaña de fuerza, de entusiasmo, de alegría, una campaña de unidad. Donde hombres y mujeres, jóvenes y adultos tienen cabida; desde la Carranza, el priísmo manda una señal de fortaleza." Palabras después, cuando habló de vales de despensa, se le salió un "gallo" al decir "para sus hijos". La batucada que llegó desde Alvarado irrumpió ante la traición de su voz, recurrente el resto de la tarde. Con la camisa empapada en sudor, se detuvo cada tantas palabras para leer el discurso, ya que no pudo hacerlo de memoria ni de "corrido".

Fuimos ciegos. Mejor dicho, no advertimos el tipo de gobernante que sería, nadie podría haberlo adivinado. Ahora que volví a ver aquel discurso, pareció tan evidente en el rictus de su rostro, el movimiento de las manos, la voz sobrecargada, los ojos iracundos, la falsa indignación, la hipocresía en sus palabras, la cabeza alzada, la cara de locura. "No creo en la descalificación, eso se lo dejo a los que no tienen la cercanía con la gente", mintió Duarte, pues a la postre su gobierno criminalizaría a las víctimas de desaparición u homicidio. "Hoy, aquí iniciamos esta gran campaña por Veracruz. Vamos juntos para adelante", cerró con la frase que no sólo fue el eslogan de su campaña, sino de su sexenio: "Veracruz, adelante." Y vaya que sí fuimos para adelante, pero en el número de periodistas asesinados y el crecimiento de la deuda, pobreza, fosas clandestinas, desapariciones, secuestros, feminicidios y homicidios.

Un mes antes de las elecciones, se difundieron tres conversaciones telefónicas privadas entre el oriundo de Nopaltepec, Fidel Herrera Beltrán, y otros actores políticos del PRI. Medios nacionales documentaron que el dirigente nacional del PAN, César Nava Vázquez, entregó dos grabaciones más que incriminaron a Herrera con una elección de Estado. Éste, a su vez, denunció por espionaje telefónico a Nava con el candidato panista Miguel Ángel Yunes Linares, según constó en una nota del portal veracruzano *Al Calor Político* del 17 de junio de 2010 titulada "Montaje y doblaje burdo en las grabaciones del audioescándalo: Fidel Herrera."

De aquellos extractos se acuñó la frase que marcaría no sólo al Gobierno de Herrera sino a su sucesor, Javier Duarte, y al priismo. Ocurrió nada más y nada menos que con el cacique de Las Choapas, Renato Tronco Gómez, un sujeto que hizo un salto en su carrera política tras confrontarse con Fidel y después unírsele. Fidel tomó la gubernatura en 2004 y Tronco fue alcalde por primera vez con el PAN en 2005–2007, así que el choapense dio rienda suelta en sus discursos exhibiendo al gobernador como el causante de la pobreza y el rezago de su municipio. Luego ocurrió el asesinato del regidor Alfredo Pérez Juárez y Renato fue señalado como presunto autor intelectual, pero en ese momento no fue juzgado ni involucrado (hasta una década después, pero fue exonerado con Yunes). Tras el crimen, mostró una repentina cercanía con Fidel y su carrera política despegó. Aunque se hizo diputado local con el PAN en 2008, se declaró independiente y pidió licencia a tiempo para participar en las elecciones municipales de 2010 como candidato del PRI.

–Eres el mejor guerrero que tengo, cabrón —Se escuchó la voz de Fidel al referirse a Renato–. Yo justamente he estado haciendo el ahorro para terminar la carretera de tus tierras, estamos yo creo que muy cerca.

–Sí, está parada y la verdad es que…

–¿Ahí a cuánto estamos de dinero? —Interrumpió el gobernador.

–La última vez que dijimos, dijimos etiquetarle los 10 kilómetros, que no se podía todo, yo lo entendí también, no, pero no se ha hecho, señor.

–Bueno, pero ahora tengo un secretario que se va a dedicar nada más a eso, que es Guillermo Herrera y yo tengo el recurso ahorita para que le entres pa' lante. ¿Cuánto necesitas? Te lo hago llegar.

–Sí, mire, este… La verdad que el tema, digo, a mí me apena señor, créame que me apena, porque a usted se lo dije y se lo prometí: mi lealtad es para usted, mi lealtad. Pero hay cosas le digo que sí me han dejado.

–Ya hicimos todo, cabrón, ya hicimos todo y todo lo que te han dejado tirado, lo levantamos. Oye, pues estoy ahorita en plenitud del pinche poder: tengo el Gobierno en la mano.

–Eso es lo que yo digo…

En otra conversación, Fidel habló con un compositor de canciones al que se refirió como "Fogoso" (cuya identidad se desconoce) y le pidió que arreglara la música para la campaña de Duarte. El interlocutor insistió que ya había hecho la pieza y la entregó al candidato, pero no la quiso usar. "Dámelo a mí, hombre, anda muy reapendejado. Es un candidato que no es alegre, dámelo a mí, yo soy tu vínculo, Fogoso." Fidel ganó el apodo de "el góber fogoso", debido a otra conversación filtrada en la que dio órdenes a un operador político de Cardel, le dijo "no, Fogoso, no, las cosas no se hacen así".

Y llegó por fin el día de las elecciones. El PAN con Yunes demostró tener fuerza en el extremo norte del estado, en la capital y la zona conurbada Veracruz-Boca del Río. El priismo arrasó en el sur, además de los municipios de las Altas Montañas, cuna de Duarte, y otros distritos del norte como Martínez de la Torre, Tuxpan y Poza Rica.

Al cierre, como siempre, candidatos salieron a proclamarse ganadores: Miguel Ángel Yunes y Javier Duarte de Ochoa aseguraron que la votación los favoreció. El resultado definitivo dio la victoria al PRI y sus partidos satélites con 1 millón 356 mil 623 sufragios. Apenas 79 mil 472 votos por encima del PAN-PANAL que sacó 1 millón 277 mil 151 boletas a favor. Dante Delgado quedó en tercer sitio con 401 mil 839 votos (datos del Tribunal Electoral).

En el texto "Con corta distancia, Veracruz sigue siendo priísta", David Oscar Barrera Ambriz documentó que el PRI arrasó con 28 diputaciones (19 electos y 9 plurinominales); el Partido Verde tuvo sólo un electo; el PAN alcanzó 16 diputados, la mitad de ellos por la vía plurinominal; y Nueva Alianza apenas conquistó dos curules por sufragios. En cuanto a los Ayuntamientos, el PRI también mantuvo la mayor cantidad de municipios y recuperó otros posicionándose como la primera fuerza estatal. Con estos resultados, el priismo se repuso en Veracruz luego de haber perdido terreno en las elecciones previas, pero el corto margen de diferencia en la votación dio paso a que la coalición que representó Yunes impugnara la elección a gobernador ante el Tribunal Electoral del Poder Judicial del Estado (TEPJE).

El organismo estatal validó la elección a favor del cordobés el 26 de julio de 2010.

Tanto Yunes como Dante promovieron ante el Tribunal del Poder Judicial de la Federación los recursos de inconformidad SUP-JRC-244/2010 y acumulados para impugnar el cómputo final de la elección para la gubernatura, la declaración de validez de la elección y de Gobernador electo, pero también les dieron revés.

Duarte tomó posesión el 1 de diciembre y se convirtió en el vigésimo tercer hombre del tricolor (desde que era PNR, luego PRM y después PRI) en ser gobernador de Veracruz. Desde 1928, este partido tuvo el poder hasta el sexenio fatídico del Duartazgo con el que se acabó la racha.

Fidel Herrera se congratuló de que su pupilo Duarte llegara al poder. Se ha reconocido que Fidel es un hombre muy inteligente. Cuando era adolescente me tocó observarlo en un evento del Colegio de Bachilleres del Estado de Veracruz: Fidel atendió el teléfono al mismo tiempo que escribía mientras se daba un discurso y, al terminar, dio muestra de haber atendido a lo que dijo el orador con una perfección que sorprendió a toda la sala por su coherencia.

Se dice que la mayor aspiración del hombre de morena tez era, como la de casi cualquier otro político, instalarse en el poder. El maximato de Fidel, el "fidelato". Por eso escogió a Javier Duarte como sucesor, porque le resultó tan servil y complaciente a él y a su familia que cuando hubo que elegir, el factor de la familia de Fidel (que deseaba perpetuar otro sexenio de privilegios) pesó tanto… que benefició a Duarte sobre viejos amigos que ya se veían como los próximos en el "pinche poder".

Uno, en su coraje, hasta le mentó la madre a Duarte por ser el favorito y, a cambio, en el sexenio fatídico fue perseguido y se pasó los seis años revendiendo leche en su rancho.

Pero Fidel cometió un groso error, ahora sí, como sentencia el dicho, "puso circo y le crecieron los enanos". Creyó que una vez investido su pupilo como gobernador, podría seguir manteniendo las riendas de Veracruz. Desde el Palacio de Gobierno se atestiguaron historias de que en ocasiones llamó al gabinete para dar órdenes que contravenían a las de Duarte, hasta que el cordobés estalló.

En el Tercer Informe de Gobierno, en el Castillo de San Juan de Ulúa, Duarte dijo que los políticos nostálgicos que ansiaban el regreso del "príncipe" anterior (o sea, Fidel) "serían besados por el Diablo". La misma frase que Gustavo Carvajal Moreno dijo cuando era Presidente del CEN del PRI en el sexenio de López Portillo para referirse a aquellos que todavía rendían pleitesía a Luis Echeverría. Aquel discurso en la fortaleza de San Juan fue el rompimiento irreparable de Duarte con Fidel Herrera Beltrán.

Del Góber Fogoso al Góber Tuitero

En poco tiempo pasamos de tener un "Góber Fogoso" a un "Góber Tuitero", porque el nuevo mandatario resultó muy activo en Twitter desde su cuenta oficial @Javier_Duarte.

El maestro de periodismo Luis Velázquez Rivera utilizó el apodo en sus columnas y en los artículos publicados en el sitio Blog Expediente: "Javier Duarte se ha convertido en el Góber Tuitero. Desde el Twitter ejerce el poder, manda, dispone, toma decisiones, aclara paradas, desafía a sus críticos, pelea, arremete contra todos."

En esos años ya se usaba Facebook, pero Twitter tuvo un carácter más noticioso y representó una ventana de libertad para discutir asuntos públicos y dar seguimiento a los hechos que comenzaban a despuntar en Veracruz aunado al anonimato, la falta de censura y regulación que permiten las redes.

Durante los primeros meses de 2011 se popularizó el uso de la etiqueta #Verfollow para reportar incidentes y hechos delictivos del puerto de Veracruz. En julio apareció la cuenta @VerFollow que retuiteaba los verfollows y recibía reportes.

Otra de las cuentas más importantes y que sigue vigente hasta 2018 es la de "Vigilantes Veracruz" @VigilantesV. No hay idea de quién o quiénes están detrás por cuestión de seguridad, pero aceptaron contarme algunas cosas mediante dicha red social. Expusieron que una de las primeras ciudades en utilizar este tipo de etiquetas fue Reynosa, Tamaulipas. La práctica se replicó en otras como Monterrey y Veracruz a raíz de la explosión de inseguridad y como contrapeso a la falta de información oficial por parte de las autoridades: "Vigilantes Veracruz surgió como una alternativa de información no oficial de lo que acontece y no se da a conocer por las autoridades o los medios por censura o autocensura." Si bien iniciaron su trabajo informativo desde los últimos años de Fidel Herrera, el auge ocurrió en 2011 por el aumento de los hechos delictivos de alto impacto en conjunto con la mayor accesibilidad al internet por parte de la población. A través de #verfollow o arrobando a algunas de estas cuentas, los internautas reportaron desde accidentes que entorpecían el tránsito vehicular hasta ejecuciones, sobrevuelo de helicópteros, operativos policíacos y balaceras, sobre todo estas últimas, para evitar los puntos calientes y no circular por ahí. El uso de la etiqueta se convirtió en parte de la vida cotidiana del puerto: entrar para consultar si acababa de suceder algo para no andar por el lugar o para averiguar qué pasó en tal plaza, colonia o confirmar con los demás usuarios si los tronidos eran "cuetes" o balazos.

Sobre todo ganó terreno después del enfrentamiento entre gente del crimen y Fuerzas Federales la madrugada del 21 de mayo de 2011 en plena celebración del Festival de la Salsa. En la avenida Ruiz Cortines frente al hotel Lois y uno de los restaurantes más exclusivos de la ciudad, los balazos rugieron como truenos que sesgaron la tranquilidad de peatones, conductores y pobladores de las colonias del alrededor. Aquella noche me escondí bajo una mesa sin saber qué más hacer, pues era mi primera balacera y se escuchaban tan cerca (aunque ocurrió a medio kilómetro de la pensión donde vivía cuando estudiaba en la UV) que temí que en cualquier momento las balas destrozarían mi ventana. Gracias a #verfollow me enteré de lo que pasaba desde mi improvisado, pero inútil refugio. "Estoy en medio de una balacera entre el Ejército y narcos frente al Hotel Lois en Veracruz" fue un ejemplo de los mensajes que escribieron las personas que vivieron el hecho.

A los medios les impidieron el acceso a la zona donde ocurrió el ataque. Duarte, después de haber negado a los tuiteros que hubiera una balacera y decirles "todo eso es totalmente falso", "falso, falso, falso", anunció que hubo cinco personas abatidas, obvio, vía Twitter, aunque omitió mencionar la cantidad de personas inocentes que resultaron heridas por haber estado en la zona al momento de la refriega.

Este episodio también marcó la primera confrontación de Duarte con los veracruzanos y pasó en Twitter. "Puto Gordo Culero!!! No sirves, ya no podemos andar en la calle seguros" (sic), le escribió @samuelfg a @Javier_Duarte, quien, perdidos los estribos, atinó a escribir: "Cual es tu propuesta? Dejar q estos hijo putas estén en la calle secuestrando, extorcionando o vendiendo drogas? criticar es fácil" (sic). "Este es el lenguaje correcto, ¿señor gobernador? '¿Hijos de puta?'", le recriminaron. "¡No es cierto, no es verdad! Falso, son puros cuentos, esos son puros rumores" siguió respondiendo Duarte en las horas consecuentes ante los reclamos del aumento de la inseguridad que ya no permitía la vida como la conocíamos, mientras que sus ciudadanos se preguntaban "¿eso fue un trueno o una granada?"

A mediados de 2011 nació la etiqueta #Guerracruz con reportes de enfrentamientos armados. Un usuario en aquel entonces resumió muy bien la situación del puerto y del estado: "Entre balaceras, lluvias y casi huracanes #guerracruz va bien."

A Duarte le encantaba escribir en Twitter y anunciar, en menos de 140 caracteres, sus "logros" en materia de Seguridad Pública, como algún robo frustrado o una detención frente al avance del crimen organizado en el estado. También era el medio oficial para saber si no había clases por la entrada de algún frente frío, lo que a los años se convirtió en una broma local impulsada por los estudiantes felices de no tener que ir a la escuela por órdenes del Góber Tuitero, a pesar de que en numerosas ocasiones la jornada en la que se esperaba un "nortazo" terminaba con sol y calor:

"Sabía que no podías fallarle a los Duartelieber", "Te amo" o "Muy bien gordito hermoso" fue la tónica de algunos comentarios hilarantes que le dedicaron los jóvenes al gobernador cada vez que suspendía clases.

Pero llegó aquel jueves 25 de agosto de 2011, cuando desde Twitter surgieron versiones de balaceras y presuntos ataques de narcos a escuelas. El caos migró de las redes a las calles que se vaciaron al mismo tiempo que los helicópteros sobrevolaron bajo. Era reciente el uso de #verfollow y #Guerracruz, pero ya habían demostrado su efectividad para comunicar lo que al Gobierno de Duarte no le convenía, pues a pesar de que tuvo controlada a buena parte de la prensa, nunca pudo hacerlo en su totalidad con las redes sociales. Y entonces ocurrió la detención de dos personas, María de la Luz Bravo Pagola y Gilberto Martínez Vera, acusados de terrorismo por el Gobierno del Estado tras reformar el artículo 311 del capítulo V "Terrorismo" Código Penal que quedó de esta forma: "A quien utilizando explosivos, substancias tóxicas, armas de fuego o por incendio, inundación o por cualquier otro medio realice actos en contra de las personas, las cosas o servicios al público, que produzcan alarma, temor, terror en la población o en un grupo o sector de ella, para perturbar la paz pública o tratar de menoscabar la autoridad del Estado o presionar a ésta para que tome una determinación, se le impondrán de tres a treinta años de prisión, multa hasta de setecientos cincuenta días de salario y suspensión de derechos políticos hasta por cinco años."

Los dos cibernautas fueron liberados en septiembre. "Vigilantes Veracruz" detalló que la persecución de activistas de redes sociales se recrudeció y muchos usuarios fueron amenazados por *bots*, así que cerraron sus cuentas y abrieron nuevas con seudónimos "para continuar alertando sobre las situaciones de riesgo que habían visto principalmente en la ciudad de Veracruz a través de #Verfollow". Entre los mensajes recibieron amenazas de muerte acompañadas con palabras altisonantes y el clásico "ya te tenemos ubicado" para completar el amedrentamiento, pero lo sorprendente fue la sincronización de las amenazas de estas cuentas de *bots*. Los tuiteros notaron que tras la huída de Duarte aquellos *bots* dejaron de funcionar o Twitter los eliminó de su plataforma, lo que aumentó la suposición de que las amenazas provinieron del Gobierno estatal. Con el éxito de estas cuentas de denuncia ciudadana, tan necesarias como herramienta ante el crecimiento de los actos delictivos, los grupos criminales que se disputaron la plaza también intentaron contactarse con los tuiteros para difundir sus mensajes o hacer llegar amenazas a los grupos rivales, aunque los ciberactivistas tuvieron cuidado de no involucrarse.

Campo de guerra

La represión en redes sociales y la insostenible situación de inseguridad fueron los primeros dominós de una hilera que derrumbarían el Estado de Derecho cuando ni un año llevaba Javier al frente del Gobierno. Si ya habían pasado cosas horribles, lo que sucedió el 20 de septiembre de 2011 hizo de Veracruz noticia internacional.

Aquella tarde, el Secretario de Gobernación de Felipe Calderón Hinojosa, Francisco Blake Mora, llegó al World Trade Center de Boca del Río a una reunión con electricistas sindicalizados. Mientras que el alto funcionario de Gobierno se encontraba en el evento, dos camionetas de redilas blancas circularon por la avenida Ruiz Cortines hasta llegar al paso a desnivel a la altura de la glorieta de los Voladores de Papantla. Frente a los silentes hombres de piedra y una réplica en miniatura del Tajín, las puertas de las "estaquitas" se abrieron y la lona azul que cubría toda la caja se destapó: treinta y cinco cuerpos semidesnudos, maniatados, amordazados, de hombres y mujeres, adolescentes y adultos, quedaron exhibidos en la vía pública. Con sangre fría, todavía hubo tiempo para regar una decena de cadáveres sobre el concreto hidráulico y hasta para colgar una "narcomanta" en las puertas de la camioneta.

Regina Martínez, corresponsal de *Proceso* para Veracruz, documentó la macabra escena. Esa misma tarde se confirmó el número de víctimas. El Procurador, Reynaldo Escobar Pérez, declaró "que todos los identificados tenían antecedentes penales", tras una comparación de datos con la Plataforma México. En entrevistas a televisoras y estaciones de radio atribuyó el caso a una célula perteneciente al Cártel de Sinaloa conocida como Los Mata Zetas. Este brazo armado con el tiempo formó el Cartel Jalisco Nueva Generación (CJNG) que llegó para quedarse a disputar la plaza de Veracruz.

A las oficinas de los medios de comunicación llegaron mensajes anónimos con relación a la carnicería masiva, pero sólo *Notiver* los publicó y revelaron lo que decía la manta que se colgó en la camioneta de redilas: "Fuera ZETAZ del estado de Veracruz". Como si no fuera suficiente, en Youtube se colgó un vídeo en el que cinco personas encapuchadas autoidentificadas como Mata Zetas se "disculparon" por la matanza y argumentaron tener principios éticos que les prohibían realizar diversos delitos como el secuestro y la extorsión, además de que no pretendían confrontarse con el Estado Mexicano sino "sólo acabar" con el grupo rival.

Las víctimas fueron 23 hombres y 12 mujeres desaparecidos en la ciudad de Veracruz entre dos semanas y pocos días antes de la masacre, entre ellos cuatro menores de edad y un policía de la intermunicipal Veracruz-Boca del Río. Hubo de todas las edades, desde adolescentes hasta personas de 50 años. La mayoría murió por asfixia, estrangulamiento o golpes. Se identificaron, al menos, 28 de 35 cuerpos. Aunque hubo quien defendió que no todos los asesinados tenían vínculo con la delincuencia, Javier Duarte externó lo contrario y el 21 de septiembre escribió en Twitter: "Es aberrante e indignante, repudio lo q ocurrió ayer, pero el mensaje es muy claro, en Veracruz no hay cabida para la delincuencia" (sic). Más tarde agregó: "Es lamentable el asesinato de 35 personas, pero lo es más q esas mismas personas hayan escogido dedicarse a extorsionar, secuestrar y matar."

Entre los asesinados se encontró el cuerpo de Iván Cuesta Sánchez, la "Brigitte", una transexual de 22 años. "Brigitte" era un símbolo del puerto jarocho durante aquellos años, pues ofrecía servicios sexuales de alto nivel. Destacaba por su belleza y su rubia cabellera, pero sobre todo porque cada noche se paraba junto a una banca de concreto en la esquina de Juan Pablo II y la calzada Costa Verde. Estacionaba su Mini Cooper rojo y le gustaba escuchar música de Lady Gaga.

En 2009, cuando llegué a estudiar al puerto, ver a la "Brigitte" era de esas cosas que tenías que hacer, si no, no habías vivido en Veracruz. Solíamos mirarla de lejos, parada en la esquina con altos tacones y una falda cortísima que dejaban entrever las esbeltas piernas. Desde el otro lado de la calle, mis compañeros no perdían la oportunidad de gritarle: "¡Te amo, Brigitte!" De hecho, cuando todavía se podía salir de noche, era casi un ritual que aquellos que regresaban de antro pasaran por Costa Verde a gritarle muestras de cariño.

Las historias de su muerte prematura eran comunes mientras fungió como ícono de la cultura popular del puerto. Antes de la masacre se esparció el último rumor de que la habían asesinado, pero hubo suspiros de alivio cuando la vieron posar como de costumbre en la esquina, a dos manzanas del campus Mocambo de la UV. Hasta que un día se confirmó que sí la habían asesinado y arrojado con otras 34 personas junto a la glorieta de los voladores. La banca de "Brigitte" se llenó de flores y veladoras por aquellos días.

Llegó octubre y una nueva escena de terror se conformó en Veracruz. Ahora fue el hallazgo de 32 personas asesinadas y repartidas en tres puntos: veinte en una casa en Jardines de Mocambo, once en Costa Verde y uno en Costa de Oro, uno de los fraccionamientos más exclusivos de Boca del Río.

Al inicio, Los Zetas se crearon por exmilitares mexicanos y guatemaltecos como brazo armado del Cártel del Golfo (de Osiel Cárdenas Guillen). Los Mata Zetas surgieron como la extensión armada del Cártel de Sinaloa (de "El Chapo" Guzmán).

De Los Mata Zetas nació el Cártel Jalisco Nueva Generación. Es decir, los dos grupos resultaron ser acérrimos enemigos desde su concepción. Todavía bajo el control del Cártel del Golfo, Los Zetas ingresaron a Veracruz y se expandieron de tal forma que llegaron a ostentar un poder hegemónico en el estado, imprimiendo a su paso un sello de violencia. El crecimiento del cártel ocurrió en el sexenio de Fidel Herrera hasta hacerse con el control de la plaza, cuando se separaron del CDG en 2010 y se constituyeron como un grupo delictivo autónomo.

De esto dio cuenta el informe titulado "Control... sobre todo el Estado de Coahuila. Un análisis de testimonios en juicios contra integrantes de Los Zetas en San Antonio, Austin y Del Rio, Texas" elaborado por la Clínica de Derechos Humanos (Human Rights Clinic) de la Escuela de Leyes de la Universidad de Texas, Estados Unidos. En el documento de noviembre de 2017, citaron el testimonio de José Carlos Hinojosa, exfiscal convertido en contador de Los Zetas, quien en los juicios de Austin declaró que en 2004: "Los Zetas comenzaron a expandir su influencia en la esfera política. Efraín Torres, uno de los fundadores de Los Zetas, proporcionó grandes cantidades de dinero a un candidato a la gubernatura del Estado de Veracruz. Según la declaración bajo protesta de un agente del FBI, este candidato fue Fidel Herrera, quien ocupó el cargo de gobernador de Veracruz del 2004 al 2010. Durante los Juicios de Austin, varios testigos también mencionaron pagos a la campaña electoral de Fidel Herrera en el 2004." Más adelante, en el documento, reiteraron que Efraín Torres "le dio 12 millones de dólares a [Francisco] Colorado Cessa (empresario acusado de lavado de dinero y prestanombres para Los Zetas) para apoyar la campaña electoral de Fidel Herrera para gobernador de Veracruz en el 2004". Sobre el control total que llegó a tener el grupo delictivo en el estado, el informe de la Universidad de Texas explicó que los testigos se referían a que contaban con "influencia sobre las fuerzas policiales, Fiscalías y demás funcionarios públicos, para evitar que interfirieran con sus operaciones y para sembrar el terror en el área".

Si bien este documento se publicó hasta 2017, desde mucho antes ya se habían dado rumores de los presuntos vínculos entre Los Zetas y Fidel Herrera. Una de las primeras ocasiones que el dato salió a la luz fue en 2011, luego de la matanza frente al WTC y a través del video mencionado donde unos hombres armados se "disculpaban" por los hechos, en el que también señalaron a Fidel Herrera de ser el que permitió la entrada de los de "la última letra" y hasta lo identificaron con el alias del "Z-1". En breve, Fidel Herrera declaró ante el noticiero radiofónico de MVS que dirigía Carmen Aristegui que su acérrimo adversario político y examigo, Miguel Ángel Yunes Linares, era el responsable del video de Los Mata Zetas como parte de una supuesta campaña de difamación.

Un año más tarde, en 2012, Yunes realizó declaraciones públicas en entrevista para la primera emisión de MVS asegurando que había una relación entre el grupo delictivo y Herrera. Como fuera, la presencia de Los Zetas fue real en Veracruz y se convirtió en uno de los bastiones más fuertes del cártel durante los años de Fidel Herrera, hasta verse diezmados con el ingreso de la nueva organización delictiva, el CJNG, ya en el sexenio de Javier Duarte de Ochoa.

No se había acabado el primer año de mandato de Duarte cuando se dieron las primeras fosas clandestinas masivas (ocultas por la administración priista). Años más tarde, ante solicitudes de información pública, la PGR reveló los datos en la Plataforma Nacional de Transparencia: dos fosas con 28 cuerpos en Manlio Fabio Altamirano y otros emplazamientos no se hicieron públicos en su momento. En ese primer año del sexenio fatídico también se cometieron los asesinatos de cuatro periodistas: Noel López Olguín, reportero de Jáltipan; el columnista de *Notiver*, Miguel Ángel López Velasco y su hijo, fotógrafo, Misael López Solana; y Yolanda Ordaz de la Cruz, reportera policíaca de *Notiver*. Al término del mandato sumarían 17, la peor cifra a nivel nacional que colocó a Veracruz como uno de los lugares más peligrosos para ejercer el periodismo, no sólo en el país sino a nivel mundial, con una situación casi comparada con Siria o Afganistán, con la diferencia de que aquí no había una conflicto armado declarado, ¿o sí?

En los años subsecuentes surgieron algunas historias que, en un inicio, creímos que eran una especie de leyendas urbanas: se contaba que en esa época en los antros más populares de Boca del Río-Veracruz las luces se apagaban después de la medianoche con los malosos dentro, quienes ya habían elegido a las chicas que se llevarían. Lo que sí se documentaron fueron asesinatos dentro de esos tugurios, incluso, en una ocasión, entraron con una bolsa de plástico negra que guardaba una cabeza para dejarla expuesta sobre una mesa en un establecimiento muy popular, hasta que varios de esos centros nocturnos prefirieron cerrar por los constantes ataques o macabros hallazgos dentro y fuera de sus instalaciones.

Las frases

A Javier Duarte le adjudicaron una serie de frases a lo largo de su mandato, casi siempre relacionadas con la negación de la inseguridad, que por obvias razones provocaron indignación y hartazgo.

Primero llegó la de "en Veracruz no pasa nada". Al parecer fue extraída de una entrevista con *Al Calor Político* el 17 de marzo de 2014 y se sacó de contexto, pues el gobernador declaró que no se la pasaba diciendo que en Veracruz "no pasa nada porque sí pasan cosas en el Estado, pero ya no son la constante como era al inicio de mi administración", pero, para el dominio popular se quedó grabada la otra impresión. Hay registros que apuntan a que esta frase se dijo desde la administración de Fidel, porque cuando Felipe Calderón le preguntaba cómo andaba Veracruz, éste siempre respondía que no pasaba nada.

Otra sentencia famosa fue la de los frutsis y pingüinos, el 14 de octubre de 2014: "Antes se hablaba de balaceras y asesinatos, de participación de la delincuencia organizada y hoy hablamos de robos a negocios, de que se robaron un frutsi y unos pingüinos en el Oxxo."

La de las "manzanas podridas" vino en 2015, cuando pidió (advirtió) a los periodistas "pórtense bien; todos sabemos quiénes andan en malos pasos, dicen que en Veracruz sólo no se sabe lo que todavía no se nos ocurre, todos sabemos quiénes de una u otra manera tienen vinculación, que nos hagamos como que la Virgen nos habla es otra historia, pero todos sabemos quiénes tienen vínculos y quiénes están metidos con el hampa, pórtense bien por favor (…) Vamos a sacudir el árbol y se van a caer muchas manzanas podridas", pues agregó que si algo les pasaba, a él es a quien "crucificarían".

En agosto de 2016 solicitó licencia para separarse del cargo (apenas un par de meses antes de que huyera) y dijo en entrevista con *El Universal* que no se veía en la cárcel: "¿Me veo en la cárcel? No. Y por una simple y sencilla razón: hay una conseja popular y siempre la conseja popular es sabia y dice lo siguiente: «El que nada debe, nada teme.»"

Y para julio de 2017, después de que ya había sido encontrado en Guatemala y se preparaba su extradición, sorprendió diciéndole a los reporteros que sí tenía algo que declarar y, luego, con histrionismo incluido, dijo: "Paciencia, prudencia, verbal contingencia, dominio de ciencia, presencia o ausencia según conveniencia." La frase, que después se supo era una especie de dicho español del escritor sevillano Santiago Montoto, tendría alguna relación con su esposa Karime Macías, pues en 2014 ella publicó en su columna llamada "Casa Veracruz" la frase disgregada como si fueran ingredientes de una receta "purificadora, desintoxicante, regeneradora e incluso milagrosa".

Un minuto de silencio

Niños

Entre periodistas decimos que siempre hay casos que te marcan y casi la mayoría concordamos en que los más dolorosos son los relacionados con niños. ¿Qué orilla a alguien a quitarle la vida a un menor? ¿Qué empuja a niños y adolescentes a terminar dentro de las cifras rojas de la guerra entre cárteles y el Estado? Hay demasiadas respuestas para estas dos preguntas, pero no creo que exista justificación a ninguna de ellas.

Datos del INEGI revelaron que en Veracruz hay registros de menores asesinados, desde casos de bebés menores a 1 año, niños entre 1 y 10 años, hasta adolescentes entre 11 y 19 años. Lo preocupante es que, si se comparan con el número anual de homicidios en Veracruz, los casos de niños y adolescentes representan casi 10% de las muertes violentas en el estado. De 2000 al 2017 el INEGI expuso que en Veracruz hubo 1,346 menores y adolescentes víctimas de homicidio. La cifra negra tomó notoriedad con Fidel Herrera, se recrudeció con Javier Duarte y aumentó con

Miguel Ángel Yunes, con quien se registró en 2017 un total de 137 casos correspondientes a menores de 19 años.

Varias de las muertes que se cometieron en los años de Duarte y Yunes destacaron por el grado de crueldad impreso en el acto.

En Las Choapas:

- Un niño de 8 años estaba en la tienda de abarrotes de su abuelita, cuando un sujeto se metió para esconderse porque lo perseguían otros hombres que dieron con él y lo asesinaron entre un estante de frituras y una hielera con tortillas, pero también descargaron el arma contra el pequeño que presenció los hechos cuando, descalzo, corrió a esconderse a la casa de su abuela.
- Otra noche, en la calle, mataron a tiros a una vendedora de flores y hierbas de olor y a su nieta de 12 años de edad.
- Una quinceañera estaba con sus hermanitos de 11 y 13 años en una casa hecha de láminas, cuando un grupo de sujetos armados llegó, le dieron un cachazo a uno, dispararon en el estómago contra otro y a la joven de 15 años la sacaron para asesinarla, dejando su casa como una coladera.

En Coatzacoalcos:

- Mataron a una familia entera, entre ella a cuatro niños menores a los 10 años de edad.
- En una balacera, una niña de 4 años fue alcanzada por una bala y murió en el hospital.

- Una joven de 14 años y su madre esperaban el camión a plena luz del día, cuando dispararon contra la terminal y una bala se alojó en la cabeza de la adolescente, aunque en este caso sí logró sobrevivir.

En Tecolutla:

- Sicarios rafaguearon una casa, según buscando al padre de familia, pero un niño de 8 años resultó herido de muerte y otros dos menores y la madre resultaron lesionados.

En Cosoleacaque:

- Sicarios fueron a matar a un hombre que se escondió abajo de la cama de su pareja, por lo que al abrir fuego en la oscuridad no sólo lo asesinaron a él, también a la niña de 8 años que dormía tranquilamente.

"Dani"

Son tantos los casos de niños asesinados que se cuentan por cientos. De todas las cosas horripilantes y tristes que he cubierto, esta historia me "pegó" mucho como periodista.

Me topé con esos niños varias veces a lo largo de un par de años. Testigo silente de su crecimiento al borde de la miseria, jamás creí que un día uno de ellos acabaría asesinado y de la peor forma. Apenas tenía unos meses como reportera de tiempo completo cuando me llamó la atención aquel niño menudito de piel morena y cabello fino y lacio parado junto a un "diablito" afuera del Oxxo. La mayoría que entraba y salía lo ignoraba a pesar de que les abría la puerta, pues a cambio esperaba una moneda. Regresé a preguntarle si vendía algo y me mostró las bolas de pozol (bebida tradicional tabasqueña hecha con base en maíz fermentado) que guardaba en la cubeta sobre el "diablito" y que vendía a 12 pesos.

Tratando de hacerle plática, le pregunté su nombre y mintió diciendo que se llamaba "José". Poco a poco fue ganando confianza y me confesó que su mamá le pidió que dijera otro nombre, porque ya una vez se lo habían llevado el DIF Municipal (una señora lo denunció creyendo que lo mandaban a pedir dinero). También, un día, un hombre con cabellos pintados de rubio se lo trató de llevar. Al final me dijo que se llamaba "Daniel", tenía dos hermanos y le gustaba ayudar a su mamá a vender pozol y tamales, pues en su casa hacía falta el dinero.

En la escuela, una muy humilde, hasta se burlaban de él y le decían que sus papás no tenían dinero y por eso lo mandaban a trabajar, pero nada de eso le importaba: "Malo es si estuviera pidiendo o robando; en eso de estar robando te pueden cachar y seguro es para los que sienten que están solos" y él no se sentía sólo.

Con el tiempo, después de aquella plática conocí a su mamá y su papá en diferentes circunstancias y resultaron ser bastante amables; ella, en especial, se sentía orgullosa de que "Dani" ayudara en casa, pues eran muy pobres. Un día vi pasar al niño (que entonces tenía 8 años y parecía de 6) en un triciclo con su hermano mayor, muy parecido a él, aunque sus facciones ya eran un poco más ¿duras? Quizá, la vida lo había curtido ya. Los chicos me contaron que recogían basura a cambio de 5 o 10 pesos, pero cuando la iban a tirar a los camiones de Limpia Pública, uno de los encargados les quería cobrar parte de lo que ganaban a cambio del permiso. Una vez que vieron al Presidente Municipal llegar al Oxxo donde Dani vendía pozol, acusaron al del camión esperando que el hombre se tentara el corazón, pero los ignoró, así que se les ocurrió echar la basura en una carretera, total, los de limpia ahora tendrían que recogerla.

Casi un año después de conocerlos, a finales de agosto de 2015, me llamó la atención una hoja tamaño carta pegada afuera de un supermercado que mostraba la fotografía de un niño vestido con uniforme de secundaria y una mochila roja. Abajo, con letras grandes y moradas decía: "SE BUSCA." A mano habían agregado algunos datos como "me yamo Arturo" (sic), un teléfono celular para contactarse y algunas referencias de la persona que lo buscaba. Llamé para ver si una nota podía ayudar a difundir los datos y elevar la posibilidad de que alguien lo hubiera visto. Al teléfono atendió una mujer (no su madre, sino una conocida que ayudaba a buscarlo), contó que el niño había salido hacía dos días para cobrar unos tamales, pero nunca regresó y los tenía preocupados.

Entonces caí en la cuenta: era el hermano de Daniel, el chico que recogía basura.

A las 9 de la mañana del 28 de agosto me avisaron del hallazgo de un cuerpo en el basurero municipal. Para entonces era bastante normal, como reportera que también cubría policíaca, que me avisaran de hechos trágicos, accidentes, fosas o hallazgos. Por alguna razón, esa vez me dieron el dato un poco tarde y cuando iba hacia las afueras de la ciudad, vi que regresaban las patrullas.

Me moví a la funeraria local donde siempre llevaban los cuerpos y me enteré de que cuando la maquinaria estaba removiendo la basura para que entrara más en el tiradero a cielo abierto encontraron el cadáver de un hombre, uno "macizo", que estaba grande y pesaba. "Le cortaron la cabeza", aclararon. De ahí bajaron el cuerpo cubierto con una bolsa de plástico negro sobre la vieja plancha de metal que quién sabe cuántos cadáveres en condiciones similares ha cargado; mientras un pedazo de pierna o brazo amarillento se asomó por entre la cubierta improvisada. Por las características que me habían dado, todos creían que era un hombre adulto.

El corazón me dio un vuelco cuando llegué a las oficinas del Ministerio Público y de la Policía Ministerial (a un costado) y vi que en las escaleras aguardaba Irene, la mamá de Danielito, acompañada por el más pequeño de los tres hermanos. Los ministeriales le llamaron para que acudieran a ver el cuerpo que encontraron y determinara si era Arturo o no. Ella repetía que no podría ser su hijo, que había otros desaparecidos, que seguro era alguien más. Apenas esa semana Arturo había entrado al segundo año de secundaria. Tenía 13 años.

De repente, la mujer me miró con ojos vidriosos y casi imploró: "¿Sabes si es mi hijo?" Le contesté que no podía saberlo porque iba tapado cuando lo bajaron a la funeraria y traté de calmarla, pero en eso las dos volteamos hacia atrás: de la camioneta de la Policía Ministerial bajó el esposo de Irene. Parecía que se iba a desarmar mientras acortaba los diez metros que había entre él y su esposa. A mitad del camino por fin levantó la mirada, le clavó los ojos y murmuró muy bajito: "Sí es él."

Irene se deshizo en llanto, se abrazaron y la mujer comenzó a lanzar maldiciones contra un hombre al que acusó de haber mandado matar a su hijo, hasta desgarrarse el alma entre la furia y el coraje. También lloró el hermano más pequeño, chiquito, raquítico, imposible adivinar su edad, el que a pesar de la inocencia de sus facciones supo bien lo que es la muerte, más bien, la violencia hecha muerte. Mientras transcurrió la escena pasaron unos soldados a bordo de una camioneta y sólo mantuvieron gacha la cabeza, pues aunque no sabían de qué se trataba, parecían adivinar que era una escena más de lo que a diario sucede en este país. De nada sirven los reclamos mutuos entre los padres: "¿Por qué lo mandaste? ¿Por qué lo dejaste ir?", pues la pobreza, aunque no se viera, extendió su mano huesuda y contribuyó a su muerte. ¿Quién no quisiera que sus hijos estuvieran a salvo en casa sin la necesidad de salir a vender cualquier cosa para subsistir? Al final, la lluvia rompió el cielo como tratando de borrar con el petricor el olor a muerte.

Al niño le cortaron el cuello y arrojaron su cuerpo a un basurero. La noticia llamó la atención a nivel nacional y se aseguró que el crimen conmocionó a toda la ciudad, lo cual fue una absoluta mentira. A muy pocos les importó la muerte de este niño que, desde antes, fue invisible a los ojos de muchos. Su ausencia pesó a su familia y nada más. La gente lo recuerda más bien como la estadística o el hecho espantoso de su ciudad que devela la violencia de Veracruz. De hecho, hasta el perito apareció riéndose en las fotos mientras levantaban el cuerpo entre la basura como si estuviera en una excursión durante un día soleado. Casi un año después, depurando mi archivo fotográfico, encontré una foto de enero de 2014 en donde el presidente municipal en turno está hablando con un niño al que con el puro gesto demostraba lo poco que le importaba escucharlo. El niño era Arturo.

El párroco de la localidad se convirtió en una estrella de redes sociales, así que una mañana fui a visitarlo para entrevistarlo sobre unos temas y tocamos el de la violencia, aunque básicamente le echó la culpa al Diablo, a las narcoseries y a la juventud "tan desatada" de estos tiempos. Cuando le conté lo espantoso que había sido lo de Arturo, me dijo que un día que andaba vestido de civil, tomó un taxi para ir al seminario y, en la misma unidad, se subió un niño con un bote con tamales. Según el padre, el taxista le reclamó al niño que si le iba a pagar y éste sacó un grueso fajo de billetes, le aventó uno y luego se bajó de la unidad. Tiempo después mientras cruzábamos un rancho cenagoso después de ver el cadáver de un niño, un reportero y un informante del Ejército, entre pláticas, recordaron el caso de Arturo y dijeron que le había comprado una motocicleta a un maloso y que se había "querido pasar de listo" simulando que cobraba piso. "No lo mataron porque fuera bueno" me sentenció el otro reportero con tono burlón, hasta de triunfo, como si habláramos de… no sé. Cualquier cosa menos niños.

Desde entonces Daniel luce más melancólico que de costumbre. Anda en una vieja bicicleta y a veces trae las chanclas rotas. Un tiempo trabajó de cerillito en el súper local, pero luego lo corrieron y ya ni siquiera dejan que venda tamales afuera. Cuando lo veo, siempre me dice que sí va a la escuela, pero no creo que sea verdad, ya debería haber entrado a la secundaria. Su mamá ya no quiere que salga, pero mientras toma el viejo triciclo para recoger basura él le asegura que no le va a pasar lo que a Arturo, que no se preocupe.

Una mañana que nos topamos en el parque, le pregunté si quería unos tacos. A lo largo de estos años sus facciones se han endureciendo y se va pareciendo a su hermano. Devoró tres tacos de cochinita pibil y un agua de horchata con una avidez que alegra y espanta. "A mi hermano lo mataron por 20 mil pesos" soltó de repente y explicó que lo escuchó de su mamá y de las autoridades que la han entrevistado, que un hombre lo mandó matar porque no quería que anduviera con su hija. Cuando volvimos caminando por el parque logró sonreír un poco por el almuerzo y señaló con el dedo un local de videojuegos al que a veces iba con Arturo, pero después posó los grandes ojos café en unos columpios oxidados instalados en el jardín: "Aquí venía con Arturo y a veces nos sentábamos en los columpios y nos olvidábamos por un momento de todo, como si fuéramos chiquitos; lo extraño mucho."

En silencio, con un nudo en la garganta, se me quedaron atoradas las ganas de decirle: no, querido Daniel, ustedes sólo son niños y no debería ser normal que en Veracruz terminen decapitados y entre la basura.

Fotografía tamaño infantil

Esta historia también me afectó mucho como periodista. Si existe una forma para ejemplificar el significado literal de "marginación", la encontré a finales de un lluvioso enero de 2018. Llegar hasta la casita de palos y láminas de la familia Moreno era conocer la última vivienda en el borde de una de las colonias más pobres del municipio sureño de Agua Dulce, una ciudad que al parecer no tiene nada, excepto la singularidad de los peores casos de violencia. Más allá de la choza no había más que ranchos y humedales en los que todavía retozan cocodrilos salvajes.

Un par de días atrás, la madrugada del 19, reportaron a la Policía Municipal que había un menor herido de bala. El muchacho apenas tuvo fuerzas para decir que allá, entre los potreros, había quedado un niño de 13 años que lo acompañó a limpiar un terreno. La familia pasó toda la madrugada hasta el alba recorriendo prados enmontados hasta encontrarlo en el rancho "El Armadillo". El predio donde lo hallaron amarrado y con varios impactos de bala en el cuerpo se extendía hasta llegar casi al patio de su casa; así murió, tan cerca y tan lejos.

Sacarlo fue todo un desafío, pues el único camino era avanzar a través de unos doscientos metros entre la maleza de casi dos metros de alto, con charcos repletos de serpientes grises. A un costado de las cintas amarillas, mientras peritos hacían sus diligencias, esperó Juan Moreno, papá del niño asesinado, quien lamentó la rebeldía de su muchacho, que se enojaba porque él le cuestionaba a dónde salía y con quién.

La muerte de su hijo fue apenas el primer trago amargo que debió pasar, ya que tuvo que enfrentarse con la burocracia veracruzana de la muerte. De mala suerte, le tocó en viernes. Era domingo, el cuerpo ya se estaba descomponiendo y aún no podía ser enterrado porque le querían cobrar la necropsia en 1,500 pesos, más el viaje. Agua Dulce se quedó sin oficinas del Ministerio Público después de 2015 y dependía de la Subunidad Procuradora de Justicia del vecino municipio. El padre era un pepenador que subsistía con el poco dinero que conseguía por cambiar latas y fierros con los chatarreros o por desmontar algún terreno.

Hasta el lunes, Juan pudo enterrar a su hijo, del mismo nombre. El martes, la casita lúgubre con patio de tierra conservaba una cruz de flores frescas, rodeadas de veladoras y una foto tamaño infantil de cuando el niño salió de la primaria.

El Juan de 13 años acababa de entrar a la secundaria, de hecho, la misma a la que fue Arturo, el otro chico asesinado años atrás en la misma ciudad. Había salido a buscar trabajo o eso fue lo que dijo a su padre. "Tenía buena inteligencia; quería ser técnico", recordó y repitió que su hijo no quería que desconfiaran de él.

En la choza donde habitaba no existen las paredes, sólo palos de bambú seco colocados unos a lado de otros y una que otra parte tiene alguna lona vieja y rota, todo bajo un techo de láminas de zinc; una casa que el lobo feroz echaría abajo de un soplido sin dudarlo.

A pesar del inusual frío que se sentía, Juan Moreno lució el mismo suéter del Cruz Azul viejo, raído y delgado que llevó hace varios días cuando encontraron a su hijo. Entre la tristeza, se culpó por ser muy pobre, pues creyó que su situación orilló a su hijo a salir de casa a buscar trabajo y, quizá, a juntarse con las personas equivocadas. "Mi hijo no hacía cosas malas, trabajaba en varias colonias", contó Juan y añadió detalles del rezo que le hicieron, pero al final de la entrevista de repente miró a la cámara. "Perdón, ya no puedo más", dijo y dio rienda suelta al llanto, pues extraña demasiado a su niño, su primogénito, al que ya no volverá a ver jamás.

Juan y su esposa no pidieron justicia, no porque no quieran, sino por temor. Manifestaron tener miedo a que una noche lleguen por ellos y disparen contra la casita, sabiendo que por las paredes con más huecos que nada, se pueda colar algo más que el aire, el plomo. Pero eso no quita que no le duela la muerte. Consciente de su pobreza, también vivió la experiencia de que el acceso a la justicia es más una excepción que un derecho, de modo que su único consuelo será ver a su hijo a través de las dos únicas fotos que le quedan de él: una de cuando salió de la primaria, con todo el grupo, y la del certificado con su carita en blanco y negro, peinado de lado y ligera sonrisa, en tamaño infantil.

El ángel de Coatzacoalcos

Pasó la primera mitad del Gobierno de Duarte y Veracruz ya se había convertido en el megacementerio clandestino en donde delincuentes y Policías desaparecían por igual a las personas. En especial, el año 2014 fue muy violento y cruel. Como si ya nada importara, el crimen se desató en el territorio veracruzano con un descaro e impunidad indignante. Uno de los casos más tristes del duartismo pasó en ese año y dejó como víctima a una pequeña de tan sólo cinco años de edad, en Coatzacoalcos. Se conoció como el Caso Karime por el nombre de la pequeñita cuya foto con sonrisa de ángel, con su tía, terminó incrustada en carteles de búsqueda con la leyenda "desaparecidas".

El 7 de julio, Mónica Reyes, tía de Karime, volvía de recogerla de la escuela en la colonia Playa Sol cuando ambas fueron secuestradas. Los plagiarios pidieron una fuerte cantidad de dinero por liberarlas, mientras que los desesperados padres buscaron a las autoridades ministeriales para denunciar los hechos, pero éstas actuaron de la forma en la que siempre lo han hecho.

La indignación se apoderó de Coatzacoalcos y el 22 de agosto los ciudadanos marcharon exigiendo que la menor fuera encontrada y lanzando consignas contra Duarte, diciéndole que renunciara. Desde el 27 de agosto se comenzó a saber que la pequeña y su tía tuvieron un final trágico, pero las autoridades lo negaron. Una de las razones para retrasar el hallazgo, documentó el periodista Enrique Burgos, de *El Liberal del Sur,* fue no afectar la V Reunión Plenaria de Senadores del PRI y Partido Verde que se programó el 28 y 29 de agosto en Boca del Río, "evento político que promovía la exdiputada local por el Partido Verde", Mónica Robles Barajas, actual diputada local por Morena.

Hasta el 5 de septiembre se confirmó la noticia que rompió el corazón de los porteños cuando se exhumaron los cuerpos de Karime y su tía en el patio de una casa de seguridad y sobre el cual se echaron varias capas de cemento para complicar el hallazgo. Después, la Procuraduría de Justicia de Veracruz con Luis Ángel Bravo Contreras aseguró que la tía estuvo involucrada en la planeación del secuestro con otros tres sujetos, con uno de los cuales tenía una relación sentimental. Como no pudieron concretar el pago y se les salió de las manos, los individuos asesinaron a la menor "ante el temor de que la niña pudiera identificarlos" y también a Mónica.

Los sujetos involucrados en el caso fueron Miguel Ángel Lemarroy Gutiérrez "El Charro" (supuesto novio de la tía), José Salinas "El Panadero" y José Armando Salinas Linares, este último, el único detenido y quien involucró a Mónica en el proceso. Lemarroy apareció muerto (se dijo que a los ministeriales se les fue la mano con la tortura) y "El Panadero" sigue prófugo. La versión oficial de las autoridades, involucrando a la familiar asesinada, al parecer no presenta ninguna certeza, pero la estrategia duartista sirvió para criminalizar a las víctimas y salir del paso ante los reclamos de la altísima inseguridad, en un caso en donde la falta expedita de justicia, compasión y empatía contrastaron con los intereses políticos de un grupo en el poder. Desde hace cuatro años, la fundación "Karime, Ángel de Coatzacoalcos" trabaja para apoyar a otras familias que también han sufrido la pérdida de un ser amado en manos de la violencia destrampada.

Jóvenes

Los cinco de Tierra Blanca

De entre cientos, miles de desapariciones, el más emblemático de los casos de desaparición forzada fue el de los cinco jóvenes originarios de Playa Vicente, que ocurrió en Tierra Blanca, en la cuenca del Papaloapan, al sur de la entidad. Este episodio descubrió el grado de deshumanización no sólo de los grupos criminales sino de una Policía que trabajó en contubernio con ellos y condenó a muchos inocentes.

El 11 de enero de 2016 cinco jóvenes regresaban de una fiesta en Veracruz con destino a Playa Vicente. A las 11 de la mañana, Susana T. G. (16 años), José Benítez de la O (24), Mario Arturo Orozco Sánchez (27), Alfredo González Díaz (25) y Bernardo Benítez Arróniz (25) se detuvieron a desayunar en Tierra Blanca.

Al circular por una concurrida avenida en un Jetta con placas de la Ciudad de México, una patrulla de la Policía Estatal les ordenó detenerse para una revisión, según por tener "actitud sospechosa" e ir a exceso de velocidad, lo cual era imposible porque en ese tramo había como cuatro topes y mucho tránsito vehicular. La unidad donde iban los cinco se estacionó cerca de un "Súper Che" y una gasolinera, a una cuadra de la comandancia de la SSP. Los uniformados les advirtieron a los jóvenes que era una "revisión de rutina", pero no les encontraron nada. Avanzó el Jetta con la unidad oficial detrás, luego la patrulla se pasó enfrente del vehículo particular y éste la siguió, cuatro cuadras después se perdió el rastro. Lo que se volvió a saber de alguno de uno de ellos fue el hallazgo de un pedazo de fémur calcinado en un narcorancho del terror, incertidumbre sobre el paradero de la mayoría e impunidad, mucha impunidad.

El abogado Celestino Espinosa Rivera se desempeñó como servidor público de una forma que escasea en Veracruz: proporcionando apoyo a las familias de los cinco jóvenes, esto le costó el trabajo en el Gobierno estatal después de una trayectoria de 15 años en la que llegó a trabajar en distintos municipios como Ministerio Público y Fiscal investigador.

Años antes de este caso, conoció a los papás de los muchachos desaparecidos y entablaron una amistad cuando lo designaron MP en Playa Vicente, ciudad que describió como pequeña y en la que todos conocen a todos: "Los ubicaba y platicaba con ellos; el abuelo de uno de ellos fue ganadero de esa zona." Por eso, dos días después de que ocurrió el "levantón", a las 11 de la noche, familiares desesperados decidieron contactarse con él con la confianza de que podría ayudarlos: abrieron la llamada con un "no sé nada de mi hijo". Para entonces el licenciado Celestino ya no laboraba en la Fiscalía, pero era responsable de la Unidad de Acceso a la Información de la SEDESOL que encabezaba Alfredo Ferrari Saavedra. "Necesitaban recomendación de qué hacer, no había información, no sabían con quién dirigirse o con qué abogado", contó Espinosa desde una cafetería donde nos reunimos en Xalapa.

Como fue Ministerio Público sabía cómo era el actuar común de la Fiscalía en esos casos, así que sin dudarlo les dijo: "Si quieren, yo voy." Esa misma madrugada llegó como pudo a Playa Vicente y empezó a trabajar solicitudes para que las autoridades atrajeran la investigación.

La Policía Estatal ya había negado ver a los jóvenes, pero pronto el abogado y las familias consiguieron los vídeos de dos comercios distintos en los que pudieron revivir los momentos cuando sucedió la revisión. En los vídeos también se vio cómo la patrulla iba por delante y después hubo un cambio en el orden de los vehículos. ¿A dónde llevaron a los jóvenes y para qué tanta vuelta si a media cuadra estaba la Comandancia? Eso apenas lo descubrirían.

Los vídeos ayudaron a impulsar la investigación y el ruedo mediático que generó la desaparición de los jóvenes presionó para que el caso avanzara. La Fiscalía de Veracruz no investigó como debió hacerlo hasta que hubo presión desde el nivel federal. El auto apareció por esos días, intacto, rumbo a Medellín. Por fin lograron identificar a la patrulla que intervino a los cinco y para el 14 de enero se llevaron a 40 policías, pero sólo quedaron 4 detenidos, que aceptaron haber hecho la detención, mas negaron saber dónde estaban. Después detuvieron a otros tres, entre ellos a Marcos Conde Hernández, quien era el delegado de la SSP en dicha zona. El 24 de enero la Gendarmería de la Policía Federal detuvo con su hijo y otra persona a Francisco Navarrete Serna, conocido habitante de Tierra Blanca, quien fue expuesto por las autoridades como como jefe de plaza del Cártel Jalisco Nueva Generación (CJNG).

Ya había detenidos por la desaparición forzada y rápido salió a relucir que varios de los policías y el delegado Marcos Conde no sólo tenían una larga lista de antecedentes en otras regiones de Veracruz, sino que no habían pasado los exámenes de control y confianza, requisito básico para pertenecer a la corporación. Gracias a la declaración de uno de los policías detenidos, la Fiscalía dio la noticia que todos temían: los cinco jóvenes fueron entregados "a terceras personas", es decir, al crimen organizado.

A un mes del caso, Alfredo Ferrari le pidió la oficina a Celestino Espinosa.

Quedarse fuera del Gobierno estatal no bajó la guardia ni los ánimos del abogado. Tenía verdadera empatía por las familias, sobre todo porque conoció en vida a los muchachos, que describió como jóvenes sanos, altos y de complexión robusta que no tenían que ver con el ámbito de la delincuencia.

Entre tanto, la Fiscalía simuló actuaciones de búsqueda. Consiguieron la ubicación de un narcorancho y así ingresaron a "El Limón", una propiedad de Francisco Navarrete ubicada dentro del municipio de Tlalixcoyan, cuyo acceso parte de la autopista Cosamaloapan-La Tinaja. El 10 de febrero la Fuerza Civil ingresó al punto y descubrieron casi tres mil restos calcinados. Ocho días después el policía Rubén Hernández Pérez declaró que los cinco muchachos fueron llevados al rancho y que ahí los asesinaron… y contó con detalle cómo y por qué estas vidas se condenaron.

El grupo de jóvenes le pareció "sospechoso" a un elemento. Ésa fue su sentencia de muerte. Eso motivó la detención. Enteraron al delegado Marcos Conde sobre la intervención, del auto los pasaron a la patrulla y recibieron la orden de enfilar hacia "El Limón". "Los subimos a la [camioneta] y para que cupieran bajamos el respaldo del asiento trasero y los subimos por la cajuela sentándolos de frente, de dos en dos, con las piernas encogidas hacia el pecho y las manos atadas hacia atrás; en el asiento del copiloto se fue la muchacha", declaró el policía Rubén Hernández. A uno de los que cuidaba el rancho le avisaron por mensaje que "iban a tener visita".

Cuando llegaron a "El Limón" los recibieron seis personas jóvenes, menores de 25 años, que bajaron a los cinco detenidos y los metieron a un cuartito. Después de un rato, los sacaron y enfilaron sobre un camino que llevaba hacia una hondonada salpicada por un arroyuelo. El Policía decidió no bajar y tomó lugar con otro elemento como espectador desde lo alto de la colina "de donde podía observar todo lo que hacían". Entonces vieron cómo, uno por uno, acostaron a los cuatro muchachos y a la jovencita y recargaron sus cabezas sobre una piedra. Uno de los sicarios tomó un hacha grande, de unos 50 centímetros, que tenía la inscripción "Te estoy ¿? ESPeRando" y también había una macana de madera que decía "NO MIENTAS". Con la parte del hacha que no tiene filo, asestaron golpes certeros en la nuca, uno por uno hasta ver que no se movieran. Los sicarios detenidos corroboraron la versión de que asesinaron a los cinco a batazos y los remataron con el hacha.

Uno de los jóvenes pidió a gritos que llevaran diésel, otro se fue a hacer la comida y mientras llegaba el combustible, el policía volteó a ver a su compañero y le dijo que mejor ya se fueran. Los policías volvieron a Tierra Blanca y cenaron, fueron a la delegación y terminaron su día platicando.

En el rancho, uno fue a hacer la comida, al mismo tiempo los otros miembros del CJNG se preparaban para "cocinar" a las víctimas. Uno de los detenidos contó que a él y a otro les tocó descuartizar a los muchachos con serruchos. Cuando acabaron, los dejaron ahí para ir a cenar. Otros sicarios distintos declararon que empezaron a preparar los tambos de doscientos litros, un poco oxidados y con perforaciones a los costados en forma de "V" que sirven para drenar la grasa, el diésel o como respiradero. Otro más bajó con aguas y refrescos y observó cómo de dos en dos se rolaban para llenar los tambos "para que se quemaran bien los restos, eso duro hasta las cinco de la mañana". Los quemaron. Se consumieron en tres horas y quedaron reducidos a cenizas. Y a las siete de la mañana, ya con el Sol arriba del horizonte, aventaron al río los restos triturados en un molino de caña.

En total fueron 21 detenidos procesados por desaparición forzada, 8 policías y 13 civiles identificados como miembros de una organización delictiva, además hubo vehículos asegurados y casi 30 tomos de diferentes diligencias y procesamiento de datos. A pesar de las declaraciones, de los cinco jóvenes de Playa Vicente sólo se encontró un pedazo de fémur de Bernardo Benítez Arroniz y sangre de Alfredo González Díaz. En apenas 60 metros de río se hallaron 10 mil restos y se estimó que en el rancho de "El Limón" se pudo haber asesinado a más de 400 personas que acabaron revueltas convertidas en cenizas.

Estos jóvenes no tenían por qué morir. Un policía los condenó al considerarlos sospechosos. Porque eran jóvenes, de buena complexión e iban en un auto con placas de fuera. Por eso y porque la SSP de Arturo Bermúdez practicó una limpia en contra de Los Zetas, se dedicó a desaparecer a jóvenes con ciertas características que, consideraron, eran de delincuentes. Por cada una de las personas que entregaron al crimen, estimaron colectivos, los policías recibieron entre 15 y 20 mil pesos. Cuando llegaron a "El Limón", los sicarios preguntaron si "eran contras", los policías respondieron que ahí traían "otro paquete" y los entregaron a sus verdugos para una muerte horrenda que nadie, absolutamente nadie merece.

Que a Celestino Espinosa lo destituyeran como funcionario estatal fue "algo que ya se veía venir". Aunque ya no es servidor público, no se arrepiente de haber ayudado a las cinco familias de Tierra Blanca. En medio de la entrevista, el jurista acarició un agua mineral de lata; hacía calor en Xalapa como para tomar café. De repente nos detuvimos en silencio, pues a unos metros un Policía Estatal aguardaba en la barra a que le entregaran su bebida. El ambiente, por un instante, se tensó para nosotros. ¿Irónico, no? Tenerle miedo a esos que deberían cuidarnos. Esperamos a que se fuera para retomar la conversación. "Los muchachos estaban limpios, limpios", repitió con tristeza.

¿Arturo Bermúdez Zurita estuvo enterado? El abogado Celestino Espinosa creyó que sí bajo el "principio de disciplina", en donde los elementos de bajo nivel reciben órdenes de sus superiores, quienes a su vez responden a otros más altos. Cadena de mando. La desaparición sistemática en Veracruz fue una práctica regular en donde no hubo forma de determinar quién era delincuente más que el criterio del uniformado, mientras que los malosos sólo preguntaban "¿contras o efectivos?"

Contras eran los de otro bando, efectivos, quien "realmente hizo algo". En este terrible caso también se destacó la presunta relación de la Secretaría de Marina (SEMAR) con Navarrete, el cual fue señalado de "informante". Por ejemplo, días después de que estalló el caso en los medios, hubo cambios de la Naval y SEDENA en Veracruz. No querían otro "Ayotzinapa" aunque fue muy similar. Otro escándalo para Peña que se quedó en Duarte.

Hasta noviembre de 2018, el delegado Marcos Conde no había sido procesado. Al llegar a la Fiscalía, Jorge Winckler usó el tema como bandera política, pero no hubo justicia real. El Solecito de Veracruz documentó hasta 50 casos que evidenciaron la práctica sistemática de las desapariciones forzadas.

Las familias de los cinco están resignadas, sin terminar de creer las versiones oficiales, se resisten al destino final. El abogado Celestino insistió en que se deben investigar a los superiores jerárquicos o no habrá verdadera justicia y seguirá la impunidad. De hecho, se amplió la denuncia hasta alcanzar a Arturo Bermúdez

Zurita, Secretario de Seguridad Pública, y a su subsecretario, Nabor Nava Holguín. Bermúdez estuvo internado en el penal de Pacho Viejo por desaparición forzada, pero ya enfrenta el proceso en libertad. En septiembre de 2018, Francisco Navarrete obtuvo un amparo, su familia dijo que la detención fue un montaje de Duarte y que lo usaron como chivo expiatorio.

Juventud secuestrada

Ser joven, mujer y veracruzana pareció ser una triple sentencia en la última década violenta. Génesis Deyanira Urrutia Ramírez era estudiante del último semestre de la Facultad de Ciencias de la Comunicación (FACICO) de la Universidad Veracruzana. Tenía 22 años cuando la desaparecieron y asesinaron con otros dos jóvenes universitarios, Leobardo Arroyo y Octavio García. Su crimen sacó a cientos de estudiantes universitarios a las calles a exigir justicia y fue la sentencia absoluta de que, en definitiva, nadie estaba exento de morir asesinado en Veracruz.

El jueves 29 de septiembre los tres jóvenes fueron privados de su libertad afuera de Plaza Crystal, en una zona muy concurrida de Veracruz. Aunque cerca había nueve cámaras de seguridad sólo se obtuvo una cinta en la que, por su ubicación, no se logró ver nada que pudiera ayudar a identificar los últimos momentos de los universitarios.

Génesis era una chica hermosa, fotogénica e inteligente. La tres veces campeona de ajedrez, estuvo en una movilidad estudiantil en la Universidad de La Loja, en Ecuador, por parte de la UV, y su sueño era estudiar una maestría en España. También promovió una campaña de ortografía a través de pequeñas notas que pegó en paradas de autobuses y otros sitios públicos.

De la privación de la libertad, los estudiantes de la FACICO no se enteraron hasta un par de días más tarde cuando comenzó a circular un anuncio con dos fotos de la chica, sus datos generales y un número de contacto con un enorme "SE BUSCA" en letras rojas. Y aunque al inicio se creyó que podría ser un secuestro, la Fiscalía, como de costumbre, no tardó en filtrar algunos datos para criminalizar a las víctimas como ocurrió con Octavio García Baruch, de quien se expuso, fue detenido el 28 de diciembre de 2012 vinculado con una banda que se dedicaba al secuestro, además de que su hermano, Gustavo García, fue desaparecido el 12 de octubre de 2015. Ante los señalamientos, la hermana de Octavio aclaró en el noticiero matutino de Ciro Gómez Leyva que Octavio y ella fueron secuestrados en la ciudad de Acayucan y que la familia nada más pudo pagar el rescate de la muchacha.

Días después la banda de secuestradores "cayó" y entre las fotografías difundidas salió su hermano como si fuera parte de la misma, aunque después quedó en libertad ante la falta de cargos. Tres años más tarde, Gustavo fue sacado de su casa en el puerto de Veracruz con otros tres jóvenes (tal como le pasaba ahora a su otro hermano) y cinco días más tarde de interponer la denuncia ante la Fiscalía, la familia recibió una llamada en la que les decían que no los buscaran más porque habían sido ejecutados.

Esta situación trató de nublar el caso y manchar la imagen de los universitarios, pero los estudiantes y directivos de la FACICO protestaron en las calles para exigir que su compañera fuera encontrada. Uno de los mejores catedráticos de esa facultad, José Luis Cerdán Díaz, comunicólogo y sociólogo, en esos momentos se refirió a las marchas de los estudiantes como "una forma conmovedora no dejar de hacer el intento, dignificar el caso y presionar a la autoridad para que no se hagan pendejos".

Los alumnos armaron colectas, imprimieron lonas y repartieron volantes, pero ante la insistencia de la Fiscalía de que la desaparición de Génesis y los otros muchachos estaba relacionada con la delincuencia organizada, la actividad fue cesando y se limitó a consignas en redes sociales.

Una vez que el miedo permeó entre la comunidad estudiantil, el silencio se instaló varios días y sólo se rompió hasta el 7 de octubre, cuando jornaleros al terminar su trabajo diario se percataron de nueve bolsas de plástico de color negro que despedían un olor a carne descompuesta. La Fiscalía levantó las bolsas de un camino rural dentro del municipio de Camarón de Tejeda, a más de 50 kilómetros de la ciudad de Veracruz. Uno por uno, se descubrió el contenido de los envoltorios fúnebres. Se contaron seis personas cuyos miembros se revolvieron entre una y otra bolsa; algunas quemadas con ácido. La crueldad y saña, dijeron las autoridades, no tocó a Génesis, a ella la dejaron "entera".

El caso de Génesis, Leobardo y Octavio representó la condena, ésa, de ser joven en Veracruz, en el que poco importó el brillante futuro, los sueños y aspiraciones, ya que para el Gobierno siempre existió razón válida para apagar una vida.

Feminicidios

Ser mujer en Veracruz se convirtió en una sentencia de riesgo y muerte. La violencia feminicida que ha existido desde siempre se transformó en un monstruo que fue creciendo hasta que se contaron por cientos las asesinadas, crímenes amparados por el grado de impunidad que prevalece en el país.

Aunque desde Fidel Herrera Beltrán ya se sumaban cifras alarmantes de violencia contra la mujer, hasta el 2011 se tipificó el feminicidio dentro del Código Penal para el Estado de Veracruz en el artículo 367 bis con una pena corporal de entre 40 y 60 años de cárcel, dependiendo los agravantes, esto casi cuatro años después de que se usara el término por primera vez en una legislación mexicana.

Como en otros rubros, la administración de Duarte superó a su antecesor en aspectos negativos. Durante su mandato se estimó que hubo más de 340 feminicidios, mientras que el índice de resolución fue menor al 30%. El artículo "Violencias contra mujeres en Veracruz", escrito por la doctora Estela Casados González, publicado en la revista *UVserva* de 2017, expuso que después de que se tipificó el feminicidio en Veracruz, la incidencia fue la siguiente: en 2012, 11 casos; en 2013, 52; en 2014, 74; en 2015, 99 y en 2016, 63. Hubo muchos más asesinatos de mujeres, pero la tipificación de feminicidio sólo se aplicó a los casos que cumplieron con, al menos, una de las siete hipótesis, entre ellas: violencia sexual, alguna relación entre el activo y la víctima, mutilaciones, acoso o que el cuerpo se dejara expuesto en la vía pública.

De acuerdo con el Instituto Nacional de Geografía y Estadística (INEGI), entre 2011 y 2016, se registró el deceso de 738 mujeres por homicidio.

En un estado en donde no hubo distinción de edades para las víctimas (desde 11 hasta más de 80 años), doce organizaciones civiles exigieron la declaratoria de Alerta de Género por violencia feminicida a la Secretaría de Gobernación. Las doce organizaciones fueron: Red de Feministas del Estado de Veracruz, Equifonía Colectivo por la Ciudadanía, Autonomía y Libertad de las Mujeres, Asociación de Derechos Humanos Xochitépetl, Buscamos a Nuestras Hijas, Kalli Luz Marina, Red Unidos por los Derechos Humanos, Colectivo Feminista de Xalapa, Salud y Género, Asesoría y Servicios Rurales, Colectivo Akelarre e Integración, Lucha y Transformación.

En noviembre, ya cuando Javier Duarte se había separado del cargo, la SEGOB declaró en Veracruz la sexta alerta del país, después de Estado de México, Morelos, Michoacán, Chiapas y Nuevo León. Se aplicó en once municipios: Xalapa, Veracruz, Tuxpan, Poza Rica, Martínez de la Torre, Boca de Río, Córdoba, Orizaba, Coatzacoalcos, Minatitlán y Las Choapas, aunque dejaron fuera otras ciudades como Papantla o Cosoleacaque en las que el número de asesinatos de mujeres también fue alarmante.

En esos seis años se sumaron cientos de feminicidios, ninguna vida más valiosa que otra. Estos fueron algunos de los casos insignia o con más repercusión mediática.

En 2015, Columba Campillo, de 16 años salió a hacer ejercicio al bulevar Manuel Ángel Camacho (el malecón) de Veracruz, pero fue privada de su libertad y días más tarde su cuerpo fue arrojado sin vida en un terreno baldío en Boca del Río. La Fiscalía General del Estado encabezada por Luis Ángel Bravo Contreras rápido dio "solución" al crimen al detener a cuatro personas. Entre ellas, desde Puebla y como presunta autora intelectual, a Ileana Mortera Trolle, quien resultó ser sobrina de Maruchi Bravo, aquella ciberactivista que también pisó cárcel en el primer año de Duarte por "terrorismo". En 2016, Sayda Chiñas reportera de *La Jornada* escribió: "Presunto homicida de Columba Campillo, retiró acusaciones contra Ileana Mortera." Agní Tonatiuh García Albuerne, el presunto autor material, confesó que fue torturado y amenazado por las mismas autoridades ministeriales para involucrar a Ileana Mortera en el crimen de Columba, aunque hasta 2018 todos seguían detenidos.

Otro de los casos que mayor impacto tuvo en Veracruz pasó casi al término del sexenio, en noviembre de 2016. Se trató del asesinato de Guadalupe Mora Palacios, una profesora y promotora cultural, miembro del Seminario Cultura Coatepec, de 71 años de edad, cuyo cuerpo fue encontrado dentro de su propia casa en la calle Betancourt, en la zona centro de Xalapa, envuelto en bolsas de plástico negro sobre su cama. Por su muerte se generaron movilizaciones en Xalapa, pero a pesar del grado de indignación al que llegó la sociedad capitalina, las investigaciones no han llevado a algún detenido, menos a una consignación.

Duarte intervino en un tema delicado respecto a los derechos de las mujeres. En agosto de 2016 se hizo oficial la reforma que impulsó al artículo 4º Constitucional de Veracruz que añadió lo siguiente: "El Estado garantizará el Derecho a la vida del ser humano, desde el momento de la concepción hasta la muerte natural, como valor primordial que sustenta el ejercicio de los demás derechos; salvo las excepciones previstas en las leyes." La Iglesia Católica, a través del Arzobispo de Xalapa, Hipólito Reyes Larios, amagó con represalias políticas para Duarte, el PRI y a cualquier partido político que se manifestara proabortista con el fin de que esa legislatura ahora sí sacara adelante la propuesta que se había quedado en la congeladora años atrás. En otras palabras, una Ley Antiaborto que criminalizaría a las mujeres que lo practicaran y las enviaría a la cárcel al compararse la práctica con un homicidio. Irónica esta Ley cuando el gobernador que promovió la protección de "la vida desde la concepción" ni siquiera fue capaz de garantizar la seguridad de los ciudadanos que incluso llegaron a perecer a manos de su propia Policía.

Policía bueno, policía malo

El "Capitán Tormenta"

Arturo Bermúdez Zurita incursionó en el Centro Estatal de Control, Comando, Comunicaciones y Cómputo (C4) durante la administración de Fidel Herrera Beltrán. Con Javier Duarte saltó hasta la subsecretaría de Seguridad Pública (SSP) de Veracruz, cuya titularidad recayó en el general Sergio López Esquer, quien apenas estuvo en el puesto medio año porque renunció después de sufrir un atentado.

Así, en 2011, Bermúdez, sin una carrera policial o castrense, se erigió como el líder operativo de la Policía veracruzana. Rápidamente se emocionó con el cargo y se inmiscuyó de lleno en la parte operativa. Los policías que lo conocieron contaron que se uniformaba por completo, se subía a las patrullas y salía a rondar en los operativos, donde pasaba desapercibido hasta entre su misma tropa, amparado por el anonimato que le confería una careta de tela. Con él también se habilitaron dos subsecretarios, uno para la parte operativa y otro más institucional. El nuevo secretario cuidó la alimentación e impuso disciplina deportiva en el personal entre quienes había algunos que en su vida jamás habían corrido. También solía llamarles la atención a los elementos en mala condición física, débiles o pasados de peso.

En poco tiempo se convirtió en el secretario que más imagen le dio a la Policía, en cuanto a presencia. Por ejemplo, se inició un programa llamado "Proximidad Social" en el puerto de Veracruz que consistió en preguntar casa por casa sobre la percepción de seguridad y para eso mandaron binomios de policías traídos desde distintas partes del estado, pues decía que no podían esperar a que la gente llamara a contar cuáles eran los problemas de inseguridad de su ciudad. Por eso le pusieron el "Capitán Tormenta", porque donde se paraba "hacía una tormenta".

Algunos policías consultados refirieron que hubo cambios evidentes en el interior de la Policía Estatal. Se adoptaron diferentes situaciones de disciplina como el correr todos los días o hacer ejercicio. No podían fumar o estar con el celular en la vía pública porque les levantaban actas ante Asuntos Internos, unidad que nació dentro de la SSP de la administración de Duarte para vigilar el comportamiento de los elementos. La comida en el cuartel de San José y en la Academia de El Lencero mejoró: daban mucha fruta, cereal y comidas balanceadas; además a nadie se le negaron alimentos. Se renovó el comedor con climas, pantallas y se impuso un programa para que los policías acudieran una vez por semana a un cine interno que había en el cuartel para desestresarse. En paralelo al comedor, se abrieron unas tiendas llamadas "casinos", en donde se vendían dulces, cigarros o comida y se rentaban computadoras con internet, aunque en esto jamás hubo transparencia sobre las concesiones o permisos de estas tienditas (según operaban para costear campañas visuales y de cuestión social de la Fundación de la SSP).

"Con Bermúdez había pavos en diciembre y los que no podían ir a celebrar a sus casas los vendían, además daban un bono anual de imagen, que eran como 4 mil pesos para comprar fornituras, botas o alguna parte del uniforme. La gente ve como que todo estuvo mal, pero hubo cosas que evolucionaron. Había patrullas viejas de 6 cilindros y se cambiaron a patrullas doble cabina con aire acondicionado, aunque eso fue malo, porque se encerraban y desatendían la visión", confesaron algunos policías que vivieron los cambios.

En cambio, hubo otros elementos que me dijeron que a Zurita no se le tenía el respeto de un mando, sino que lo que les infundió fue miedo, pues era una persona que "iba y te encaraba", además de que siempre andaba rodeado de 40 o 50 policías, su escolta personal.

De hecho, hubo una importante separación entre los mismos uniformados. Los policías que ya estaban enrolados cuando Arturo Bermúdez tomó el mando fueron vistos con desconfianza y se les relegó en funciones. Esto también los salvó de verse involucrados en las posteriores actividades ilícitas y violaciones de Derechos Humanos que distinguió a la "nueva" Policía de Veracruz. "No permitió que los nuevos se juntaran con nosotros, los «viejos», pero la ventaja es que tampoco nos tomaron en cuenta para hacer cosas malas."

Uno de los excesos que también se ventiló fue la existencia de un "zoológico". Se cree que inició como parte del aseguramiento de casas de narcotraficantes en las que había animales exóticos (como grandes felinos y reptiles) y que, en lugar de entregarlos a la SEMARNAT o conformar una Unidad de Manejo Ambiental, a Bermúdez se le hizo fácil mantenerlos en la Academia, pues había comida y veterinarios que se encargaban de la unidad canina K-9 o de los caballos de la división ecuestre.

Muchos entraron a la Policía Estatal en búsqueda de un trabajo seguro, aunque mal pagado. En la administración de Duarte, en promedio, un elemento ganaba 3,800 pesos a la quincena y tenía 6 días de descanso al mes. Muchos no podían disfrutar de sus descansos si eran requeridos a alguna comisión (siempre tenían que estar disponibles) además de que, si estaban asignados a una región lejana a su lugar de residencia, el gasto para viajar era muy grande y no siempre podían ir a casa.

Por otra parte, la SSP implementó premios que se entregaban cada lunes en reconocimiento a los elementos que habían hecho alguna acción relevante y con lo que ganaban un bono de hasta 6 mil pesos adicionales, además de algún uniforme. Pero, así como había premios, también hubo castigos, le llamaban "picar piedra". Los mandaban a trabajar construyendo en La Academia de El Lencero en jornadas que iban desde que salía el Sol hasta caer la tarde, hasta un mes consecutivo y también los obligaban a correr largas distancias con el uniforme completo puesto. Eso hacía que algunos se quebraran y pidieran su baja. Fue un método también para deshacerse de muchos elementos atropellando sus derechos laborales, pues aunque los altos mandos llegaron a desconfiar de parte de sus propios policías, no podían despedirlos a todos, pues el dinero no alcanzaría para las liquidaciones. En estas circunstancias, también despidieron a policías buenos.

Algunas de las frases más típicas del Secretario era decir "chingón" o referirse como "chavos" a los elementos. "Quiubo, chavos, cuídense mis chavos", solía expresar acompañando sus palabras de un golpe seco en el pecho, contra el chaleco antibalas. Y cuando no notaba la firmeza de la placa de metal, los reprendía: "¿Y tu chaleco? Ese cabrón no trae chaleco, le van a dar en la madre." Una vez Arturo Bermúdez viajaba en helicóptero de la SSP cuando por radio avisaron de una persecución y ordenó a la nave que apoyara desde el aire. Todo un operativo. Él mismo contó lo sucedido, con la adrenalina a tope, orgulloso al creer que estaban combatiendo a la delincuencia. En otra ocasión, Bermúdez se ofreció a llevar a la familia de un periodista desaparecido hasta su domicilio. En total siete unidades entre motos y camionetas conformó el convoy. En el camino, no paró de contar cómo él había combatido a Los Zetas y los había emboscado en varias ocasiones mientras que, en el ínterin, dio órdenes por radio cuando vio algún vehículo sin placas: "Deténganlo, ese coche se ve sospechoso." Bastó el comando para que el convoy se desplegara "como de película" y cerrara el paso a un auto que resultó ser de un señor que vendía verduras. Varias veces repitió el proceso. Cuando por fin llegaron a la casa, Arturo Zurita lanzó una mirada recelosa a las patrullas de los policías municipales que rondaban la vivienda. "Policías Zetas", murmuró abiertamente refiriéndose a los municipales. Dos policías estatales aguardaron en la patrulla mientras él tomó un arma larga, la armó, cortó cartucho, se dirigió a los otros de su grupo y ordenó "quítenme a esos policías de aquí, que se vayan".

El problema de Bermúdez, contarían después los estatales, fue la gente de la que se rodeó y los métodos que empleó. Por ejemplo, como Director de Operaciones de la SSP nombró al general Domiro Roberto García Reyes, el mismo que fue encargado de la seguridad del candidato presidencial Luis Donaldo Colosio Murrieta, a quien asesinaron en 1994 en un mitin político en Lomas Taurinas, Tijuana. En el combate a la delincuencia en un estado que se volvió plaza de grupos criminales, la Policía Estatal se cegó y recurrió al exterminio en lugar de la justicia, en especial contra Los Zetas. En una total violación al Estado de Derecho, la SSP consignó de forma interna que era mejor asesinar a los delincuentes que presentarlos ante el sistema judicial, mientras que los criterios para ser detenido y desaparecido por la Policía se basaron en las creencias de los elementos, para quienes bastó considerar a alguien sospechoso para convertirlo en una víctima.

En esa guerra encarnizada de un hombre que repudiaba a un cártel surgió la especialización dentro de la Policía Estatal. Primero se creó la Policía Estatal Acreditable (PEA) impulsada para cumplir los requisitos impuestos por el Sistema Nacional de Seguridad Pública. Se eligió un grupo de policías que pasaron los más estrictos filtros de control y confianza y los capacitaron ante el nuevo Sistema Penal Acusatorio, además de dotarlos con recursos más científicos y preparación psicológica, armas para realizar una investigación de inteligencia. Pero como tal, esta agrupación no demostró estar preparada para reaccionar ante un conflicto real lo que se comprobó en junio de 2011, cuando en un enfrentamiento armado murió un alto mando en Xalapa. Los disgregaron por todo el estado porque, aunque venían muy preparados de forma mental, no reaccionaban como Los Fieles.

Los Fieles era un grupo élite de la Policía, la mayoría exmilitares, que se conformó en los tiempos de Fidel Herrera, de ahí el nombre, de "Grupo Fiel". Como era institucional, lo adoptó la nueva administración, pues era personal con mayor capacidad reactiva, al que se proveyó de más recursos, mejores armas y cursos.

Después de la PEA se conformó el Grupo Jaguar, otro intento de Policía operativa; el Grupo Tajín, para ayudar a la población civil en casos de desastre; y el Grupo Carretero.

La Fuerza Civil surgió en octubre de 2014 como reemplazo de lo que se buscó con la PEA y lo que se intentó con el Grupo Jaguar: una institucionalización de Los Fieles que al final se concretó con Rafael González Meza, "El Teniente", al mando de la nueva policía de élite veracruzana que fue presumida como la "más moderna del país". Dotada de las armas y vehículos de última generación, en realidad la Fuerza Civil fue la fuerza operativa para cometer detenciones y ejecuciones extrajudiciales. Primero había un grupo de reacción, éste realizaba la detención de personas que les parecían "sospechosas" y los entregaban a las fuerzas especiales, que se encargaban de la tortura y posterior desaparición.

La Fuerza Civil como la Policía Estatal también integraron un subgrupo que se dedicaba a ubicar y catear casas donde operaban células delictivas. Las viviendas eran vaciadas de aparatos electrónicos, dinero, joyas, autos y cualquier cosa que encontraran. Los objetos más "sencillos", como pantallas o teléfonos, se repartían entre los policías y los de más valor se reservaban para los altos mandos. A esta práctica se le conoció como "cantonazo". Así se institucionalizó la caza y el exterminio, en nombre de una falsa justicia ante los ojos de un hombre que se embriagó del poder creyéndose un héroe para Veracruz, en lugar de admitirse como verdugo de los Derechos Humanos.

La Policía de Veracruz fue señalada, de norte a sur, de participar en desapariciones forzadas en retenes carreteros, en patrullajes en la ciudad o hasta de sacar a personas de sus casas. Los colectivos de búsqueda de desaparecidos han llegado a pensar que, bajo los cimientos de aquellos edificios construidos por los mismos uniformados castigados, podrían haber quedado los restos de decenas o cientos de personas, pues los desaparecidos en Veracruz ascienden a más de 10 mil, según estimaciones de los colectivos.

Hay quienes aseguran que Bermúdez "se rodeó de gente que no le ayudó" y que en la cadena de mando muchos subordinados cometieron acciones ilegales y que él pagó los platos rotos, pero es impensable e indefendible la idea de que, como Secretario, no estuviera enterado de los "levantones", las detenciones ilegales, las torturas desde la misma Academia y las ejecuciones que cometieron sus policías directamente o la entrega de detenidos a grupos criminales que trabajaron de la mano con ellos, como el caso Tierra Blanca. Por eso los colectivos veracruzanos exigieron que Arturo Bermúdez Zurita fuera investigado a fondo por las desapariciones forzadas que realizó la Policía de Veracruz. La SSP de Bermúdez también fue señalada de represión a estudiantes y cualquier grupo que se manifestara contra el Gobierno, además de que la Policía formó parte de las agresiones contra reporteros. Algunas de las frases más cínicas que acuñó durante su paso como funcionario fue cuando se refirió a los periodistas como "pinches medios" o cuando, ante el reclamo de la inseguridad en Veracruz, aconsejó a la ciudadanía que se compraran un perro.

A pesar de la mala conducta sistemática y la institucionalización de prácticas ilícitas y contrarias a la de un Estado de Derecho, no todos los elementos fueron malos. Conocí a varios policías orgullosos de su investidura y en desacuerdo con sus mandos.

Como uno que prefirió desertar al no estar conforme con las malas condiciones laborales y se mudó a otro estado, pero en el tiempo que estuvo de activo en Veracruz mostró una conducta ejemplar.

O el que fue designado comandante de la Policía Municipal cuando apenas tenía 25 años, un joven que siempre lucía el uniforme impecable, las botas bien pulidas y que obligaba a sus policías a mantener una buena imagen; previo al Día de Muertos lo amenazaron con balearle la Comandancia y tuvieron que llegar patrullas de la Marina y el Ejército para apoyarlo. Esa noche se fue de la ciudad, pero antes me confesó que lo visitaron miembros de un cártel y como rechazó un soborno de 100 mil pesos para "dejarlos trabajar" y mostró firmeza para combatirlos, lo amenazaron con el ataque.

Cuando había algún desastre natural, también vi cómo los policías activaban el Plan Tajín y se metían con el agua hasta el cuello para rescatar personas. Policías que detuvieron a políticos con "palanca", policías que buscaron a los desaparecidos en fosas, policías que defendieron a periodistas de servidores públicos, policías que rechazaron embutes, pero aceptaron un café porque patrullaban todo el día y la noche y apenas dormían cuatro horas entre cada amanecer, en los duros asientos de las patrullas. Policías malos, pero también, policías buenos.

Policías que matan policías

La Policía de Veracruz, en los años de Duarte y Bermúdez, se convirtió en símbolo de desaparición forzada. Cualquier detención de rutina podía terminar en una visita extrajudicial a las delegaciones o cuarteles regionales o, en el peor de los casos, en una barranca entre Xalapa y Cardel, donde miembros de colectivos llegaron a exponer que hubo cuerpos que tal vez se arrojaron desde un helicóptero porque estaban entre los árboles. Uno de los episodios más oscuros de la Policía Estatal fue cuando se vio involucrada en la tortura y el asesinato de sus propios compañeros.

Primero fue el caso de una mujer que trabajaba en la SSP. Un día, al salir de su trabajo tomó un taxi, como de costumbre, pero la unidad fue intervenida por una patrulla. A ella y al conductor los trasladaron a las mazmorras de El Lencero, en las afueras de Xalapa, donde la torturaron mientras le cuestionaban su pertenencia a un cártel de la droga. La liberaron días después y siguió con su trabajo dentro de la corporación, aunque lo hizo público, denunció. Por este caso y otros más, en 2018, detuvieron al director de la Fuerza Civil, Roberto González Meza.

El segundo caso involucró a cuatro policías estatales: dos fueron encontrados sin vida y con huellas de tortura y dos más siguen desaparecidos. Uno era Othón Santiago Martínez y el otro Fernando Mendoza Palé, este último, un elemento que tuvo la suerte de sacarse un auto en la rifa anual del Día del Policía, organizada por la SSP. En 2015, Palé estaba en servicio cuando desapareció. De repente dejó de contestar el teléfono. Una semana después fue encontrado sin vida con una bolsa de plástico en la cabeza y tirado en una zanja a un costado de la carretera a Tlaltetela, cerca de donde vivía. Lo extraño fue que Fernando Palé llevaba ropa deportiva, pues resultó que estaba dentro de la Academia de El Lencero realizando acondicionamiento físico como parte de las actividades rutinarias de los elementos. La SSP insistió en que el agente fue privado de su libertad fuera de las instalaciones, pero todo apuntó a que desde la misma Academia fue intervenido y a manos de sus propios compañeros.

Las desapariciones y los asesinatos de los agentes los habría cometido la misma SSP en un intento de callar a elementos que tenían información de las actuaciones extrajudiciales e ilícitas de la corporación.

Crisis

Hacia el final del sexenio la crisis se hizo visible en la SSP de Veracruz. A los policías destacados en su trabajo ya no se les regalaban uniformes cuando acudían los lunes a recibir sus reconocimientos, por lo que tenían que mojar franelas y frotarlas sobre el uniforme para que luciera con un azul profundo y reluciente, como si fuera nuevo. Ya no había dinero ni recursos y se limitó el combustible para el patrullaje.

Miguel Ángel Yunes Linares fue nombrado gobernador electo y pronto se descubrió que Arturo Bermúdez Zurita había recibido más de 70 millones de pesos a través de contratos del Gobierno del Estado para empresas suyas y de su familia, una red que amasó una fortuna cuestionable frente a los ingresos que tenía como Secretario de Seguridad Pública. Bermúdez renunció en agosto de 2016 y dejó en su lugar a Nabor Nava Holguín. Un año después, Bermúdez fue detenido, primero por desvío de recursos (del que fue exonerado) y después por desaparición, mientras que el mayor Nava se encuentra prófugo. A pesar de todo, en los primeros días de diciembre de 2018, Arturo Bermúdez dejó el penal de Pacho Viejo para seguir el proceso en libertad. Vestido con traje azul marino, azul SSP, y camisa con mancuernillas, salió altivo y ufano, todo sonrisa para sentenciar: "Soy un hombre libre, soy inocente."

Desaparición institucional

La Secretaría de Seguridad Pública (SSP) de Veracruz encabezó los señalamientos de desaparición forzada durante el sexenio de Javier Duarte de Ochoa, en el que también la Policía Ministerial y hasta las Fuerzas Armadas suministraron su cuota de desaparecidos.

En 2014, a la mitad de la gestión de Duarte, se tipificó el delito de desaparición forzada. Sólo a partir de entonces se realizó el conteo específico por los casos en donde los servidores públicos tuvieron que ver. Según datos obtenidos como respuesta a la solicitud de información 0001700287418 realizada a la PGR, el nivel federal atrajo 52 casos de desaparición forzada en 2014, 16 en 2015 y 8 en 2016, mientras que en 2017 y 2018 presentó registros en cero.

Un testigo de la Fiscalía General del Estado aceptó que durante la época de Duarte "estaba muy canija la cosa con ellos" en referencia a las denuncias interpuestas por desaparición en las que involucraron a patrullas y elementos de la SSP. A pesar de ser autoridades, "tuvimos que hacer como que no sabíamos por ser del mismo patrón y uno tuvo que quedarse callado", me contó.

Hubo muchas modalidades de participación de la Policía comandada por Arturo Bermúdez Zurita en la desaparición de personas en Veracruz: retenes carreteros, detenciones arbitrarias en la vía pública, personas sacadas de su trabajo u hogar para trasladarlas a la comandancia o base de operaciones (para muchas víctimas se convirtió en el último lugar antes del Infierno).

Un ejemplo entre cientos es el caso de Ivanhoe Mass González. Su madre, Sara González se convirtió en la fundadora y dirigente del colectivo Por la Paz Xalapa, el primero de búsqueda de desaparecidos en Veracruz. Ivanhoe desapareció en marzo de 2010 cuando todavía gobernaba Fidel Herrera y la Policía Intermunicipal Veracruz-Boca del Río-Medellín operaba de forma impune. Esta Policía desapareció por señalamientos de corrupción, violencia y vínculos con la delincuencia, pero muchos de sus elementos se incorporaron a la Policía Estatal y otras instituciones. Sara mencionó que su hijo de 31 años estaba con su novia en un restaurante, pero fue intervenido por una patrulla de la Policía Intermunicipal en la que, en ese entonces, estaba Marcos Conde. Después, este hombre se volvería Delegado de la SSP en Tierra Blanca y formaría parte de la cadena de mando que entregó a cinco jóvenes inocentes a un cártel para su ejecución por creer que eran "contras".

Otra estampa de la brutalidad policíaca y su participación como actores de la desaparición en Veracruz fue el caso Formando Hogar, una colonia del puerto de Veracruz. En 2013, se montó un operativo conjunto entre la AVI, SSP y la Marina para realizar detenciones sin previa investigación. En ese mismo año, se perpetró una desaparición masiva en Atoyac, cerca de Córdoba, donde en un sólo día se pusieron hasta 16 denuncias por desaparición, incluida la de una mujer de la tercera edad: "Había señalamientos de la Policía Estatal, placas, número, nombres y apodos", me relató un testigo de la Fiscalía.

El año 2014 fue muy grave por la gran cantidad de desapariciones en la zona sur del estado. Éstas desembocaron en manifestaciones y en la creación de los primeros colectivos de la región. Se han encontrado algunas personas vivas, pero de la mayoría no se sabe nada hasta el día de hoy, incluidos menores de edad y mujeres.

Una de las desapariciones que marcó ese año fue la de Gibrán Martiz Díaz. El muchacho que participó en el popular programa musical de concursos "La Voz México" desapareció a manos de la Policía Estatal con Eduardo Caballero y otro joven de 17 años. Después de una fiesta en un departamento, según la recomendación 14/2015 de la CNDH, el 7 de enero los tres fueron intervenidos por los estatales. El día 19, Gibrán y el menor de edad fueron encontrados muertos en la carretera federal Conejos-Huatusco y presentados por el Gobierno como víctimas de un enfrentamiento entre policías y delincuentes, mientras que el otro sigue desaparecido.

La CNDH abrió el expediente CNDH/1/2014/353/Q y se expuso que el padre de Gibrán logró dar con los datos GPS del teléfono de su hijo. Éstos indicaron que el muchacho estuvo en una casa cercana a la del Secretario de la SSP, Arturo Bermúdez. También "se observó que las coordenadas aportadas corresponden a la Academia de Policía el Lencero de la Secretaría de Seguridad Pública de esa entidad federativa, ubicada en la carretera

Xalapa-Veracruz, en la Finca Kilómetro 11.5", según información contenida en la recomendación antes citada.

Siete policías admitieron la detención. Agregaron que los liberaron sin ponerlos a disposición, a pesar de que la persona que aún sigue desaparecida según fue intervenida en posesión de un arma de fuego. Fueron procesados, pero quedaron en libertad poco después y, tras la presión de la CNDH, tres fueron reaprehendidos. Pero, el trasfondo, explicaría el padre de Gibrán a los medios veracruzanos, era que Eduardo Caballero tuvo diferencias con el hijastro de Bermúdez lo que desencadenó su detención y desaparición por los policías... el cantante y el otro muchacho sólo fueron testigos y eso los condenó.

Además de la desaparición forzada, los elementos de la SSP también cometieron asesinatos de personas que se resistieron a identificarse, a someterse a una revisión o a detenerse en un retén. Y es que, en esos años, se expusieron los retenes carreteros como puntos de desaparición, ya fueran montados por delincuentes fingiendo ser policías o por la misma Policía Estatal.

A mediados de 2016, una mujer y su hijo adolescente murieron cuando los Policías abrieron fuego contra la camioneta en la que viajaba la familia completa (papá, mamá y tres hijos). Todo porque se confundieron en la persecución de otra unidad.

Tras el término del mandato de Duarte, se detuvo a casi medio centenar de policías, mandos medios y superiores por el delito de desaparición forzada. Entre ellos el "Capitán Tormenta", Arturo Bermúdez Zurita, quien primero fue llevado a la cárcel por enriquecimiento ilícito, en lugar de por crímenes de lesa humanidad.

Fabricación de culpables

Claudia Medina Tamariz pensó que la Marina estaría para proteger a personas como ella. En 2010, el presidente Felipe Calderón impulsó el operativo "Veracruz Seguro". La Marina entró al estado para combatir a la delincuencia y se anunció como la más impoluta y ajena a los vicios que habían penetrado en los cuerpos estatales.

Al final, para Claudia y para muchas personas, la Marina Armada sólo representó tortura, terror y abuso.

Conoció a Isaías Flores Pineda en 2006 mientras ambos estudiaban la preparatoria en el Instituto Veracruzano de Educación para los Adultos (IVEA) y se casaron para formar una familia. Ella trabajó como auxiliar en una agencia del Ministerio Público de la ciudad de Veracruz y él se desempeñó como policía municipal y, luego, comandante de la Policía Estatal.

Los dos se quedaron sin trabajo en 2010: Claudia porque el sueldo era mísero y prefirió pasar más tiempo con sus pequeños y, meses después, despidieron a su esposo. Así que decidieron montar un negocio de Herbalife.

El negocio iba tan bien que Isaías se sumó a la dinámica de las ventas piramidales. Todo cambió el 7 de agosto de 2012, cuando cerca de las 3 de la mañana un grupo de la Marina irrumpió en su hogar. Entre la oscuridad, Claudia sacudió a Isaías y pensaron que algunos ladrones habían incursionado en su vivienda, pero de un cachazo elementos de la Secretaría de Marina (SEMAR) destruyeron el pomo de la puerta y se abalanzaron sobre ellos para tirarlos al suelo. Gritaron que buscaban a un tal "Edgar" y la pareja se identificó con sus credenciales de elector, aunque eso no bastó para que los dejaran en paz. Recodaron que en el grupo había uno vestido con el uniforme de Marino y otros tres o cuatro iban de civil, con ropa oscura. Una mujer apareció y le vendó los ojos a Claudia, quien fue arrancada de su casa en pijama.

Después de un recorrido de varios minutos en una camioneta tipo Van sin logos, la bajaron en (lo que creyó) las instalaciones de la SEMAR en Veracruz, pues alcanzaba a escuchar el motor de los aviones que despegaban del aeropuerto Heriberto Jara Corona, cerca de ahí. Otra mujer que se ostentó como médico la revisó, le quitó la venda, le tomó una foto y la volvió a cegar. Así la llevaron a otro cuarto donde la música saturó sus oídos por el volumen tan alto.

Las pistas de electrónica y canciones del Cartel de Santa retumbaron dentro de ella, pero no tanto como cuando un oficial le advirtió que tenía que inculpar a Isaías de ser parte de un grupo de la delincuencia organizada o le iba a ir peor. Los golpes en la nuca cayeron uno tras otro y de ahí pasaron a las descargas eléctricas y la asfixia. Apenas se detuvieron un instante para brincar sobre su estómago y después le jalaron los pezones, bajaron su pijama y la violaron con los dedos. Frente a las súplicas de Claudia, sólo la amenazaron con meterle un tubo por la vagina. "Si tú no aceptas que eres del cártel de Jalisco, voy a ir a buscar a tus hijos, nosotros sabemos dónde están", fue el ultimátum por el que la veracruzana aceptó que confesaría ser parte del Cártel Jalisco Nueva Generación (CJNG).

Después de la tortura, la hicieron lavar con los ojos vendados una pila de ropa de los uniformados mientras, de fondo, la música a todo volumen apenas era eclipsada por los gritos de otros torturados. Se tuvo que bañar mientras la vigilaban y la ropa que le proveyeron tenía un polvo que irritó su piel herida.

La tarde del 8 de agosto, luego de 36 horas de detención ilegal, Claudia pudo volver a ver a Isaías en las instalaciones de la Procuraduría General de la República. Para entonces, la pareja y otros cinco detenidos ya se habían convertido en "peligrosos integrantes del CJNG" y los presentaron en un cuarto de paredes blancas con un logo de la PGR al fondo.

Un Marino con uniforme táctico se colocó al inicio de la hilera y el otro entre el cuarto y quinto detenido. Claudia era la única mujer del grupo y, en chanclas y bermudas de mezclilla, posó con la cabeza baja y el rostro descompuesto. Frente a ella, su esposo y los otros desconocidos, se extendió un arsenal de armas largas, chalecos tácticos, celulares y dinero combinados con algunas pertenencias personales como su computadora portátil o su cartera.

A Isaías lo presentaron a la prensa como "El Cronos", nombre clave que usó cuando estaba en la Policía, pero también le imputaron otros alias como "El Maníaco". Lo expusieron como el jefe de plaza del CJNG y a Claudia, por ser su esposa, la hicieron pasar como la segunda al mando.

La Marina contó que la detención ocurrió tras una persecución en camioneta, cuando en realidad fueron sacados de su casa mientras dormían. La versión oficial aseguró que estaban armados "hasta los dientes y con granadas en las bolsas", que los elementos pasaron por ahí patrullando y por eso los detuvieron, pero fue una versión nunca corroborada. La CNDH recabó testimonio de vecinos y los daños que hubo en las casas contiguas por la irrupción.

Días más tarde decenas de medios veracruzanos y nacionales replicaron la "hazaña" de la Marina, la PGR y la Procuraduría General de Justicia de Veracruz (entonces dirigida por Amadeo Flores Espinosa) por el operativo que dio con los detenidos a los que les imputaron el múltiple asesinato de los periodistas Guillermo Luna Varela, Gabriel Huge Córdoba, Esteban Rodríguez Rodríguez y la administrativa Ana Irasema Becerra Jiménez. Con esto dieron carpetazo al asunto de los comunicadores, además de que, de paso, criminalizaron a las víctimas de homicidio al asegurar que los del CJNG mataron a los periodistas porque ellos, a su vez, ultimaron a otros compañeros para Los Zetas.

Después de la exhibición, Claudia fue acusada de narcotráfico, portación de granadas y un sinfín de delitos, entre ellos la muerte de varios comunicadores. La consignaron bajo el expediente AP/PGR/VER/VER/III/587/2012. Nunca hubo una acusación directa en dicho expediente, pero de manera ilegal solicitaron información sobre los asesinatos de periodistas, aunque al final no se le investigó por eso.

Isaías quedó recluido en el Centro Federal de Readaptación Social (Cefereso) de Villa Aldama, Veracruz. Claudia fue trasladada al Centro de Readaptación Social (Cereso) femenil en Cieneguilla, Zacatecas.

En agosto, a cambio de 54 mil 726 pesos recibió la libertad provisional después de recibir el auto de formal prisión con base en la causa penal 186/2012 por portación de arma de fuego de uso exclusivo del Ejército, posesión de cartuchos y contra la salud. Para noviembre, la veracruzana decidió pedir ayuda al Centro de Derechos Humanos Miguel Agustín Pro Juárez (Centro Prodh), quienes documentaron todo el relato de cómo ocurrió la detención, la tortura a la que fue sometida, la fabricación de delitos y la autoinculpación de ser miembro de un cártel de la droga para proteger a sus hijos ante la amenaza de la SEMAR.

En 2015 consiguieron que la absolvieran de todos los delitos. "Para nosotros el caso Claudia Medina es un caso muestra de una práctica de tortura sexual cometida por agentes de la Marina, Ejército, Policía Federal y Municipales de todo el país", me dijo el Coordinador del Área de Defensa del Centro Prodh, Luis Tapia Olivares cuando abordamos el tema de la constante violación a los Derechos Humanos en Veracruz, ya sea a través de la tortura o la desaparición forzada.

La investigación contra la Marina continúa abierta, sobre todo en contra de los elementos que perpetraron la tortura física y sexual. Hasta hoy no hay ninguna persona detenida a pesar de que el Protocolo de Estambul (una prueba de aspectos físicos y psicológicos para identificar secuelas o evidencias de tortura) documentó que hubo tortura y la CNDH emitió una recomendación contra la Marina por este caso en donde se indica que violaron sus derechos. Isaías Flores sigue privado de la libertad (aunque la PGR también le practicó un Protocolo de Estambul y resultó positivo), ahora internado en el penal Gómez Palacios, en Durango, y sin tener una sentencia.

Amnistía Internacional retomó este caso como uno paradigmático e hizo una campaña mundial apoyada también por las mujeres de San Salvador Atenco. A pesar de la absolución de los delitos imputados, la revictimización y la permanente criminalización han sido difíciles de enfrentar para esta mujer que, después de todo lo que vivió, declaró al Centro Prodh: "Ya no es posible recuperar mi vida." Un ejemplo de esto fue cuando logró derribar los delitos fabricados y accedió a la oportunidad de una reparación monetaria por el daño causado, pues *Excélsior* tituló la nota como "Dan indemnización a integrante de cártel" y fue tratada como "presunto" miembro del CJNG que "recibirá aproximadamente un millón de pesos por sufrir tortura y violación por parte de marinos"; *La Silla Rota*, que tomó información de *Excélsior*, cabeceó "Darán indemnización de cerca de 1mdp a presunta narcotraficante" e insistió en mostrar a Claudia como miembro de la delincuencia organizada.

"¿Por qué a ellos? Es una pregunta que nos hacemos hasta hoy. Por qué llegaron a una casa sin una orden de aprehensión, de cateo, flagrancia de delitos" mencionó Luis Tapia, quien aclaró que, hasta finales de 2018, Claudia no había recibido la indemnización como mencionaron los medios y que esa noticia quizá fue promocionada por la SEMAR.

Después de las acusaciones, los procedimientos legales para recuperar su libertad y enfrentar la tortura que le practicaron, el negocio de Herbalife ya no volvió a fructificar como antes. La gente le tuvo miedo por lo que dijeron los medios, pues hasta salió en televisión. El Centro Prodh explicó en un *dossier* de prensa que Claudia siempre está preocupada o triste, sufre de insomnio, ha tenido afectaciones económicas por la difamación de la que fue objeto y siente mucho miedo al ver a un marino o ir a un juzgado. Ya ni siquiera la música la anima; aquella que tanto disfrutó, que alegró sus pensamientos, las letras que movieron su corazón, no más, pues desde aquel agosto de 2012 la música despierta el recuerdo de la tortura cruel y prolongada en su cuerpo a manos de los que juraron lealtad a México.

La fabricación de culpables en pleno estallido de la violencia en Veracruz se volvió una acción común por parte de las corporaciones de seguridad y las autoridades que debían procurar justicia. Luis Tapia platicó sobre otro caso, muy similar al de Claudia, que ocurrió el mismo año, en Veracruz y contra una mujer detenida de forma ilegal y sometida a violación.

En octubre de 2012, elementos de la Agencia Veracruzana de Investigación (AVI) detuvieron a María del Sol Reyes Vázquez a la salida de su trabajo en las oficinas estatales de Hacienda, en Córdoba, señalada como culpable de secuestro. La desnudaron para propinarle golpes, la asfixiaron, electrocutaron y sometieron a tortura sexual para después amenazarla con dañar a su familia. Bajo engaños firmó una declaración para inculparse por el plagio de una mujer, con dos hombres que no conocía y la presentaron a los medios como la responsable de un delito que no cometió, pero por el que recibió una condena de 24 años.

El Centro Prodh acompañó a la familia de María del Sol e inició los procedimientos ante la Comisión Estatal de Derechos Humanos del Estado de Veracruz lo que derivó en la aplicación del Protocolo de Estambul que demostró las secuelas de la tortura recibida. La Comisión Estatal emitió una recomendación y reconoció por vez primera la violencia sexual en contra de una mujer por parte de elementos ministeriales veracruzanos. María Reyes fue liberada hasta el 21 de agosto de 2017. "Fue un patrón muy parecido de abuso", concluyó Luis Tapia, quien a través del Centro Prodh ha documentado múltiples casos de violaciones de Derechos Humanos en Veracruz.

La Yunicidad

Yunes rojo, Yunes azul

Fidel Herrera venció a Miguel Ángel Yunes a través de Duarte, pero la pésima gestión del priista sirvió en bandeja de plata la entrada al Palacio de Gobierno del neopanista.

Antes de la primera transición política de Veracruz en la época contemporánea, los columnistas veracruzanos atribuyeron a Herrera el decir que mientras él viviera ningún Yunes sería gobernador de Veracruz. Ese "odio jarocho" entre el morenito de ojos oscuros y el blanco ojiazul tenía un origen. En los años setenta Fidel y Yunes, ambos priistas, eran amigos entrañables, pero tan buena cofradía se rompió por cuestión de amores.

En la campaña a la gubernatura de 1974, la sobrina de Rafael Hernández Ochoa se encargó de la parte social y se volvió novia de Yunes, pero Fidel se la "bajó".

Cuentan que el segundo golpe a esta amistad ocurrió durante el Mundial de México 86. Mar Castro se hizo famosa al ser la imagen de la cervecería Carta Blanca y ganó el apodo de "La

Chiquitibum". Entonces se repitió la jugada de Fidel a Miguel, el cual "aguantó vara y la amistad se mantuvo".

Los conocedores de las triquiñuelas políticas, refirieron que la tercera y definitiva ruptura pasó cuando Carlos Salinas de Gortari era presidente de México y Patricio Chirinos Calero, Secretario de Desarrollo Urbano y Ecología. Yunes fue nombrado Oficial Mayor para Chirinos, mientras que a Fidel lo designaron Director del Fondo Nacional de Habitaciones Populares. Se contó que Yunes tenía una secretaria hermosa, una búlgara que llegó a vivir a la Ciudad de México y con la que habría comenzado una relación que puso en peligro su matrimonio, por lo que tuvo que cambiarla de dependencia. Se la confió a Fidel para hacerla su secretaria y éste terminó ganándosela a su amigo. Patricio Chirinos se hizo candidato a la gubernatura de Veracruz en 1992 y Yunes se volvió su coordinador de campaña, bloqueando a Fidel Herrera a pesar de la amistad que tejió con Chirinos cuando ambos fueron diputados federales. Durante el tiempo que Chirinos fue gobernador y Miguel, Secretario de Gobierno, Fidel apenas puso un pie en Veracruz, anduvo a "salto de mata". Excepto cuando falleció su padre en su natal Nopaltepec, esa vez tomó un vuelo nocturno. Un amigo suyo (que después hizo Secretario en su administración y fue secuestrado en el sexenio de Duarte) lo recogió en Veracruz y lo trasladó hasta la localidad, cercana al río Papaloapan, para acudir al velorio. Luego volvió al puerto y de ahí se fue a la capital para que su examigo no se enterara.

"Tal fue el origen del pleito", me confiaron, aunque debo aclarar, es sólo una hipótesis (nada más ellos dos conocen la razón absoluta y real), la que más ha circulado entre las columnas y publicaciones políticas en territorio veracruzano. Fogoso en la política como en cuestión de amores, en una entrevista que realizó Danny Caminal en 2015 para *El Periódico*, de España, Fidel reafirmó que le apodaron así "por mujeriego".

Mientras tanto, Miguel Ángel Yunes Linares se afianzó en el poder en Veracruz como Secretario de Gobernación y desde entonces fue conocido por su lado represor. Por ejemplo, en las elecciones municipales de 1997, perredistas de Agua Dulce fueron contenidos por órdenes de Yunes ante la creciente popularidad que entonces despertó el partido de izquierda como una opción frente al PRI y al PAN. Lo irónico fue que regresó 19 años después a esa misma ciudad como candidato del PAN-PRD a la gubernatura... y lo arroparon los mismos perredistas que mandó reprimir cuando al priismo por primera vez le arrebataron el municipio.

En la visita como candidato en 2016, Miguel Ángel llegó al salón "Los Cocos" frente a menos de 200 personas y me ignoró por completo cuando lo intercepté para preguntarle su opinión sobre la mención de su hijo Omar Yunes en los "Panama Papers", tan así que ni siquiera me miró a los ojos. En la segunda oportunidad rumbo a la gubernatura, Yunes se apropió del deseo de venganza de un pueblo herido e indignado por el sexenio de Duarte. Por eso su bandera, más que un proyecto político para Veracruz, fue la promesa de cárcel y justicia, y pues cómo no, si experiencia ya tenía: cuando Patricio Chirinos fue gobernador y él fue Secretario de Gobernación metieron preso a Dante Delgado Ranauro (que acababa de dejar la gubernatura) y como principal promesa de campaña apuntó a encarcelar a Duarte, los dos exgobernadores y excontendientes de la elección de 2010. En cambio, al oriundo de Soledad del Doblado, su primo y también candidato por el PRI, Héctor Yunes Landa, le revivió señalamientos de pederastia, un episodio que marcó la vida política de Yunes Linares desde su mención en el libro *Los Demonios del Edén*, de Lidia Cacho, cuando realizó nuevas declaraciones públicas en su contra en un mitin político desde Lerdo de Tejada (a menos de dos semanas de la elección), pues se refirió a su contendiente como "un enfermo sexual". Miguel Ángel tuvo que responder a la "guerra sucia" que subió de tono y declaró que era "absolutamente falso el señalamiento de pederastia que me han hecho Javier Duarte, Héctor Yunes y Manlio Fabio Beltrones".

La promesa de cárcel para Duarte y de justicia para los veracruzanos fue tal que derrotó al priista Héctor Yunes Landa y al candidato de Morena, Cuitláhuac García Jiménez, y llevó al poder a Miguel Ángel, quien rompió la hegemonía que el PRI mantuvo en Veracruz por más de 80 años consecutivos.

La República de Pacho Viejo

Días antes de que Miguel Ángel tomara protesta como gobernador de Veracruz, renunció a su cargo el Fiscal General, Luis Ángel Bravo Contreras.

Antes de que acabara 2016, Miguel Ángel promovió a Jorge Winckler Ortiz, su amigo y abogado, como titular de la Fiscalía General del Estado, propuesta que avaló el Congreso de mayoría panista.

El Fiscal se convirtió en un patiño del gobernador, un remedo servil y el brazo ejecutor de los designios del nuevo mandatario que trató mal a colectivos y prensa por igual. Hasta bloqueó al colectivo El Solecito y a múltiples periodistas de su cuenta de Twitter, a mí incluida, por lo que hubo colegas que promovieron un amparo.

No hubo justicia para los veracruzanos en esos dos años como tampoco la hubo antes; siguieron las fosas, desaparecidos, periodistas asesinados, feminicidios, secuestros y homicidios al tiempo que la misma Fiscalía actuó con celeridad para criminalizar, pero no para resolver. Y mientras los peritos seguían recogiendo a personas descuartizadas por el crimen sin tener siquiera para guantes de látex o un espacio para practicar las autopsias y guardar los cadáveres, el Fiscal se concentró en su encargo de cazar a los duartistas hasta materializar las promesas de campaña de su jefe.

Javier Duarte dejó el cargo un día antes de que se girara la orden de aprehensión en su contra, es decir, a casi dos meses de acabar su sexenio. Cuando la PGR lo buscó, Duarte ya se había fugado de Veracruz y hasta el 15 de abril de 2017 lo detuvieron en un hotel en Guatemala. En el ínterin, a un familiar de su esposa, Karime Macías Tubilla, le decomisaron un pasaporte falso en el que Javier se hizo llamar "Alex Huerta del Valle", oriundo del Distrito Federal, cuya foto era toda la cara del gobernador, sólo que con bigote, mientras que el de Karime apareció a nombre de "Gabriela Ponce Arriaga". De esta última, se encontraron unos diarios en una bodega de Córdoba que por fuera aparecía rotulada como propiedad de "Comercializadora y Distribuidora Iszztmo, S.A. de C.V." y por la que se abrió la carpeta de investigación UIPJ-I/DXIV/7°/831/2017. Por esas libretas se descubrió que Karime fungió como operadora de Duarte para saquear Veracruz. En ellas escribió cosas como "el estado de confort te aniquila, es el peor estado" o planas obsesivas de "sí merezco abundancia".

Dentro de la bodega también se encontraron 115 cuadros entre obras de arte, reconocimientos enmarcados o fotografías de la familia, medallas y hasta un jersey de beisbol; tres bolígrafos, dos plumas fuente y un estuche conmemorativo Mont Blanc edición John Lenon; 56 reconocimientos diversos de madera o vidrio, jarrones, charolas, réplicas miniatura, falsos premios a la honestidad y dos sables Jedi de la saga Star Wars; una vajilla francesa de 741 piezas de la marca Deshouliéres hecha en porcelana blanca, con detalles dorados y con el escudo del estado de Veracruz; 19 cajas con libros, fotos, DVDs y CDs; 77 bocinas, 23 estéreos, juguetes, palos de golf, edredones, más de 70 muebles diversos, cristalería y vajillas, electrodomésticos, balones conmemorativos de los mundiales de futbol y una guitarra.

La Fiscalía también decomisó 2,366 cajas con paquetes escolares, 189 sillas de ruedas, 16 pares de muletas, 136 andaderas, 229 bastones y 1,536 cajas de cartón con despensas. Toda esta información quedó asentada en el número extraordinario 400 de la Gaceta Oficial de Veracruz del 6 de octubre de 2017.

Casi año y medio después de su detención en abril de 2017, Duarte se declaró culpable por lavado de dinero y asociación delictuosa con lo que se le dictó sentencia de nueve años de cárcel, decomiso de bienes y un multa por poco más de 58 mil pesos.

Según la Auditoría Superior de la Federación las denuncias se hicieron por un presunto desvío de poco más de 45 mil millones de pesos y *Animal Político*, el medio que logró evidenciar la corrupción del Gobierno de Duarte gracias al reportaje "Las Empresas Fantasma de Veracruz", llegó a exponer que el daño real podría alcanzar hasta los 60 mil millones de pesos.

Duarte apenas fue juzgado por un mínimo porcentaje de lo que las auditorías han encontrado, mientras que no hay claridad o una cifra exacta de cuánto dinero se desvió en Veracruz, pero definitivamente se trató de una cantidad asombrosa, casi irreal.

Mientras tanto en Veracruz, el primer exfuncionario duartista que ingresó al penal de Pacho Viejo lo hizo en enero de 2017 y fue Leonel Bustos Solis, exdirector del Régimen Estatal de Seguridad Social (REPS) por desvío de recursos de programas sociales. Pronto consiguió la libertad tras ampararse y huyó antes de que lo pudieran recapturar. Pero el caso que alcanzó una alta cobertura mediática, y significó la advertencia de lo que venía para muchos exduartistas, ocurrió en febrero con la detención de Arturo Bermúdez Zurita, exsecretario de Seguridad Pública por enriquecimiento ilícito, aunque hasta un año después le iniciaron proceso por desaparición forzada; quedó libre a finales de 2018.

En marzo se sumaron el exsecretario de Finanzas y Planeación, Mauricio Audirac Murillo, y quien fuera director de la Comisión de Agua del Estado de Veracruz (CAEV), Francisco Valencia García. Ambos dejaron el reclusorio a finales de 2018. Ese mismo mes también se detuvo a Flavino Ríos Alvarado, gobernador interino de Veracruz después de que Duarte renunció, por los señalamientos de encubrir y ayudar a escapar a Duarte con el facilitamiento de un helicóptero. Flavino logró salir de Pacho Viejo, primero bajo la forma de prisión domiciliaria en un hospital y luego gracias a un amparo.

Para mayo se logró la detención de María Georgina Domínguez Colio, directora de Comunicación Social, quien jugó un papel importante en la represión y censura contra la prensa en esos años; consiguió arraigo domiciliario en 2019.

En julio aprehendieron a Isaías Alonso Salas, subdirector administrativo de la Comisión de Espacios de Salud, por el desvío de recursos en la construcción de una torre pediátrica en la ciudad de Veracruz. Ese mismo mes cayó Xóchitl Tress Jiménez, quien a los pocos días fue liberada tras declararse culpable en un juicio abreviado y pagar una fianza. La Fiscalía le decomisó dos casas que recibió a manera de regalos por Javier Duarte (a quien se le vinculó de manera sentimental), pero la dejó conservar un tercer inmueble.

En septiembre llegó al penal José Oscar Sánchez Tirado, exdirector de penales en Veracruz, con su pareja Olga Jiménez, por señalamientos de desaparición forzada en contra de un joven que había tenido una relación sentimental con Olga. En diciembre arribó a Pacho Viejo, Juan Antonio Nemi Dib, encargado de la Secretaría de Salud, quien consiguió prisión domiciliaria al año siguiente por alegar problemas gastrointestinales, fue reaprehendido en 2018 y volvió a quedar libre con un amparo federal en 2019. De tantos exfuncionarios detenidos, no faltaron las bromas sobre que en el penal de Pacho Viejo ya se había formado un mini-Estado o un mini-Gobierno por aquello de que ya tenía “su propio gabinete”.

En febrero de 2018 cayeron los primeros exduartistas de ese año, Roberto González Meza, encargado de crear la Fuerza Civil y director de la misma, con José López Cervantes, el “Comandante Black”, más una docena de policías por desaparición forzada.

En abril de 2018 aprehendieron a Gilberto Aguirre Garza, extitular de Servicios Periciales, a Carlota Zamudio Parroquín, exdelegada regional de la Policía Ministerial, y a María del Rosario Zamora González, exdirectora de Investigaciones Ministeriales de la FGE, por la investigación sobre la desaparición de cadáveres del caso de "La Barranca". En ese lugar encontraron a Laura Soveira en 2016, se reportaron menos cuerpos de los que se hallaron y se extraviaron varios cadáveres.

Para junio, por fin, se detuvo a Luis Ángel Bravo Contreras, exfiscal de Veracruz, por el mismo caso de "La Barranca".

En agosto se agregó a la lista el nombre de Jesús Osiel Alarcón Marín y otros seis policías. Alarcón era encargado de retenes para la SSP y la Fiscalía otorgó pruebas de que en dichos puntos de revisión carreteros se desaparecieron a varias personas en 2013.

Además de todos estos detenidos, existen órdenes de aprehensión por desaparición forzada en contra de José Nabor Nava Holguín, subsecretario de la SSP, quien tomó la titularidad los últimos meses cuando Bermúdez renunció al cargo. El Gobierno de Yunes ofreció una recompensa por 1 millón de pesos para quien diera información sobre su paradero. También se giró una orden de aprehensión por desvío de recursos contra Karime Macías Tubilla, exprimera dama, pero aún no ha sido detenida. Se le captó viviendo en Londres, esto se dio a conocer luego de una investigación que se pagó con el dinero del Gobierno de Veracruz.

Lo que sucede cuando la violencia echa raíz

Dentro de una vivienda en una colonia asentada en lo que hace no muchos años era una ciénaga, una familia completa fue asesinada con frialdad, niños incluidos. Padre, madre y cuatro pequeños de entre 6 y 3 años apagaron su vida bajo el baile de las balas. La noticia conmocionó a Coatzacoalcos y el resto de Veracruz por el grado de crudeza implícito en el mensaje del crimen.

Apenas una noche antes de la tragedia, la familia completa convivía en la casa de la colonia Nueva Calzadas, a metros de una combinación de pantano con descargas de aguas negras. La casa de color blanco destacaba entre el resto porque, a pesar de la pintura, el moho la hizo presa fácil. Horas después, bajo el implacable calor del verano veracruzano, la muerte entró por la puerta principal y se llevó a Clemente Martínez, su esposa Martidana, dos niños y dos niñas que nada sabían de lo que ocurría a su alrededor, almas inocentes que ante la declaratoria de la "Guerra contra el Narco" forman parte de lo que Felipe Calderón consideró como "daños colaterales". Bien, pues esos "daños colaterales" en este caso fueron cuatro pequeños.

Ningún cuerpo resistió la balacera. Llovió fuego y plomo de manera tan grotesca que destruyeron huesos y carne. El piso se batió de sangre. Después de la huida de los asesinos, no faltó el vecino curioso con aires de reportero que entró a documentar la escena grabando con su celular en modo vertical, casi pisando los cadáveres.

La familia completa fue llevada a la funeraria, juntos como los encontró la muerte. Tan sólo de los féretros de los cuatro niños el costo se elevó por encima de los 100 mil pesos. Mientras aguardaba frente a una cruz iluminada a bajo relieve, un integrante de la familia me contó que Clemente nació y creció en Coatzacoalcos. Cumplió su sueño de entrar a la Marina, a pesar de que sólo estudió hasta sexto año de primaria por la falta de oportunidades que hubo en su casa. Clemente se fue en el buque-escuela "Cuauhtémoc" y logró hacer una circunavegación, es decir, darle la vuelta al mundo por poco más de un año.

Llevaba diez años casado con Martinada. Se asentaron en la casa junto al pantano producto de la herencia de un terreno. En la vivienda que materializó el horror de una sociedad que ya había visto sus calles convertirse en escenario de enfrentamientos, nacieron y crecieron los cuatro niños. Por eso, ante su numerosa familia, Clemente además de hacerla de taxista montó un negocio de lavado de autos que apenas estaba despegando. "Era muy divertido con ellos, salía a jugar, en su casa platicaban, le encantaba estar con ellos; le encantaba estar con su familia", apenas logró decir un familiar antes de llorar por ver los cuatro cajones chicos de madera junto a los dos grandes de sus padres. La abuela es quien más resiente la pérdida: de golpe se quedó sin la carne de su vientre y sin sus nietos. "Es un estado muy bello, muy hermoso, lamentablemente nos ha llegado la delincuencia y eso ha hecho que familias en este caso como la nuestra han sido abatidas y no nada más aquí en Coatzacoalcos, sino en otros lados", fue lo último que me alcanzó a decir el familiar.

Coatzacoalcos es una de las ciudades más importantes de Veracruz; hace muchos años la llamaban "Puerto México". En presupuesto, sólo se coloca por detrás de Xalapa (la capital) y Veracruz (puerto). El nombre de Coatzacoalcos proviene de "Quetzalcóatl", la serpiente emplumada. Las leyendas prehispánicas cuentan que de estas playas partió la deidad avergonzada por embriagarse con pulque tras el engaño de Tezcatlipoca y así se convirtió en el "Lucero del Alba". La serpiente emplumada, insignia de Coatzacoalcos, se encuentra en diferentes partes de la ciudad en efigies. La más curiosa es bajo la forma de camiones urbanos conocidos como "Quetzalcóatl Plus". Verdes, con su serpiente dibujada, se han vuelto la última permanencia de una deidad que cedió su paso al Dios de la guerra… que convirtió a esa ciudad en un sacrificio gigante.

Sirva de ejemplo Coatzacoalcos para conocer las consecuencias del crimen. Hace más de una década la ciudad no paraba de crecer, vivió un *boom* inmobiliario que expandió la mancha urbana hasta zonas donde antes sólo había dunas de arena. Llegaron las plazas comerciales y las tiendas departamentales, únicas en su tipo en toda la región. Coatzacoalcos concentró el comercio desde la Cuenca del Papaloapan hasta el río Tonalá, pues su oferta se comparaba con la que había en Veracruz o Xalapa.

Era nuestra perla del sur. La ciudad, flanqueada por dos grandes Petroquímicas, era el espacio a donde iba el dinero de los petroleros y comerciantes de Nanchital, Moloacán, Las Choapas o Agua Dulce. En el auge de la riqueza petrolera del sur, en el vecino municipio de Nanchital (exterritorio de Coatza), se instaló el proyecto petroquímico más grande y moderno de América Latina: "Etileno XXI" que pertenece al consorcio mexico-brasileño Braskem-Idesa. No parecía que nada fuera a detener a Coatzacoalcos, pero la delincuencia tenía otros planes.

Primero fueron los levantones (muchos atribuidos a la Fuerza Civil o a la Policía Estatal), después las fosas clandestinas, luego ejecuciones nocturnas y, al final, a plena luz del día. El crimen se desató. Existe la idea de que la delincuencia común es detenida por la organizada para que "no calienten la plaza", pero en Coatzacoalcos no ocurrió así. Los asaltantes y ladrones vieron su oportunidad para prosperar a costa del sector comercial que los grupos criminales terminaron de rematar con los secuestros y extorsiones.

Los médicos especialistas huyeron. Algunos fueron secuestrados y liberados después de perder su patrimonio para pagar el rescate y otros decidieron irse antes de que les pasara lo mismo. Eso provocó un desabasto de profesionales de la salud tanto en el sector público como en el privado. Por ejemplo, en 2017, la Secretaria General de la Sección 35 del Sindicato del ISSSTE, Petra Carreón Muñoz, declaró que había un déficit de especialistas en los hospitales del sur por la inseguridad. Aunque se ofrecieron plazas de trabajo "al poco tiempo ellos prefieren renunciar, trasladarse a otra ciudad y no permanecer aquí". Esto despertó la ira de Miguel Ángel Yunes, quien se atrevió a decir que era mentira y que los medios inventaron la declaración aun cuando se difundió el audio de la entrevista.

Los restaurantes y comercios en general comenzaron a cerrar por el cobro de piso, imposible de sufragar ante el cumplimiento de otros gastos como servicios, renta, empleados, impuestos y demás. Al inicio, los que cerraban alegaban las altas tarifas de luz, pero ya en 2018 muchos comercios declararon, a través de sus cuentas oficiales en redes sociales, que bajaban sus cortinas por la creciente inseguridad.

Verán, un médico de Coatzacoalcos me contó que tenía un amigo restaurantero, de gran tradición en el puerto al que un mal día le cayó un grupo de la delincuencia organizada y comenzó a exigirle la cuota. Cansado de las extorsiones, el restaurantero empezó a buscar un local en otra ciudad, en otro estado, para montar el mismo negocio hasta con idéntico nombre al que tenía en Coatza. Quién sabe cómo es que los delincuentes se enteraron y en una de las visitas le preguntaron si pensaba irse. "No te vayas, estás bien aquí", fue más una orden que una sugerencia. De ahí en adelante, el empresario se resignó a tener una mesa siempre libre, intocable, para que cuando llegaran estas personas encontraran siempre un espacio para comer.

Otros empresarios no han corrido con tanta suerte. Tratando de defender a sus hijos de un secuestro o atendiendo desde sus parrillas la muerte los encaró y se los llevó. Frente a una escuela, afuera de un local, adentro de una tortería, en la calle, saliendo de un restaurante, cerca del mar... Cualquier lugar de la ciudad se convirtió en potencial escenario de un asesinato.

Joyerías, paleterías (sí, ésas donde venden aguas de sabor y nieves), pizzerías, bares que ofrecían música en vivo, radiólogos, ginecólogos, médicos especialistas en general, tiendas de ropa, restaurantes, zapaterías... No hubo rubro que se salvara de experimentar cierres, atosigados por las extorsiones. Pero ni siquiera cerrar calmó los ánimos de los hombres de los cárteles. Como ejemplo de esto, a finales de noviembre de 2018, se registró el secuestro de una alumna de preparatoria, hija de los dueños de una cantina que meses atrás cerró por las extorsiones. "Les piden las perlas de la Virgen", comentaron reporteros sobre el caso de dos padres que justo abandonaron su fuente de ingreso porque ya no era redituable y ahora tenían que ver de dónde sacaban una cantidad impresionante de dinero para recuperar a su hija amada.

En el primer año del Gobierno de Yunes el secuestro creció 40% y alcanzó a sumar 172 privaciones ilegales de la libertad del tipo extorsivo. En 2018 hubo 146 reportes, por lo que en dos años se acumularon 318 denuncias por este delito.

En la peor de las escenas de Coatzacoalcos, la violencia se hizo cotidiana. Sí, la vida sigue a pesar de la violencia, pero trastoca, transforma de raíz. El Gobierno de Víctor Manuel Carranza Rosaldo se hizo llamar "raíz de la esperanza".

Carranza, quien tomó el cargo en 2018 y llegó a él por Morena, tenía como experiencia y mérito político ser compadre y excompañero de trabajo de Rocío Nahle García, la Secretaria de Energía en el Gobierno de Andrés Manuel López Obrador. Incapaz de detener la inseguridad que azota a su municipio, Víctor Carranza llegó a declarar a la prensa sobre los reclamos por la inseguridad que la gente "nada más sabemos ladrar".

La bella Coatzacoalcos se encaminó a convertirse en un pueblo fantasma... es irreconocible. Recuerdo con cariño cuando se abrieron las plazas comerciales que ahora tienen más de la mitad de sus locales vacíos, cuando llegó la primera cadena nacional de cine o cuando se podía ir a cenar a las 12 de la noche con total tranquilidad, cobijados con la brisa que deja los labios con sabor a sal.

Una de las historias que más me dolió escuchar fue la de una joven de apenas 22 años, trabajadora de una compañía subcontratada en uno de los complejos petroquímicos al otro lado del Río Coatzacoalcos. La muchacha, que combinaba sus estudios con algunos contratos de trabajo como obrera, salió de los complejos y, a punto de abordar el camión que los transporta hasta la ciudad, un asaltante la amenazó a ella y a su jefe. Ambos entregaron el celular y la cartera. El asaltante los seguía atosigando y el jefe reclamó que ya le había dado todo. El sujeto disparó a los pies del hombre, pero no le dio. La muchacha dio la vuelta, pensando que ya había pasado todo, triste por la pérdida de su teléfono. Entonces una bala le perforó la pantorrilla y otra le destrozó el hueso de la cadera, en la pierna derecha. Ya le había entregado todo al asaltante, que aplicó la máxima no escrita: sin violencia no hay crimen.

La internaron en el IMSS. Su madre se deshacía en cansancio después de un mes de cuidados y varias operaciones. Ahí la chica pasó su cumpleaños frente al diagnóstico incierto del médico que no puede asegurar que vuelva a sentir o tener movilidad en esa pierna. "Mañana es su cumpleaños", me dijo su madre, cansada y destrozada. De una parte de la extremidad le extrajeron tejido y hueso para implantárselos en la cadera y de ahí tendrá otra operación. La señora pareció reflexionar, como tratando de adivinar por qué. ¿Por qué afectar la vida de una joven que no hizo más que ir a trabajar? ¿Por qué a la salida del complejo petroquímico (que debería ser uno de los lugares más seguros del país) un hombre decidió darle dos balazos? Porque es fácil tener una pistola y porque la impunidad se lo garantiza. Por eso.

Ahora, quienes pueden, se van a otras ciudades o estados en donde deben adoptar nuevas costumbres y abandonar las propias para encajar, en donde son calificados de "fuereños" y estigmatizados por la violencia que se vive aquí, como si realmente deseáramos abandonar Veracruz, como si no supieran que "sólo Veracruz es bello" y que a muchos nos gustaría morir aquí, pero en paz, hasta que se extinga la energía del cuerpo, con una vida por detrás y no a mitad de la calle alcanzados por balas frías que entran por la espalda.

El saldo que el Gobierno panista dejó para Veracruz en términos de seguridad fue desastroso. El último año del bienio estuvo salpicado de demostraciones cada vez más fuertes de una confrontación entre el CJNG y el Gobierno del Estado que declaró una "guerra" al grupo delictivo desde 2016. Esto terminó con una familia completa, el coordinador de la Policía Federal en Veracruz y el jefe de plaza de esa organización delictiva, asesinados en cuestión de una semana.

Otra de las más cruentas formas de demostrar la hegemonía que el CJNG alcanzó en Veracruz tras casi minar a sus rivales, Los Zetas, pasó en julio de 2018 desde Las Choapas. Un joven conocido como Freddy fue "levantado" de su casa y permaneció en calidad de desaparecido varios días hasta que, el fin de semana, comenzó a circular un vídeo en redes sociales donde aparecía hincado y atado de manos rodeado por más de quince sujetos con chalecos antibala, cubiertos del rostro con paliacates, gorras con las iniciales del cártel y portando R-15 o AK-47. Un hombre sostuvo con la mano derecha el cabello del muchacho sometido y grabaron un interrogatorio de poco más de minuto y medio: el joven confesó su participación en varios hechos delictivos, entre ellos el secuestro de una menor asesinada a pesar de que pagaron el rescate. Un segundo vídeo se descubrió, grabado en el mismo paraje de espesa vegetación de fondo, pero en medio, donde antes había estado Freddy, ahora yacía su cuerpo desmembrado; mientras uno de los sicarios profirió su mensaje amenazante, frente a la cámara sacudió la cabeza cuyo rostro quedó congelado en una mueca de horror.

Casi en esos mismos días grabaron otro vídeo de la decapitación de un presunto secuestrador de Jáltipan. A una semana de que Yunes entregara la silla, municipios del norte, centro y sur amanecieron con narcolonas firmadas por el CJNG con acusaciones en contra de Yunes. Los narcos tomaron la carretera Costera del Golfo, cerraron el paso atravesando autos que incendiaron y dejaron más mensajes impresos.

Las estadísticas del Sistema Nacional de Seguridad Pública (SNSP) revelaron que durante 2017, el primer año de Gobierno de Miguel Ángel Yunes, ocurrieron 1,822 homicidios dolosos, lo que significó un aumento del 45 % en comparación con el último año de la administración de Duarte de Ochoa. En 2018 se sumaron otros 1,377 casos, haciendo un total de 3,099 muertes violentas. Algunos de los casos más fuertes del yunismo fueron los siguientes:

En noviembre de 2017, un grupo de personas armadas arribó al municipio de Hidalgotitlán y obligó al alcalde electo, Santana Cruz Bahena, a salir de su casa ante la amenaza de que entrarían y asesinarían a su familia, así que se entregó y fue asesinado. Todo ocurrió a plena luz del día.

En marzo del 2018, la Fuerza Civil asesinó a dos hermanas menores de edad en Río Blanco. Los policías dijeron que las adolescentes de 16 y 14 años de edad viajaban en una camioneta con un presunto delincuente y que estos abrieron fuego contra los uniformados, por lo que en la refriega resultaron asesinadas. Lo más extraño del caso fue que circularon fotografías donde una de las jóvenes está en la calle, inclinada a lado de un policía, al parecer aún con vida, mientras que en otra imagen la menor apareció en una posición totalmente diferente, boca abajo, sobre el pavimento y con las manos extendidas sobre un charco de su propia sangre. El Fiscal Jorge Winckler Ortiz convocó a rueda de prensa y criminalizó a las dos menores. Las vinculó con la delincuencia y aportó como pruebas fotos de los tatuajes que tenían. La familia fue silente en pedir justicia, incluso solicitaron a la Comisión Estatal de Derechos Humanos que no intervinieran en el caso ni emitieran alguna queja.

Un caso parecido, pero en el que la familia sí alzó la voz, ocurrió ocho meses después en Orizaba cuando la Policía Municipal asesinó a dos hermanos, un profesor de secundaria y un odontólogo. El papá de ambos, el profesor Román Pérez me sentenció "la Policía Municipal aquí afuera de mi domicilio asesinó a mis hijos". Explicó que su hijo Román, el profesor, regresó a casa por la madrugada después de ir a divertirse; al llegar a la vivienda y bajar del coche fue atacado por los policías. Su hijo Ernesto, el odontólogo, salió en ropa interior porque estaba dormido y recibió varios disparos que le quitaron la vida. La mamá de los profesionistas trató de auxiliarlos, pero fue amenazada por los policías y entonces vio que llegó Juan Ramón Herebia Hernández,

Secretario de Gobernación y encargado de la comisión de Seguridad, se puso guantes de látex y movieron los cuerpos para manipular la escena y sembrar armas.

En cuestión de seguridad para las mujeres, el Gobierno de Miguel Ángel tampoco acabó bien. Veracruz se volvió la primera entidad con dos Alertas de Género: la primera por violencia feminicida y la segunda por Agravio Comparado. Esta última se dictó en 2017 por no despenalizar el aborto ni ofrecer las condiciones para garantizar el derecho a realizarlo de forma segura.

Desde 2017 a la fecha, el Observatorio Universitario de Violencia contra las Mujeres (OUVM) de la Universidad Veracruzana ha realizado un conteo con base en registros hemerográficos y datos oficiales de la FGE. En total hubo 279 feminicidios entre los dos años de Miguel Ángel Yunes, además de 137 casos de homicidio de mujeres sin razón de género. Esto significa que, en el bienio, al menos 416 mujeres perdieron la vida de forma violenta y 6 de cada 10 cumplieron con algunas de las hipótesis de violencia de género para tipificar feminicidio.

Entre los casos más graves de feminicidio se dieron dos hechos en los que las mujeres estaban embarazadas y las mataron para extraerles a la criatura; ambos ocurrieron en 2018 (abril y septiembre). En uno de los hechos se logró recuperar al bebé, mientras que en el otro se desconoce el paradero del recién nacido.

Además, según el reporte "Información delictiva y de emergencias con perspectiva de género" (2018) del SNSP, Veracruz apareció como el segundo lugar en feminicidios en el país con ocho ciudades en el listado de los 100 municipios con más feminicidios: Coatzacoalcos en el doceavo puesto con 9 feminicidios; Veracruz y Córdoba con 6 casos; San Andrés Tuxtla con 5; Xalapa y Poza Rica con 4 feminicidios cada uno, y Tierra Blanca y Tuxpan con 3 en cada entidad.

Estrella de redes sociales

Aún sin seguir la cuenta de Facebook de Miguel Ángel Yunes Linares, sus publicaciones aparecieron en el muro a través de inserciones pagadas. Cuando Yunes llegó al poder, advirtió a los medios de comunicación que no pagaría convenios de publicidad, como el anterior mandatario, debido al costo que eso tendría para un Estado que apenas resistió el saqueo del cordobés.

La mentira de Yunes no sólo fue dramática, sino monumental, pues en dos años erogó más de 400 millones de pesos (448,353,283 para ser exactos) en difundir programas, logros de Gobierno, mensajes y demás actividades gubernamentales.

Sí terminó pagando dinero a medios, gastó poco más de 10 millones de pesos en publicidad en Facebook, dinero público que llegó hasta Menlo Park, California, a pesar de que Comunicación Social, encabezada por Elías Assad Danini, lo negó hasta el cansancio a través de solicitudes de información.

La cuenta oficial del Gobierno del Estado casi no se utilizó más que para compartir las publicaciones del gobernador, pues desde la página oficial del ejecutivo se hicieron las transmisiones en vivo, publicaciones oficiales y difusión de actividades. Es decir, Veracruz pagó por la promoción personal del político panista.

Para Yunes, Facebook fue la supuesta panacea publicitaria frente al costo que implicaba contratar medios de información, a los que en pocos meses asestó el típico reclamo de "me pegas porque no te pago": "Yo sé que hay a quienes no les gusta reconocerlo y les cuesta mucho trabajo porque no tenemos convenios ni vamos a tener", dijo a sus críticos.

En plena efervescencia electoral en febrero de 2018, Miguel Ángel Yunes atacó a Andrés Manuel López Obrador, que entonces estaba en precampaña presidencial. En ese mes salieron tres mensajes pagados en Facebook desde la cuenta del gobernador:

"Mañana responderé a López Obrador, lo reto a discutir", decía uno; "Respuesta al video que acaba de subir el LOCO de López Obrador" (en el que dijo que el tabasqueño "se vuelve a meter con mis hijos a decir que la monarquía...") fue el otro; y el último se trató de una crítica a Andrés Manuel.

Entre decenas de publicaciones pagadas, también promocionó una en la que aparecía corriendo en el bulevar de Veracruz con dos de sus vástagos, Fernando Yunes, alcalde de Veracruz, y Miguel Ángel Yunes Márquez, que sería candidato a gobernador del estado y aspiraba a ser sucesor de su padre, entre otros sucesos de índole personal.

Miguel Ángel Yunes explotó su imagen personal y la de un gobierno con aspiraciones monárquicas a través de su cuenta de Facebook, pero sin transparentar quién pagó esa publicidad. Descubrí que su página, usada desde su campaña a gobernador en 2016, estaba vinculada al portal "yoconyunes.org". Este sitio web era propiedad de la Oficina de Enlace de Miguel Ángel Yunes Linares y para cualquier tipo de comunicación con "la Empresa titular del Portal" había que escribir al correo yunescandidato@gmail.com.

Intrigada, realicé varias solicitudes de información a la Dirección General de Comunicación Social. Explícitamente negaron tener convenios con medios de comunicación, que la página del gobernador en la popular red social fuera manejada por personal del Gobierno del estado, y que su publicidad fuera pagada con dinero público. Pero en la solicitud 00358118 admitieron haber gastado más de 10 millones de pesos en publicidad de Facebook (10,193,000), 3.6 millones en 2017 y 6.5 en 2018, casi el doble en el año electoral, cuando las únicas cuentas oficiales reconocidas en redes sociales fueron 10 páginas de Facebook y 8 de Twitter, aunque en ellas la actividad fue casi nula (por ejemplo, la del Gobierno del Estado de Veracruz sólo compartía las publicaciones y videos en vivo del gobernador).

Gracias a un colega de Coatzacoalcos, también documentamos que el personal de Radio Televisión de Veracruz (RTV), un organismo público descentralizado cuyo objetivo es "difundir la cultura, las tradiciones, los sitios turísticos y los valores de nuestro país a partir de Veracruz", muchas veces operó las cámaras con Elías Assad para las transmisiones en vivo de la página de Yunes. Incluso, para algunas tomas, el equipo cuidó aspectos como la iluminación con el uso de pantallas reflejantes. Al final, en su comparecencia ante el Congreso del Estado, Elías Assad admitió el gasto de publicidad en Facebook, lo que significaría que el pueblo veracruzano pagó por la promoción de la página personal de Yunes, que incluyó publicaciones sobre peleas políticas con López Obrador, obra pública y hasta asuntos banales de su vida privada. Por otra parte, el funcionario se defendió y rebatió que "nosotros no pagamos un solo peso para callar notas ni pagamos un solo peso en imagen del Gobernador".

A raíz de la publicación en Aristegui Noticias del reportaje que escribí "Yunes en Facebook: ¿Cuánto cuesta a Veracruz?" me contactó el periodista Miguel Elorza, de Homozapping, quien estaba mucho más empapado en ese tema, ya que por meses realizó una gran cantidad de solicitudes de información y recursos de revisión, así que cruzamos datos en la cacería por la verdad. Resultó que a Miguel le negaron el gasto en Facebook que admitieron en mi solicitud. Después, consiguió facturas de pagos por publicidad a Facebook por parte de Elías Assad, entre otras irregularidades que notamos entre las respuestas a las preguntas de ambos. Pero el dato aún más abrumador llegó al final del bienio. Y es que, ¿qué eran 10 millones frente a 448 millones?

Un colega corresponsal estatal de Aristegui Noticias compartió el Índice de Información del Ejercicio del Gasto 2018 que realizó el Instituto Mexicano para la Competitividad (IMCO) y me llamó la atención que Veracruz destacara como el cuarto estado con más sobreejercicio en el rubro "Servicios de comunicación social y publicidad". Miguel Elorza revisó datos presupuestales del Gobierno del Estado y publicó "El gasto de comunicación social de Yunes supera los 448 mdp; impera la opacidad", para Villamilinforma. En el artículo documentó que en 2017 Yunes gastó más de 250 millones de pesos (272,520,954) en servicios de comunicación social y publicidad, difusión e información en medios informativos y planeación estratégica de comunicación. A mí me dijeron de forma oficial que no habían tenido convenios de publicidad con ningún medio, mientras que apenas de enero a septiembre de 2018 usaron más de 175 millones (175,832,329) por los mismos conceptos.

Al final se descubrió que Miguel Ángel Yunes, estrella de redes sociales que proclamó al inicio de su mandato que no habría "ni un solo centavo para pagarle a los medios de comunicación", traspasó recursos públicos a cuentas de funcionarios para que éstos pagaran la publicidad de su página de Facebook con tarjeta de crédito, utilizando para tal fin cerca de 10 millones de pesos. En dos años, su administración erogó 448 millones en publicidad, lo equivalente a la compra de más de 7 mil despensas diarias o casi 700 mil pesos al día, calculó Elorza. Pero ni el sobreejercicio en la autopromoción fue suficientes para contrarrestar la mala percepción que los veracruzanos tuvieron sobre su Gobierno, por lo que no logró heredar la silla a su hijo.

Mirreinato fallido

A pesar del pésimo saldo en seguridad y el deterioro económico ligado a la crisis de la violencia en Veracruz, Miguel Ángel Yunes Linares logró que su hijo Miguel Ángel Yunes Márquez "Chiquiyunes" fuera designado candidato a la gubernatura por el Frente que conformó el PAN con el PRD y Movimiento Ciudadano. Esto último, una decisión sorprendente en Veracruz, pues recordemos que el fundador de MC, Dante Delgado, fue llevado tras las rejas cuando Chirinos era gobernador y Yunes Secretario de Gobierno.

Yunes Márquez fue diputado local y alcalde de Boca del Río dos veces. Su nombramiento como candidato hizo que los medios tildaran tal acción como la aspiración a una "monarquía" en la que el poder en Veracruz se heredaba. No muy diferente a lo que ocurrió durante décadas en el PRI o lo que pretendió hacer Fidel Herrera al imponer a Duarte. Al final, pareciera que la aspiración máxima de la mayoría de los políticos fuera perpetuarse en el poder.

Como padre, Yunes Linares no pudo apartarse de la campaña de su hijo y estuvo presente, de forma directa e indirecta, en diferentes eventos como el registro o el cierre de campaña. Miguel se subió al ruedo para defender a su hijo y a sí mismo de los comentarios de Andrés Manuel López Obrador (entonces candidato por tercera vez a la Presidencia de México) cuando comparó a Linares con Karime Macías de "merecer abundancia" por usar un costoso reloj. Entonces Yunes acusó a AMLO de que Duarte lo financiaba y alegó tener pruebas que jamás mostró; también lo llamó "Amloco" y lo retó a un debate público que rechazó el candidato presidencial, por lo que el gobernador grabó vídeos donde le decía que se había "rajado".

Una de las cosas que más le dolió a Yunes fue cuando, después de que le preguntara a López Obrador "¿en qué trabajan tus hijos, loco?", el morenista le respondió que sus hijos no eran como los de él, sino honestos y trabajadores. La desesperación entre el clan Yunes fue evidente. Hasta promocionaron videos de la cuenta de Facebook del gobernador para que los mensajes contra AMLO y, de paso, contra el candidato de Morena a la gubernatura, llegaran a más veracruzanos. Pero no fue suficiente para contener la derrota del Frente ante la ola guinda que se levantó en Veracruz, estado a cuyos habitantes Andrés Manuel siempre se ha referido como "paisanos" por ser de padre veracruzano.

Los dos Miguel Ángel tardaron en reconocer la victoria de Cuitláhuac García Jiménez. Aunque el hijo quiso hacer "madruguete" apenas cerraron las casillas para decir que la elección lo favoreció, cuando comenzaron a darse los conteos el panorama se revirtió. En mi ciudad, por ejemplo, el resultado fue apabullante: hubo una casilla en la que, de 600 votos, más de 500 fueron para Morena. Con una participación ciudadana histórica, Cuitláhuac García se convirtió en el virtual ganador y esfumó las ansias de permanencia en el poder del clan Yunes.

Una vez confirmada la derrota, pareciera que todo se terminó de volcar en contra del gobernador. Ya en los meses finales, un grupo de más de 80 empresarios denominado "Empresas SOS" protestó en el Palacio de Gobierno y, después, interpuso una queja colectiva ante la Comisión Estatal de Derechos Humanos (CEDH) de Veracruz en contra del ejecutivo y otros servidores públicos por el retraso en el pago de adeudos contratados con estos prestadores de servicios. Es decir, Yunes terminó acusado de no pagar a empresarios de la misma forma en la que Duarte lo hizo. Entrevisté a Alejandro Cossío Hernández, quien me contó que, entre todos los integrantes del grupo, el adeudo del Gobierno de Veracruz ascendía a más de 5 mil millones de pesos por servicios que se prestaron desde Fidel Herrera, Javier Duarte hasta Yunes Linares. En algunos casos, la falta de pagos provocó el quiebre de varias empresas y hubo quienes murieron por la angustia causada por la desesperación de verse ahogados en deudas. Por la protesta en el Palacio de Gobierno, Cossío, a quien le adeudan más de 52 millones de pesos por servicios del área médica, fue perseguido por el Fiscal Winckler con una denuncia en la que se le acusaba de tener una empresa fantasma. De hecho, Miguel Ángel desconoció a los empresarios y las deudas contraídas por el Estado, así que el grupo colocó un reloj en Xalapa para contar los días, horas y minutos que faltaban para que terminara su gestión. Cuando el reloj llegó a cero organizaron una verbena popular.

Pero antes de irse, el panista dejó a dos de sus hombres incrustados en la gestión pública: Jorge Winckler, el Fiscal que llegó a hincarse para tomarle fotos a su jefe en ruedas de prensa, y Marcos Even Torres Zamudio, nombrado Fiscal Anticorrupción por el Congreso que todavía contaba con la mayoría panista. De forma inverosímil, como a veces parece que sólo puede ocurrir en México, el nombramiento del Fiscal Anticorrupción ocurrió en un ambiente enrarecido por señalamientos de corrupción, coacción e ilegalidad, pues ni siquiera alcanzó la mayoría calificada de los votos de los legisladores.

Ya los últimos días, el mandatario terminó de sacar su rencor contra la prensa, contra aquellos reporteros que lo cuestionaron de forma severa. De por sí su relación no fue la mejor con los medios, no sólo porque benefició sólo a unos cuantos con jugosos convenios de publicidad, sino por las constantes descalificaciones contra el gremio. Mientras que le llegó a reclamar a Duarte por quedarse callado cuando asesinaban a un periodista, en su administración mataron a otros cinco comunicadores y, en la mayoría de los casos, rápido buscó minimizar los hechos o criminalizarlos. Algo así pasó cuando dos de mis compañeros del *Diario Presencia* fueron agredidos por unos delincuentes que ellos habían expuesto en notas locales; los derribaron de una motocicleta, los golpearon y a uno lo apuñalaron en el cuello, pero Yunes se limitó a decir que se trató de una riña cuando en realidad se trató de un ataque: "Nosotros no particularizamos en la gravedad de que como periodistas recibamos una agresión de esta naturaleza, en un estado que es foco rojo en agresión y represión a periodistas, sino que lamentamos que estos hechos sean un reflejo de lo que los ciudadanos están expuestos a sufrir por la pésima condición de seguridad en las que vivimos", le reviró el periódico.

Otra muestra más fue cuando después de entregar su segundo informe de Gobierno al Congreso, el periodista Jair García le hizo una pregunta relacionada a que si "metería las manos" por sus colaboradores en caso de que en el futuro fueran señalados por actos de corrupción o se descubriera alguna irregularidad durante el tiempo que fueron funcionarios, lo que hizo estallar a Yunes, quien contestó que era "la pregunta más vulgar y lo que denota es una falta de talento periodístico, porque evidentemente el Gobernador es bastante más preparado que usted".

4
Después del huracán

Con más de un millón y medio de votos (1,665,885), Cuitláhuac García Jiménez se convirtió en el gobernador más votado de la historia de Veracruz y sumó a Morena la gubernatura del tercer estado con mayor fuerza electoral del país, sólo por detrás del Estado de México y la Ciudad de México. Su principal contrincante, Miguel Ángel Yunes Márquez, hijo del Gobernador saliente y quien en campaña llamó "viejo guango" a Andrés Manuel López Obrador, obtuvo más de 1.2 millones de votos que no le bastaron para ganarle al morenista. Así, en menos de dos años, Veracruz pasó por la segunda transición política de su historia moderna, pues después de ser gobernado 80 años por el PRI y tener un bienio del PAN, ahora se sincronizó con el Gobierno Federal.

En cuanto al Congreso del Estado, integrado por 30 diputados por mayoría relativa y 20 por representación proporcional, el Movimiento de Regeneración Nacional también arrasó en los escaños: se llevó 17 distritos y alcanzó 9 plurinominales, mientras que el PT, su aliado, ganó 1 distrito y el PES, con quien también montó alianza, ganó otros 2 lugares. El PAN retrocedió después de haber sido mayoría a tener apenas 7 distritos ganados y 6 legisladores plurinominales, mientras que Movimiento Ciudadano nada más conquistó 2 distritos y el PRD obtuvo un curul vía elección popular y uno por la vía de representación proporcional. Los grandes perdedores de la elección fueron el PRI, que nada más alcanzó representación a través de 3 plurinominales, y el Partido Verde, cuya única diputada (pluri) acabó renunciando para declararse independiente a los pocos días de tomar el encargo.

Después de la verbena que se vivió en Veracruz por el triunfo de Morena, el panismo se preparó para abandonar el Palacio de Gobierno y las dependencias estatales que habían ocupado por dos años con la ilusión de prolongarse otros seis. Pero antes de que Cuitláhuac García tomara posesión, aún pasaron algunas cosas interesantes.

Llovieron las denuncias penales en contra de Miguel Ángel Yunes Linares y Jorge Winckler Ortiz, el cual fue investido por nueve años y declaró, antes y después de la toma de protesta de García, que no renunciaría al cargo.

Cuando la mayoría morenista tomó posesión como parte de la LXV Legislatura, la Organización Nacional de Empresarios Anticorrupción (ONEA), representada por Iván Gidi Blanchet, solicitó al Congreso el juicio político para el Fiscal Winckler, pues fue señalado de haber transgredido la autonomía de la FGE al comportarse más como un "abogado personal" de Miguel Ángel Yunes que como abogado de los veracruzanos: "No es normal que el Fiscal de un Estado actúe como empleado personal del gobernador en turno."

Durante la misma jornada, el abogado Jorge Reyes Peralta, defensor de Gilberto Aguirre Garza, exdirector de Servicios Periciales y detenido por desaparición forzada, presentó una denuncia penal en contra de: Miguel Ángel Yunes Linares, Jorge Winckler Ortiz, Marcos Even Torres Zamudio (Fiscal Especializado Anticorrupción) y Luis Eduardo Coronel Gamboa (Fiscal Especializado para la Atención de Denuncias por Personas Desaparecidas).

Gilberto Aguirre fue funcionario durante la época de Duarte, pero con la llegada de Yunes fue colocado en otro puesto hasta que renunció por la presión de los colectivos de desaparecidos. Según su defensor, lo torturaron con un ruido muy alto y sin interrupción durante una semana por medio de una bocina que tenía canciones grabadas en una memoria USB para que firmara una declaración que inculpara a Luis Ángel Bravo Contreras, la cual fue clave para lograr una orden de aprehensión en su contra.

Si bien Miguel Ángel Yunes se esforzó por diferenciarse de su antecesor, en muchas cosas resultó ser muy similar. Tal fue el caso de la simulación de licitaciones y la entrega de recursos públicos a personas afines a él como José de Jesús Mancha Alarcón, dirigente estatal del PAN, quien recibió 70 millones de pesos en cinco empresas en las que puso a su madre y a su esposa (ahora diputada del PAN) como prestanombres para recibir diversos contratos. Esto lo descubrió el periodista Miguel Ángel León Carmona de *La Silla Rota* y el portal digital E-consulta, detallando la falsedad con la que se montaron los procesos de licitación para las distintas compañías del panista, incluido un portal de noticias llamado *Sin Muros* que también recibió jugosas cantidades de dinero por concepto de publicidad por parte del Congreso del Estado cuando el PAN tenía mayoría. A pesar de los desvíos al estilo de las empresas fantasma de Javier Duarte, aunque en menor proporción, ni José Mancha ni Miguel Ángel Yunes han sido investigados por esto.

El último gran escándalo de la administración panista también trastocó a Morena, en específico, a una legisladora. Se trató del asesinato de Valeria Cruz Medel, hija de la diputada federal por el distrito 11 de Minatitlán, la doctora Carmen Medel Palma, quien ya había sufrido un secuestro años atrás en Minatitlán en un período en el que especialistas de la salud fueron uno de los principales blancos de la delincuencia. A mediados de noviembre de 2018, la joven estudiante de Medicina en la Universidad

Veracruzana acudió como de costumbre a un gimnasio en el municipio de Camerino Z. Mendoza, en la zona conurbada Córdoba-Orizaba, cuando un sicario ingresó al lugar y disparó en su contra, matándola. En plena sesión del Congreso, la legisladora federal recibió la llamada con la trágica noticia y ahí, desde su silla, rompió a llorar y a lamentar el suceso con desgarradores gritos que removieron a sus compañeros legisladores en un ejemplo de que en este México nadie, sea rico o pobre, un alto funcionario de Gobierno o un humilde jornalero, absolutamente nadie está exento de la violencia.

A las pocas horas, bendita costumbre, Miguel Ángel Yunes salió a informar que la joven murió por equivocación, pues el sicario buscaba a otra joven relacionada con un líder contrario, pero asesinó por error a Valeria que tuvo la "mala suerte" de ir al mismo gimnasio. Lo más extraño fue que el presunto asesino, Ricardo "N" alias "El Richy" fue encontrado sin vida esa misma tarde en el interior de una camioneta. Al gobernador tampoco le cayó en gracia que le cuestionaran la gravedad de que el supuesto autor material apareciera muerto horas después del crimen de la estudiante de medicina, pues esto venía a ser otro clavo al ataúd de la carencia de un Estado de Derecho en Veracruz. Yunes relacionó el crimen con el Cártel Jalisco Nueva Generación lo que provocó que en días posteriores la banda delictiva dejara narcolonas en una docena de ciudades acusando a la Fuerza Civil de ser la que había sacado a "El Richy" de su casa para matarlo, además de que se deslindaron de la muerte de la joven. Para complicar aún más el caso, cerca del 22 de noviembre apareció un cuerpo que resultó ser del verdadero "Richy" (me lo corroboró su familia), a pesar de la insistente y rotunda negativa del gobernador.

A Cuitláhuac García lo conocí por primera vez en 2015, cuando recién había sido electo diputado federal y visitó Agua Dulce con Andrés Manuel López Obrador, quien vivió en la colonia Centro de esa ciudad por un breve tiempo cuando era niño (quizá por eso incluye al municipio como parte de sus giras y hay fotografías de él en el parque "Libertad" desde 1998). Cuitláhuac volvió a Agua Dulce en 2016 para el primer informe de resultados de Rocío Nahle como diputada por ese distrito.

En ese entonces ya se notaba el rompimiento entre la zacatecana y Eva Cadena Sandoval, diputada local por el distrito 30 que un año más tarde, cuando era candidata a la alcaldía de Las Choapas, fue exhibida en varios videoescándalos cuyo origen apuntó al PAN de Yunes y al Morena de Nahle. Cuitláhuac iba vestido con una camisa con logos de la UV y se mostró amable; acababa de ser candidato a la gubernatura, que perdió frente a Miguel Ángel Yunes Linares quedando en tercer lugar.

En las campañas municipales de 2017, regresó con López Obrador a Las Choapas y Agua Dulce, donde ambos le levantaron la mano a Eva Cadena, pocas semanas antes de los videos. Esa vez, en Las Choapas, AMLO no quiso dar entrevistas, porque iban con el tiempo encima y aún tenía que visitar otros municipios, pero Cuitláhuac intervino y me dijo que cuando llegara a Agua Dulce lo podría entrevistar. Al llegar a la otra ciudad, Andrés Manuel se bajó de la camioneta en la esquina del parque, me miró, extendió los brazos, sonrió y me dijo "aquí estoy, pregúntame".

En los años posteriores, García Jiménez visitó la ciudad en diversas ocasiones y apenas una pequeña comitiva lo recibía, pues la mayoría de la gente no lo conocía ni imaginaba que en 2018, ahora sí, llegaría a ser gobernador.

Desde la campaña a la gubernatura, en una entrevista que le hizo *Presencia Mx* y me tocó redactar, Cuitláhuac dejó en claro que no se sentaría con Yunes y que, si estuviera cerca de él, tendría que "cuidar su cartera". Es curioso, la entrevista ocurrió antes del segundo debate cuando AMLO hizo el mismo gesto frente a Ricardo Anaya.

Después del triunfo del 1 de julio, Cuitláhuac volvió al sur y prometió que se crearía un Centro de Identificación de

Cadáveres, además de transparentar la cantidad de casos de desaparición que se investigan y de fosas clandestinas que hubo en Veracruz, pero uno de los compromisos más grandes que adquirió con los colectivos fue el reconocer que en el Estado hubo una crisis de Derechos Humanos y, apenas tomó posesión, hizo la Declaratoria de Programa Emergente por Crisis de Violaciones de Derechos Humanos en Materia de Desaparición de Personas en Veracruz. La mayoría de los colectivos, no todos, han depositado su fe en el nuevo Gobierno. Hay quienes aún miran con recelo, pues advirtieron que también creyeron en Yunes y les falló, mientras otras mamás han expresado su confianza de una forma más abierta.

En el fondo todos queremos confiar, pero también sabemos que nos equivocamos antes... como cuando pensamos que Duarte era el menor de los males comparado con Yunes y el estado terminó en un baño de sangre.

Veracruz quedó sumamente herido. No sólo en el plano económico con el desfalco cometido por Javier Duarte, más las irregularidades que no fueron ajenas en la administración de Miguel Ángel Yunes, sino como han referido las madres de los colectivos de búsqueda de desaparecidos: el dinero qué, el valor de las vidas es incuantificable. En los primeros días del Gobierno de Morena, Cuitláhuac sorprendió con la disposición en el tema de las desapariciones y violaciones de Derechos Humanos en Veracruz (desde que fue electo, cada mes organizó mesas de trabajo con los colectivos). Pero su llegada tampoco significó un alto a dichas violaciones: a una semana de estar en el encargo, cuatro migrantes resultaron heridos y una mujer centroamericana fue asesinada presuntamente por la Policía Estatal.

Los secuestros, las ejecuciones y los enfrentamientos armados tampoco cesaron en la transición hacia la "Cuarta Transformación", mientras que ya hubo señalamientos de nepotismo entre funcionarios, de servidores públicos en puestos clave con un pasado de miedo y hasta exduartistas incrustados en la esfera gubernamental estatal y federal.

En los primeros días, tres exfuncionarios fueron liberados, entre ellos Arturo Bermúdez Zurita, extitular de la SSP, lo que provocó un profundo pesar entre los colectivos que buscan un hijo desaparecido por la Policía Estatal. Esto dividió a la opinión pública y el nuevo gobernador expuso que se trató de una estrategia montada por Yunes y Winckler, quien de hecho sería responsable de dichas salidas por no integrar bien las carpetas de investigación, a decir de una declaración conjunta de los colectivos. Lo grave aquí, mencionó Lucía Díaz, de El Solecito de Veracruz, fue ver un tema tan delicado convertido en un juego político. "A Veracruz le urge justicia", fueron sus palabras, tratando de digerir la insoportable noticia.

Ni había acabado el primer mes de Gobierno cuando los homicidios dolosos ya superaban los 80 casos, entre ellos más de una docena de feminicidios.

El primer caso emblemático fue el de Itzel Mar Betancourt, una joven madre y entusiasta del ejercicio secuestrada en Naranjos, al norte del estado, a mediados de noviembre y aún en el período de Yunes. La asesinaron después de un mes y una semana de estar privada de la libertad y botaron su cuerpo en un camino cercano al municipio de Tancoco, en la zona de la Huasteca Veracruzana. A su mamá, dueña de tiendas de materiales para la construcción, bastante modestas, le pidieron una cantidad exorbitante que superó muchas veces el valor del patrimonio que construyó en años de trabajo. Mientras estuvo secuestrada, la empresaria escribió mensajes en redes sociales en los que intentó conmover a los secuestradores para que aceptaran la cantidad que había podido juntar y liberaran a su hija, pero esto no sucedió. La mujer narró que su nieto, de apenas un par de añitos, se quedaba esperando en la ventana con la esperanza de ver regresar a su mamá. Una noche le dijo: "Ya mero viene mi mamá Itzel." Ante cada auto que pasaba o llegaba, el niño gritó el nombre de su mamá, pero después de asomarse a la ventana regresaba a refugiar el rostro en el regazo de su abuela para decirle, triste: "No es mi mami, abuelita."

Ante la desesperación, a los 28 días del secuestro escribió: "Deben comprender que lo que solicitan no lo tengo, si no desde el primer día lo hubiese dado. Es mi única hija ¿cómo la voy a poner en peligro? Desafortunadamente no tengo y me duele mucho no poderla rescatar, me siento impotente que todo lo que en años hemos trabajado no me alcance, perdón por no tener. Por favor liberen a mi hija, ella merece vivir su vida plena."

Después de que apareciera el cuerpo de la muchacha de 24 años, su madre se desahogó una última vez en Facebook y escribió: "Perdóname hija porque no trabajé lo suficiente para poder pagar tu rescate y te dieron muerte. Hija te amo descansa en paz, Itzel Mar. Perdóname por no haber tenido suficiente dinero para pagar."

El caso se hizo viral y no faltaron personas que, desde cuentas falsas, dejaron mensajes de odio y burla sobre la joven secuestrada, aun frente al dolor de una madre que perdió a su hija, impotente por no haber juntado todo el dinero que le exigieron.

Ese mismo fin de semana, Marcos Medina Castellanos, un empresario que vivía en Moloacán, al sur del estado, fue encontrado sin vida en la carretera entre Coatzacoalcos y Minatitlán, tras un secuestro de 15 días. También se le pidió una cantidad millonaria. La familia saldó una parte, pero no fue suficiente para los secuestradores.

Habrá que ver qué le depara a Veracruz en este sexenio. Tuvimos el "Duartazgo", la "Yunicidad" y la prensa estatal ha llamado a esta nueva era la "Cuitlamanía", que empezó con el pie izquierdo en materia de seguridad, el tema que más preocupa a los veracruzanos. Como en Gobiernos anteriores, Cuitláhuac García anunció como paliativo el ingreso de mil elementos de la Marina al sur de Veracruz, aunque por experiencia ya sabemos que militarizar las calles está muy lejos de significar paz, mientras que las violaciones a los Derechos Humanos tienden a dispararse.

No sabemos qué sucederá en realidad. Si para este noble pueblo acostumbrado a los "nortes" y los huracanes por fin llegará la calma después de la tormenta o si será aquel tipo de paz, la del ojo del huracán, la más peligrosa, previa a un nuevo embate todavía más fuerte que aquel que convirtió a nuestra tierra de palmeras y sol en "Guerracruz", rinconcito donde hicieron su nido las hordas del mal.

Epílogo

Terminé de escribir este libro casi al terminar el 2018. Entonces Cuitláhuac García Jiménez apenas llevaba un mes como Gobernador y era un período demasiado corto como para evaluar su trabajo.

Pero diciembre se tiñó de sangre. Y enero también. Y febrero. Y así, en lo sucesivo. Lo que parecía la excepción, se convirtió en la regla. La transición política no significó una mejoría para el estado de Veracruz, al menos en materia de seguridad. Cientos de homicidios, decenas de feminicidios, asesinatos de niños y hasta masacres se registraron en estos primeros cinco meses, por estas circunstancias fue necesaria esta breve actualización.

Según datos que compartió el periodista veracruzano Ignacio Carvajal, quien mantiene el conteo del "ejecutómetro", del 1 de diciembre de 2018 al 29 de abril de 2019 se cometieron en Veracruz 772 homicidios dolosos, de los cuales 680 fueron hombres y 92 mujeres.

A inicios de año llegó al municipio sureño de Agua Dulce el Secretario de Gobierno, Eric Cisneros Burgos, para dar una rueda de prensa sobre los índices de delitos de alto impacto que, supuestamente, habían bajado en la región. Tuvieron que recortar los datos de un mes para que fuera creíble, al menos estadísticamente, que sí había una disminución porcentual entre los delitos cometidos en un mes en específico, pero entre el 2018 y el 2019, es decir, con Miguel Ángel Yunes y con Cuitláhuac García.

En estos primeros meses también se registraron algunos fracasos, políticamente hablando. Por ejemplo, el juicio de desafuero del Fiscal Jorge Winckler Ortiz al final no procedió porque a la bancada de Morena le faltaron votos para alcanzar la mayoría necesaria para sacarlo, así que el aliado de Yunes se afianzó en la Fiscalía.

Pero quienes pagan los platos rotos son los ciudadanos que esperan justicia. Están (estamos) metidos en medio de una guerra política, de declaraciones mediáticas, de culpas mutuas cuando sucede algún evento grave. Por un lado, la Fiscalía de Winckler ahora sí dando ruedas de prensa en las que expone los índices delictivos y los descubrimientos de fosas que, de haber ganado el hijo de Yunes, no sabemos si hubiera actuado con la misma "transparencia". Del otro extremo, el gobernador Cuitláhuac García y el secretario Eric Cisneros, quienes casi como deporte arroban la cuenta de la FGE en Twitter cada vez que ocurre algún hecho violento para exigirle que se realicen las investigaciones pertinentes.

De los grupos que más ha resentido esta pelea política, esta guerra de declaraciones, es el de los colectivos de búsqueda de desaparecidos. A mediados de abril de 2019, Jorge Winckler anunció el descubrimiento de otro posible megacementerio clandestino en la zona centro del estado, aunque guardó la ubicación por algunos días. Los reporteros veracruzanos, ávidos de descubrir lo que el Fiscal quería callar, encontraron la ubicación del predio en el municipio de Úrsulo Galván, incluso documentaron que el lugar no tenía resguardo como lo había presumido el funcionario. Finalmente, la Fiscalía admitió que ése era el emplazamiento con 36 puntos positivos, citó a los colectivos, también al personal de la Comisión Nacional de Búsqueda y les dieron permiso de ingresar al predio (cuyo origen está en una denuncia del 2013). A cambio, los colectivos se mostraron renuentes con la prensa. "La Fiscalía está muy pesada. Acordó que no quería periodistas", me confió la integrante de uno de los colectivos más representativos de Veracruz.

La prensa en Veracruz tampoco parece ir por el mejor camino. La mayoría replica sin más el discurso hegemónico de la violencia con afán de ser considerada para un jugoso convenio, pues hasta abril, todavía no se iniciaba la repartición de contratos de publicidad. Hay un grupo en WhatsApp que se llama "Prensa Cuitláhuac" en donde circulan los boletines oficiales y no faltan los que en el mismo sitio comparten los enlaces de sus páginas digitales para que los funcionarios en turno sepan que el mensaje fue publicado, incluso, sin cambiarle una coma o un punto. Pero también ya se comienza a notar el hartazgo por parte del sector crítico ante la falta de respuestas oportunas frente a hechos que sacuden Veracruz.

En pocos meses pareciera que el estado estuviera condenado a irse al caño. Voraces incendios forestales acabaron con cientos de hectáreas de bellos bosques de niebla en Perote, en una amplia área natural protegida. Aunque no lo crean, la falta de interés de las autoridades que gobernaron Veracruz en el pasado aportó su granito de arena a esta tragedia, pues resultó que esta zona tenía años sin podas de mantenimiento, así que cuando inició el fuego, había demasiado combustible como para controlar el conato sin que consumiera medio bosque de por medio. ¡Ay de Veracruz!

Me gustaría, para terminar, narrarles algunos hechos suscitados al inicio del 2019 y que valen la pena rescatarse como contexto para una conclusión abierta de este libro.

El 14 de marzo por la noche viajaba hacia la Ciudad de México, cuando en un grupo de WhatsApp de reporteros compartieron información de un ataque contra la Fuerza Civil de parte de integrantes del Cártel Jalisco Nueva Generación. Una decena de camionetas emboscó a elementos de la Fuerza Civil y el saldo de la refriega fue de un policía asesinado, además de una patrulla quemada, la cual pude observar claramente mientras el camión cruzaba la carretera Cosamaloapan-La Tinaja, a la altura del acceso a Tierra Blanca. Para la medianoche, el convoy de sicarios se movilizó hasta Tierra Blanca y rafagueó la base de la Policía Estatal y a la comandancia de Jáltipan le arrojaron una granada que le destruyó la fachada. A través de "narcolonas" (ya no, "narcomantas") replicaron idéntico mensaje desde el puerto de Veracruz hasta los municipios del sur: el CJNG le declaró la guerra abiertamente a la Fuerza Civil, a la que acusó de apoyar a Los Zetas. Aquel fin de semana los destacamentos de la Fuerza Civil fueron retirados de los municipios sureños para concentrarse en Xalapa, ante posibles ataques a las bases. La población tuvo miedo de viajar por carretera: por ejemplo, a la terminal de Acayucan llegaron camiones de pasajeros de las líneas Sotavento y Sur grafiteados con las iniciales del grupo delictivo. Y en la carretera Costera del Golfo, cerca de Catemaco, algunos tráileres fueron incendiados y sus cajas también estaban pintadas con las cuatro letras de la organización criminal.

El segundo hecho destacable en el arranque de año fue la masacre de Minatitlán. Era "Viernes Santo" (19 de abril) y un grupo de personas celebraba el cumpleaños de una mujer quincuagenaria en la palapa "La Potra", en la colonia Obrera; propiedad de Hebert Reyes, trabajador petrolero conocido entre sus compañeros como "El Potro". Cerca de las cinco de la tarde, Hebert hasta enlazó una transmisión en vivo desde la fiesta en donde sonaba "Perfume de Gardenias". Para las 9 de la noche, él y otras doce personas estaban muertas.

La escena revolvía el estómago. Una parte del piso estaba completamente llena de sangre proveniente de cuatro cadáveres contiguos, boca arriba o boca abajo, según los descubrieron las ráfagas de fuego y plomo. Y ahí, con su camisita amarilla, un bebé de un año que acababa de celebrar su primer aniversario tres días atrás, yacía con el pecho destrozado por las balas sobre un riachuelo de su propia sangre que corría paralelo a uno más espeso, el de otro integrante de la fiesta que pereció a unos metros de él.

En total fueron trece víctimas: siete hombres y cinco mujeres. Los sobrevivientes de la masacre contaron que un grupo de personas armadas entró a la palapa para buscar a una persona, que resultó ser Julio César González Reyna, conocido en Minatitlán como "La Becky", mujer transexual dueña del bar "La esquina del chacal". Esta persona ya había sufrido el asesinato de su hermana en 2014, cuando fue secuestrada y posteriormente encontrada sin vida cerca de Minatitlán. Según los testigos, hombres y mujeres, tanto adultos mayores como el bebé de un año, indiscriminadamente recibieron balazos con saña, incluso algunas mujeres de la tercera edad fueron obligadas a mirar el asesinato de sus familiares y amigas que horas antes celebraran un cumpleaños.

De hecho, dos de las mujeres que sobrevivieron al ataque, relataron que los sicarios sabían que disparaban contra un niño pequeño, pues estaba en brazos de su madre. "Duró como veinte minutos, se me hizo eterno. Seguían, fue una rociadera que, estaban muertos y ahí mismo le seguían dando. Al niño le seguían dando, acá en el corazoncito, lo siguieron rematando."

El bebé, Santiago, era hijo de César Hernández, un trabajador de la petroquímica de Minatitlán que en su tiempo libre era entrenador infantil de béisbol, un deporte muy arraigado en la ciudad petrolera del sur de Veracruz. Santiago estaba en brazos de su madre, quien lo trató de proteger, pero recibió varios disparos que la enviaron al hospital, grave. César y su pequeño fueron despedidos la tarde del Domingo de Resurrección en un emotivo homenaje de cuerpo presente en el estadio "18 de marzo" de la Sección 11 del Sindicato de Trabajadores Petroleros. Esa misma tarde, repartidos en diferentes funerarias de Minatitlán, fueron despedidas en total las trece personas muertas durante este ataque armado la noche del "Viernes Santo" que, a nivel nacional, se le conoció como "la Masacre de Minatitlán".

Justo aquel domingo, Andrés Manuel López Obrador llegó a la ciudad de Veracruz para encabezar el acto cívico por el 105 aniversario de la Defensa Patriótica del Puerto de Veracruz, sobre lo que declaró: "Duele mucho enterarse y tener noticias como estos asesinatos viles de Minatitlán." Sin embargo, al día siguiente, en su rueda de prensa "mañanera", desde el Museo Naval, dedicó apenas unos minutos al tema de Minatitlán frente a otros, como el precio de la caña de azúcar, en los que se alargó.

La Fiscalía pronto hizo lo suyo. La institución a la que le tocaba investigar y dar con los responsables de la masacre, públicamente expuso que la principal línea de investigación del multihomicidio era una disputa entre Los Zetas y el CJNG por la venta de droga en el bar que tenía "La Becky". Luego el Gobierno estatal anunció que ya había detenidos, lo cual desmintió la FGE, en la misma tónica de pelea a la que —al parecer— estaremos condenados el resto del sexenio.

Andrés Manuel llegó el viernes a Mina, como lo prometió en su conferencia mañanera del lunes, desde Veracruz. En el aeropuerto fue recibido por personas que protestaban por la inseguridad con una pancarta enorme con moños negros y la palabra "Minatitlán" en sangrientas letras rojas brillantes, lo cual no fue del agrado del Presidente. Pero AMLO no se reunió con las familias de las trece víctimas de la "Masacre de Minatitlán" sino que encabezó por la tarde un acto público en ese municipio y anunció la creación de la primera coordinación de la Guardia Nacional con 1,059 elementos para Minatitlán, Coatzacoalcos y Cosoleacaque, bajo el mando de Nezahualcóyotl Albarrán, coronel de infantería del Estado Mayor. En total, Veracruz, dijo, contaría con ocho coordinaciones regionales de norte a sur.

En el mismo evento, el gobernador Cuitláhuac García negó

que la inseguridad haya rebasado al estado: "Falso, y lo digo con toda la seriedad, que la situación en Veracruz esté incontrolable, sí hay sucesos que vamos a corregir y dar con los responsables." La ciudad se llenó de elementos del Ejército Mexicano que ahora portan en el hombro izquierdo un brazalete azul oscuro con las letras "GN" en color blanco. Dijo Cuitláhuac García que la inseguridad en Veracruz disminuiría en dos años. Andrés Manuel, tras su visita al puerto, bajó el tope de resultados a seis meses.

El Presidente dejó el sur de Veracruz y a menos de 24 horas de anunciar la puesta en operación de la Guardia Nacional desde Minatitlán, asesinaron a un taxista y a su copiloto e hirieron a una abuelita de 60 años y a su nieto de 3 años en la cabeza (balas perdidas), en Acayucan; luego, en Coatzacoalcos, mataron a un hombre en la playa e hirieron a otro.

El lunes 29 de abril, en una zona selvática de Las Choapas que colinda con Tabasco, Chiapas y Oaxaca, un grupo de autodefensas armados con rifles AR-15 y M-15 fusiló a tres hombres en la plaza pública acusados, por error, de ser secuestradores. Todo ocurrió frente al Fiscal regional, personal del Ayuntamiento de Las Choapas y el delegado de la Policía estatal, entre otras autoridades.

La gente pedía que llegara la Marina, no los querían entregar a los estatales. Cuando todavía estaba vivo, Alberto Bocanegra, taxista originario de Tabasco, narró que fue contratado por 500 pesos para hacer el viaje hasta Playa Santa, una comunidad enclavada en los últimos confines del sur de Veracruz. Lo contrató Renato Cruz, "El Chamán", que iba con su primo Édgar para hacer un ritual de sanación a un "Ojo de Agua", pero en el camino le pidieron a un niño que los ubicara para llegar y lo "contrataron" como guía. El niño no le pidió permiso a su madre, la cual se preocupó cuando el domingo por la noche no regresó a casa e inició la búsqueda con las autoridades rurales. El lunes temprano, cuando regresaban con el menor, fueron intervenidos y tildados de secuestradores. El taxista tabasqueño pronunció entre sollozos que no era una mala persona, que revisaran su celular si querían y, al final, casi resignado, auguró que por algo así iba a perder la vida.

A las seis de la tarde un centenar de hombres cubiertos del rostro y con armas de grueso calibre irrumpió en la plaza de la pequeña comunidad rural. La gente se resguardó. Los encapuchados exigieron a los reporteros y a todo aquel que trajera celular que los apagaran y no grabaran ni tomaran fotos. Renato, Édgar y Alberto estaban amarrados a columnas de concreto y tenían los ojos vendados. Resonaron siete detonaciones. El grupo de autodefensas se largó del pueblo, dejando tras de sí una estela de polvo, culpa y remordimiento entre la comunidad que no le creyó al niño que había sido contratado y no secuestrado.

El pueblo exigía justicia y la presencia de una corporación que nunca llegó... En su lugar, ejercieron su "justicia" los hombres armados que se pasearon ufanos e impunes frente a las mismas autoridades veracruzanas, que no pudieron hacer nada más que agazaparse de miedo hasta salir a recoger los cadáveres, como *tan bien* lo han hecho en la última década. ¿Acaso estaremos condenados a seguir en este Infierno?

El 30 de abril, el día del niño, el Cártel Jalisco Nueva Generación repartió juguetes a miles de pequeños en quince ciudades de la zona de las Altas Montañas, entre ellas Córdoba, Orizaba, Yanga, Río Blanco o Ixtaczoquitlán. Todas ellas marcadas por el crimen, las desapariciones, las fosas y hasta las "cocinas humanas". Quien sea que fuera el "community manager" del grupo delictivo, hasta cabeceó un titular cuadradito y escribió un "comunicado" de tres párrafos, del cual dos frases me llamaron mucho la atención: primero, destacaron entregar los juguetes "en las comunidades más olvidadas por las autoridades"; la otra, "ver la felicidad de estos niños que son el futuro nos motiva a seguir presentes y firmes con quienes más lo necesiten". Las fotos se hicieron virales en redes sociales. En una imagen se veía una camioneta de redilas con las puertas abiertas y una multitud extendiendo las manos para recibir un juguete para sus hijos; en otra, niños en chanclas o descalzos sobre la tierra rojiza y con los cerros de fondo, posando con carritos, juegos de té y pelotas para la cámara de los "benefactores", y otra más, la de un auto rojo de plástico, una réplica del "Rayo McQueen" de la película de Disney *Cars* con una pequeña tarjeta de felicitación impresa en hoja blanca con globos de colores y dos ositos de peluche que rodean el siguiente texto: "Feliz Día del Niño. —Se lee arriba, en letras garigoleadas— Les desea C.J.N.G."

Para Octubre, según AMLO, el crimen debería disminuir en Veracruz.

Al tiempo.

Agradecimientos

Para la escritura de este libro se abrieron heridas en la memoria de muchas de personas que accedieron a contar sus historias y testimonios de lo que sucedió y sucede en Veracruz. La obra no es sólo mía, sino que contiene un pedacito del corazón de hombres y mujeres que perdieron una parte de sí en la noche oscura antes de emerger de nuevo a la luz.

Agradezco a mis padres por inculcarme la bondad de preocuparse por los demás; por ser un maravilloso ejemplo y por sus consejos, paciencia, apoyo incondicional y ánimos; a mi hermano: mi periodista favorito, por guiarme todos estos años y ser mi compañero de experiencias sorprendentes en tantas coberturas.

A mi compañero en ésta y todas las vidas y mejor amigo, por acompañarme en este difícil camino: el periodismo, por escucharme, inspirarme y ser mi luz y fuerza.

Estoy muy agradecida con el equipo de Penguin Random House por la confianza en este proyecto. Desde que tengo uso de razón tuve libros de este grupo editorial y me emociona mucho ser parte de esta casa. Gracias, César Ramos, por todas las pláticas, los consejos y recomendaciones, pero sobre todo, por tu honesto interés en contar lo que pasó en nuestro estado.

Muchas gracias a los increíbles colegas periodistas que se la rifan todos los días en Veracruz, a quienes me compartieron sus testimonios, respondieron a cualquier hora para dialogar sobre nuestra situación y a los que participaron en la encuesta sobre el periodismo en Veracruz con la que los asedié por redes y WhatsApp. Los admiro mucho y sin todos ustedes esta obra estaría incompleta. En especial debo mencionar a Miguel León, Raziel Roldán, Norma Trujillo y el colectivo Voz Alterna, por ser grandes maestros y amigos. A mis compañeros de *Presencia*, por enseñarme del periodismo que se hace con el corazón y a Roberto Morales Ayala por apoyarme para el desarrollo de este libro; más que un jefe, ha sido un gran amigo. También estoy muy agradecida con Luis Velázquez Rivera, un maestro del Periodismo en toda la extensión de la palabra, que me marcó con sus talleres de nota y crónica en las aulas de la UV y en el trabajo para Blog Expediente, y con la doctora Guadalupe H. Mar por el cariño e impulso desde la Facico UV.

Profundas gracias a Jorge Sánchez por abrirme las puertas de su hogar y contarme la historia de su padre, Moisés; a Naim y Luis Tapia del Centro Prodh que realiza una tarea increíble en nuestro país por la defensa de los Derechos Humanos; y al abogado Celestino Espinosa por la confianza para platicar sobre el caso Tierra Blanca, así como a otras tantas fuentes que por cuestión de seguridad no los pude citar, pero que se atrevieron a contarme sus experiencias y conocimiento sobre lo que pasó en el estado.

Miles de gracias a Carmen Aristegui por sus palabras sobre este trabajo. También a Laura Barranco y todo el equipo de Aristegui Noticias por permitirme contar muchísimas cosas de Veracruz en tan importante espacio.

A Corazón, porque a pesar de estar lejos siempre escuchabas mis peripecias, e Isabel, por arroparme en Veracruz y compartir la pasión del periodismo desde hace tantos años.

Mi más profundo respeto, solidaridad y cariño a los colectivos y a todas las incansables mujeres y hombres que han volcado su vida en la búsqueda de los desaparecidos. Gracias por arroparme, por la confianza, por permitirme contar su dolor y exponer esta realidad tan difícil, por resolver las dudas y darse un tiempo para platicar a pesar de tantas actividades. Mi cariño y reconocimiento a Lucy, Rosalía, Marcela, Lilí, Aracely, Belem, Lenit, Sara, María Helena, Maricel, Juan Carlos, Mario Vergara, Mario Roiz, Lourdes, Cinthia, Victoria, Perla… Y a todos los que buscan a un desaparecido.

Por último, quisiera dedicar estas páginas a todos los compañeros periodistas de Veracruz que, a pesar de las difíciles condiciones, ejercen el trabajo con dignidad, más aún, con increíble pasión. Pero también mi libro va en memoria de todos aquellos que perdimos en estos años trágicos frente al alza de la violencia institucional y del crimen: periodistas asesinados y personas desaparecidas. Dos fenómenos que jamás debieron existir, pero ante tal injusticia, sólo nos quedó documentar los hechos y pelear desde nuestra trinchera hasta recuperar a nuestro hermoso Veracruz.

Para todos los que se fueron.

Pero también, para todos los que sobrevivimos.

Guerracruz de Violeta Santiago
se terminó de imprimir en julio de 2019
en los talleres de
Impresora Tauro, S.A. de C.V.
Av. Año de Juárez 343, col. Granjas San Antonio,
Ciudad de México